天津社会科学院 中国城市史研究会 主办

中文社会科学引文索引
（CSSCI）来源集刊

城市史研究

（第36辑）

URBAN HISTORY
RESEARCH

张利民 主编

社会科学文献出版社
SOCIAL SCIENCES ACADEMIC PRESS (CHINA)

《城市史研究》编委会

顾　　问　张　健

编　　委　（按姓氏笔画为序）

　　　　　　万新平　王立国　李长莉　何一民　陈国灿

　　　　　　苏智良　张利民　张鸿雁　周　勇　周俊旗

　　　　　　涂文学　靳润成　熊月之　戴一峰

本期主编　张利民

副 主 编　任云兰　任吉东　王　敏　范　瑛

编　　辑　（按姓氏拼音为序）

　　　　　　成淑君　刘凤华　李卫东　万鲁建　王　静

　　　　　　吴俊范　熊亚平　许哲娜　张献忠

目　录

市政建设与社会控制

清末上海印度巡捕的复杂面相
　　——以印度巡捕的罢工为视角 ………………… 刘　平　张天宇 / 1
城市人畜力公共交通析论：以 1910~1937 年的南京为中心
　　……………………………………………………………… 李沛霖 / 15
战后杭州工会与城市社会整合（1945~1949）
　　——基于四起理事长"去职"风波案的分析 ………… 胡悦晗 / 33
近代中国城市地权
　　——以民国前期武昌余家湖官民产业划分案为中心 ……… 陈　玥 / 53

区域体系与经济发展

清代前期北京的粮食供给制度 ………………………………… 邓亦兵 / 67
弱政府背景下的商人组织与制度塑造：以天津检查准备金案为中心
　　……………………………………………………………… 张百顺 / 87
1935 年的银行停业与存款清偿
　　——以上海为中心的分析 ………………………………… 徐　琳 / 100

空间结构与环境变迁

近代城乡关系二元化分离的特征及动因分析
　　——基于海河流域的考察 ………………………………… 张慧芝 / 117

理学文化空间扩张动因分析
　　——以漳州府城为例 …………………………………… 许哲娜 / 135
偃师商城西三城门研究 ……………………………………… 左　勇 / 156

社会阶层与文化教育

晚清天津城市书院述论 ……………………………………… 田　涛 / 167
近代东北城市化进程中城乡民俗文化的趋同与互动
　　………………………………………………… 荆蕙兰　林　木 / 184
"东方芝加哥"中的下里巴人
　　——近代武汉农村移民的底层生活 ………… 胡俊修　肖　琛 / 200
各取所需：近代休闲体育视野下的城市民众日常生活
　　——以天津为中心 ………………………………………… 汤　锐 / 220

学术综述

城市史研究的全球化视野
　　——"第四届中国世界城市史论坛"会议综述 ………… 任云兰 / 235
第四届中国近代交通社会史学术研讨会综述 …………… 熊亚平 / 241

Abstracts / 246

稿　约 / 255

·市政建设与社会控制·

清末上海印度巡捕的复杂面相
——以印度巡捕的罢工为视角

刘　平　张天宇

内容提要：在上海城市现代化进程中，公共租界发挥了重要作用。为了更好地管理租界，西方现代城市管理经验被引入上海，巡捕房的建立更是引入了现代警察制度，1880年代，巡捕房开始引进印度巡捕。印度巡捕几乎建构了当时人们对于"十里洋场"治安管理的典型外在印象。上海租界、西方殖民者以及既被殖民又是城市秩序维护者的印度人，三者之间关系复杂。本文将再现印度巡捕形象，从英印关系的角度梳理清末上海印度巡捕的数次罢工，以及罢工背后的经济原因，分析国人对于印度巡捕罢工的民族主义想象。

关键词：公共租界　巡捕房　印度巡捕　罢工　民族主义

在中国现代化进程中，上海的地位极其重要。自1840年代以来，随着贸易的繁荣和租界的建立，上海成为西学在中国传播的中心。从煤气、电灯、自来水到三权分立制度、警察制度、法庭辩护制度再到道路行车规则、垃圾倾倒规定，现代世界的方方面面经由上海进入中国人的生活。[①]在上海城市现代化进程中，公共租界发挥了重要作用。为了更好地管理租界，西方现代城市管理经验被引入上海，巡捕房的建立就是公共租界引入现代警察制度的一种尝试，对租界治安有着积极影响——警察制度可以有

[①]　熊月之：《上海通史·导论》，熊月之主编《上海通史》第1卷，上海人民出版社，1999，第22页。

效地制衡地方上的精英，以建立有效对租界的统治。① 印度巡捕（简称印捕）正是这种尝试的结果之一，他们不仅作为公权力的代表，同时还作为现代制度的代表出现，尽管他们可能并没有意识到自己竟然身处一个如此重要的历史进程之中。印捕并非上海那段历史的煊赫主角，却几乎建构了当时人们对于"十里洋场"治安管理的典型外在印象。

印捕并非城市的直接管理者，而是隶属于公共租界的工部局——一个由英国人主导的机构，而英国当时是印度的宗主国。对印捕展开研究，不仅有助于完整再现上海城市风貌，还可以折射英帝国与其殖民地印度之间的关系。急剧步入现代化的上海、作为帝国主义和现代文明代表的西方人以及被殖民又是城市秩序维护者的印度人，这一以印捕为主线的三者之间复杂的关系，乃是本文主要的关怀。②

一　身影模糊：学术史中的印度巡捕形象

1884年，中法战争爆发。战争硝烟虽然弥漫于中越边境及闽台等海疆之地，但紧张气氛却蔓延到了上海，静安寺附近的外国居民不再信任已经为他们服务了十余年的华捕，而希望雇佣非中国籍的巡捕。出于费用的考虑，工部局又不愿意引入欧洲裔的西捕。③ 妥协的结果是聘请印度人来充任巡捕。是年10月下旬，第一批印捕从香港出发，来到上海。④

有位研究在上海的印度人的学者指出："但凡读过比利时著名的漫画家埃尔热的《丁丁历险记》的人，都会对于上海公共租界的锡克人巡捕耳

---

① 〔美〕魏斐德：《上海警察，1927~1937》，章红等译，上海古籍出版社，2004，第14页。
② 目前学界针对印度巡捕的专门研究比较匮乏，相关文章有李番义《旧上海英租界的印度巡捕》，《上海档案》1985年第4期；吴志伟：《旧上海租界的印捕风潮》，《档案春秋》2009年第4期；杨倩倩：《上海公共租界印度巡捕研究初探，1883~1930》，华东师范大学硕士学位论文，2013。其中李文、吴文并非严格的学术论文，对杨文的评介将在下文呈现。李文是一篇200余字的杂记，主要内容是印捕被称为"阿三"的原因。据说，租界印捕出操，总是先有一个英国捕头讲几句话，一开口照例先说"I say"，印捕马上保持立正姿势。周围观操之人不知其意，以为英捕头把印捕叫作"阿三"，故印捕"阿三"之名不胫而走。吴文则讲述了三事：印度巡捕在租界的出现、"红头阿三"称呼的由来、印捕的几次罢岗事件。其中关于"阿三"称呼的由来，恰与李文相反，吴文认为其缘于印捕每遇英籍上司，第一句话就是"I say"（读音似沪语"阿三"）。
③ 费唐：《费唐法官研究上海公共租界情形报告书》，工部局华文处译述，1931，第17页。
④ 《印人来沪》，《申报》1884年10月25日。

熟能详。"①《丁丁历险记》关于上海的这一章节大约创作于1934年。也就是说，在那个年代的一个欧洲漫画家看来，印捕几乎可以作为上海公共管理力量的一个主要象征而存在，但是自1884年印捕出场至抗战时逐渐退场期间及其后，学界对印捕的研究比较稀少。②

1980年代以来，这种情况有所改观，主要是上海研究的热潮兴起。据统计，1980~2003年这20多年间，仅仅海外关于上海史的博士学位论文就已经不下300篇，著作不下50部。③而近十年来关于上海史的研究更显突出。同时，在一些通史性著作中关于租界警务管理的章节得到了细化，并且有涉及印捕的介绍性内容。④同时，随着后现代主义、后殖民主义理论的兴起，历史研究越来越关注原先社会的中下层，⑤以及边缘群体，进而发掘了一批未被利用的关于上海巡捕的档案，工部局警务处档案和《工部局董事会会议录》是其中最重要的部分。此外，上海的地方志也值得参考，当代《上海公安志》⑥中对于印捕数量及其薪金待遇等都有详细描述，且史料多来源于租界华文档案，比较翔实可信。

同时也出现了针对租界巡捕的专题研究。英国的毕可思（Robert Bickers）在《谁是上海的巡捕，为什么他们会在那里？》⑦中，直接以上海租界巡捕作为研究对象。另一位关于外国巡捕的研究来自华东师范大学的朱晓明，她的博士论文题为《上海法租界的警察》。⑧她注意到了和印捕地位

---

① 〔法〕克洛德·马尔科维奇：《中国的印度人社团（1842~1949）》，熊月之等选编《上海的外国人，1842~1949》，上海古籍出版社，2003，第306页。
② 有关研究可参见蒯世勋编著《上海公共租界史稿》，上海人民出版社，1980（本书初稿写于1933年）。1930年代，一些外国人利用租界档案开展研究，最有名的就是兰宁、库宁合著的两卷本《上海史》（George Lanning and Samuel Couling, *The History of Shanghai*, Shanghai: Kelly & Walsh Limited, 1921）。该书对于巡捕房警务情况进行了较细致的描述，对印捕也多有涉及。遗憾的是，作者有较为明显的殖民主义立场，需要辩证对待。
③ 熊月之等选编《上海的外国人，1842~1949》，第1页。
④ 相关研究有刘惠吾主编《上海近代史》，华东师范大学出版社，1987；唐振常主编《上海史》，上海人民出版社，1989；熊月之主编《上海通史》。
⑤ Peter Burke, "Overture: The New History, Its Past and Its Future", edited by Peter Burke, *New Perspectives on Historical Writing*, University Park: Pennsylvania State University Press, 1991, p.4.
⑥ 参见上海公安志编纂委员会《上海公安志》，上海社会科学院出版社，1997。
⑦ 参见〔英〕罗伯特·毕可思《谁是上海的巡捕，为什么他们会在那里？》，熊月之等选编《上海的外国人，1842~1949》，第64~85页。
⑧ 朱晓明：《上海法租界的警察》，华东师范大学博士学位论文，2012。

颇为类似的越南巡捕的问题，并且讨论了法国殖民者与越捕的关系以及越捕的工作情况，这对于我们探讨印捕提供了重要借鉴。

和本文讨论内容直接相关的是杨倩倩的硕士论文《上海公共租界印度巡捕研究初探，1880~1930》。这是中文世界第一个针对印捕的专题研究——距离第一位印捕站在上海大街上的1884年，已经过去了130年之久。该文作者大量使用了新近整理出版的《工部局董事会会议录》和上海市档案馆所藏的《上海公共租界工部局年报》等史料，并对相关材料做了比较好的梳理，对于印度巡捕在公共租界的设立、招募、待遇、升迁等事宜都有较为详细的介绍。但是正如作者所说，她研究的侧重点在于"工部局对印捕的管理和控制"。① 也就是说，该文站在工部局管理者的视角，而非印捕的视角，这一点恰恰是我们希望予以突破的。

综合考察既往有关上海印捕的研究，人们关注的仍然是一种广义上的殖民地管理行为，但是对于这一群体自身的情况，以及作为被管理者的普通居民对印捕之印象的研究都极为匮乏。研究印捕这一群体的困难在于，他们多半没有文化，也鲜有关于他们的书信材料问世——我们对于他们的了解往往来自殖民者对他们想法和声音的记录，而这样的记录注定是带有殖民者的偏见的。不过，尽管作为被殖民者的印捕不能直接书写历史，却并不意味着我们对此束手无策。因为历史的书写者对于印捕的存在进行加工、规训和建构的过程本身，就已经构成了极其重要的研究内容。研究这个渗透的过程，可以帮助我们进一步探究权力的中心与边缘之间的互动关系——这里体现为英国人和印度人的互动以及印度人和中国人的互动。

二　英—印关系：以印捕罢工为中心的探讨

在研究上海租界的印度巡捕与作为管理者的英国人之间的互动时，需要先厘清一个重要问题，那就是上海的统治究竟是以何种形态进行的。如果按照眼下中国主流话语来说，租界的形成则标志着中国沦为半殖民地半

---

① 杨倩倩：《上海公共租界印度巡捕研究初探，1883~1930》，第8页。

封建社会,①也就是说,租界是殖民地的一种形态,其论证是基于中国人受到的不公平对待。但如果要确认租界确实是殖民地,就还需要了解当时统治者自身的想法。表面上看,和传统的殖民地管理模式②不同的是,在上海并不存在一个总督来代表帝国。并且根据《南京条约》的规定,清政府名义上在上海是和西方人分享租界的治权而不是像香港一样直接割让土地成为租界。那么上海租界的性质究竟是怎样的呢?这里面我们其实可以看看西方人自己的说法——《1854年土地章程》生效以后,《北华捷报》的编辑就使用了"国际殖民地"这样的说法来评价新的英法租界的性质。③ 最新的研究表明,《1854年土地章程》并未明确赋予租界里的外国人组建政府的权利,但是时任英国总领事阿礼国故意对该章程第20条进行了扩展性解释并组建了工部局,使得租界脱离了上海道台的管辖。④ 由此观之,可以将工部局对上海的统治形态视为殖民统治——站在租界管理者的角度亦是如此。

前文中曾经提到,印捕进入上海的原因是保护静安寺地区的西人居民,而在华人和西人均不合适的情况下,印捕作为一种可能的选项出现,恰恰是得益于英帝国殖民统治的经验。面对不断扩张的殖民帝国,仅仅依靠英国人自身已经很难应付,这时较早被征服的锡克人就成了相比英国士兵更为合适的选择,他们的佣金更低而且表现也相当不错。⑤ 在1857年的印度民族大起义中,属于英军的锡克族士兵就已经充分体现出其英勇善战、忠实可靠的一面。⑥ 1867年,港英政府因为人手不足开始招募锡克族的印度巡捕,他们的工作得到了香港警督克列夫登的称赞。⑦ 因此印捕在

---

① 李侃等编《中国近代史》,中华书局,1994,第31页。此书是教育部指定的高校历史学专业中国近代史教材。
② 对于一般的殖民地管理模式的总结,参见高岱《英法殖民地行政管理体制特点评析》,《历史研究》2000年第4期;潘兴明:《英帝国政治治理评析——差异化治理模式及效益考察》,《史学集刊》2013年第5期。
③ 《北华捷报》在这里的用词是 cosmopolite colony,转引自叶斌《上海租界的国际化与殖民地化:〈1854年土地章程〉略论》,《史林》2015年第3期。
④ 叶斌:《上海租界的国际化与殖民地化:〈1854年土地章程〉略论》,《史林》2015年第3期。
⑤ 这些观点也出现在招募印捕时工部局的讨论中。参见上海档案馆编《工部局董事会会议录》第8册,上海古籍出版社,2001,第520页。
⑥ 〔德〕赫尔曼·库尔特等:《印度史》,王立新等译,中国青年出版社,2008,第303~305页。
⑦ 〔法〕克洛德·马尔科维奇:《中国的印度人社团(1842~1949)》,熊月之等选编《上海的外国人,1842~1949》,第312页。

1884年出现在上海，也可以视为业已成熟的英帝国管理殖民地手段的一种顺理成章的延续。

然而事情并没有如英国人想象的那样一帆风顺，印捕之使用，有正面，亦有负面。至于负面，印捕不但有违纪行为，更是出现了几次严重的罢岗（罢工）事件。

第一次罢岗发生于1891年8月，巡官卡梅伦在巡查老闸捕房时，发现该处印捕的床铺卫生极其恶劣，遂决定对该捕房所有印捕处以每人罚款3元，引起印捕不满，他们当即拒绝上班，卡德路捕房的印捕亦参与罢岗。①公共租界警备委员会随即召开会议，提出罚款3元太重，改为罚款一日工资；今后再有发现，加重罚款。事情很快解决，印捕恢复上班。②

第二次罢岗发生于1897年3月19日，次日警备委员会主席列德就此事向工部局董事会提交了一份报告，从中我们可以了解到当日的一些细节。③ 19日早上，印捕在操练时，下起雨来，带队巡长决定结束训练，改为让印捕上岗执勤，但被印捕拒绝，他们先到中央捕房，再到警备委员会，提出四点意见：（1）下雨天被派去操练；（2）巡长巴恩斯在操练时骂人，还夹杂粗话；（3）印捕未获得相应的奖励金，且没有臂章和合适的警服；（4）上级警官中没有印度人，无处诉冤。警备委员会经过一番讨论，逐一批驳、解释。

仅从工部局记录来看，无疑是因印捕自身不服管理而酿成罢岗事件，工部局方面本身并没有过错。但是这些描述还是有令人生疑之处——印捕如果不想下雨时操练，那么为何巡长让解散的时候却不愿离开呢？果然，媒体报道与英国人的说法有些不同。据《字林沪报》称，印捕不愿在下雨时出操，即下雨后，印捕才被要求出操，而非如工部局所说的，出操时下雨。而且出操后竟然又下倾盆大雨，印捕感到不满，前往工部局申诉。④这种说法显然更合逻辑。下雨后要出操应是一系列不满爆发的导火索。

印捕不肯上街执勤导致街面上出现了一些混乱，警备委员会于是决定

---

① 根据1885年印捕与巡捕房签订的合同，印捕当时月薪为15元，罚款3元相当于月薪的1/5。参见《上海公共租界工部局年报》（1885年），上海档案馆藏，租界档案：U1-1-897。
② 《工部局董事会会议录》第10册，第757页。
③ 《工部局董事会会议录》第13册，第486页。
④ 《印捕停差》，《字林沪报》1897年3月20日。

严厉告诫罢岗印捕,当天下午4点如果不恢复执勤,将会被开除,但印捕仍不复岗。① 警备委员会遂开除15名有前科的印捕,以儆效尤。随后印捕复岗,罢工失败。

　　第三次罢岗发生在1906年。公共租界的印捕听闻在美国、俄国当差每月工资可以高达60~80元,而在上海一般巡捕的工资只有16元,最多不过22元,于是很多印捕提出辞职。② 工部局内部磋商,决定根据聘约加以阻止。③ 眼见辞职被拒,印捕转而请求每月增加薪金10元。董事会调查了印捕在工部局储蓄银行的存款情况,认为由其存款数额来看,他们并不差钱,遂再次拒绝。④ 辞职不成,加薪亦不允,印捕遂于9月30日罢工,巡捕房172名印捕中有103人罢岗,波及面很广,而且发生了一些暴力事件,主要是罢工印捕胁迫那些不愿意参与的同伴。⑤ 工部局非常紧张,出动"西商团练"(即万国商团),将所有罢工印捕押解到英按察使署(法院)审讯。⑥ 10月16日英国驻华公使发布指令,10名印捕被解雇并遣返印度,其余印捕复岗。

　　第四次也是最后一次罢岗发生于1910年,与此前罢岗不同的是,这次罢岗的起因不只是单纯的待遇问题,还涉及锡克族内部马尔瓦人(Malwa)和曼杰哈人(Majha)的冲突,最终结果仍然是鼓动罢岗的为首者被开除,警备委员会调整了印捕内部两个族群的巡长—巡捕比例,印捕复岗。⑦

三　家庭与消费:印捕罢工的经济原因分析

　　从这些罢岗事件可以发现,上海公共租界当局对于印捕的罢工采取

---

① 《印捕固执》,《字林沪报》1897年3月21日。
② 《西报纪印捕罢工》,《申报》1906年10月2日。
③ 《工部局董事会会议录》第16册,第655页。
④ 《工部局董事会会议录》第16册,第661页。
⑤ 《上海公共租界工部局总办处关于印捕工作安排等问题的来往文件》,上海档案馆藏,租界档案:U1-2-302。
⑥ 《西报纪印捕罢工》,《申报》1906年10月2日。
⑦ 《上海公共租界工部局捕房总巡关于调解Malwa和Majha印捕矛盾等文书》,上海档案馆藏,租界档案:U1-2-656。

了比较强力的压制措施,并且在最终的解雇、抓捕之前,工部局基本上都会有一次警告。但是这些警告似乎并没有什么作用,印捕内部似乎相当团结,鲜有退出罢岗的人。这种团结或许和印捕的宗教信仰有关。印度巡捕都是锡克人,①而锡克人的传统就是他们内部社群之间紧密联系的纽带。②而且有材料表明这种传统不但能给参与者施加道德和精神上的控制,还会动用一定的暴力手段。例如在1906年罢岗中,有位编号为130的印捕并未参加罢岗,于是其他参与罢岗的印捕在他下班时就强行把他关在储藏室里面。③另有3名印捕也是因为没有参加罢岗,在外滩遭到15名印捕的暴力袭击。④罢工过程中在工人内部出现纠察队性质的组织,是常见的情况。印捕罢工中出现的这种内部暴力,说明其背后存在一定的组织力量。虽然受材料的限制,我们无法了解这种组织运行的方式,但是从第四次罢工涉及的派别斗争来看,锡克教本身的宗教组织力量和地缘性质的组织力量对于这次罢工起到了决定性影响的作用。

而通过分析这些罢岗事件的动因,我们发现基本上都和经济问题直接相关。而工部局对于这些罢岗巡捕采取的最有力压制手段是经济的而非政治或者暴力的。一旦有巡捕被开除,其他巡捕基本上都会立刻复岗——印捕对于经济上的敏感,比同时期的中国工人更甚。⑤杨倩倩的论文考证了上海印捕加薪的情况,因为物价上涨,工部局曾数次对印捕进行加薪。最早发生在1917年,此后1921年、1927年又两次加薪。⑥此前,

---

① 根据工部局和英印政府往来函件,工部局坚持要求巡捕必须是锡克人。参见《上海租界工部局总办处关于印捕工作安排等问题的来往文件》,上海档案馆藏,租界档案:U1-1-302。
② 张占顺:《浅析印度锡克教思想——与印度教思想比较的视角》,《河北北方学院学报》2012年第4期。
③ 《上海公共租界工部局总办处关于印捕工作安排等问题的来往文件》,上海档案馆藏,租界档案:U1-2-302。
④ 《上海公共租界工部局总办处关于印捕工作安排等问题的来往文件》,上海档案馆藏,租界档案:U1-2-302。
⑤ 〔美〕裴宜理:《上海罢工——中国工人政治研究》,刘平译,江苏人民出版社,2012,第282~286页。裴宜理指出,对于当时中国的技术性工人来说,罢工并未给他们带来不可承受的经济压力,结果往往是资方妥协退让。他们也并不畏惧被开除,反倒是资方比较担心工人流失。
⑥ 杨倩倩:《上海公共租界印度巡捕研究初探,1883~1930》,第50页。

1906年印捕罢岗的背景也是当时物价上涨,但是没有得到加薪。这是当时一些人认为的印捕罢岗的原因所在。① 在此我们看到,随着工资的提高,印捕再也没有罢工过,从另一个侧面佐证了上海印捕罢工背后的经济因素。

此外,印捕的收入似乎也没有那么不堪,至少比上海普通工人要高许多。② 前文曾经提到,在1906年罢岗时,工部局曾对印捕的存款进行调查,认为他们存款的数额较大,比较富有。而有意思的是,根据几个印捕死亡后的情况来看,他们去世时的财产并不多。③ 如果要对这种矛盾的现象进行比较合理的解释,就有必要分析印捕有哪些主要的开支,以致印捕在经济上的抗压能力如此薄弱。

笔者认为,造成印捕经济压力的主要因素很可能是汇往家乡的钱款和购买性服务(嫖娼)的花费,而这两项支出都与"家庭"有关。对印捕来说,他们因居住在巡捕房营房而无法拥有正常的家庭生活。而且他们基本上都是孤身一人来上海,即使是已婚者也不得不离开在印度的妻子,实质上也过着单身的生活。④ 有人对锡克人出国工作的动机分析道:

> 多数家庭既不富也不穷,其实他们主要是中产阶级,他们在乡村的地位受到土地所有制的瓦解和土地价格膨胀的威胁。因此移民成为一项家族计划,一种为避免待在家乡地位下降而做出的体面选择。与其令家族所有土地进一步分割,不如让年轻人参军或出国来增加家庭财富和村中的地位。只有通过购买更多的土地,建造砖屋,为家中的女人安排体面的婚事才能做到。那些被派出的几乎全是单身汉或已婚而不带妻子旅行的年轻人。⑤

---

① 《印捕同盟罢工》,《申报》1906年10月1日。
② 杨倩倩:《上海公共租界印度巡捕研究初探,1883~1930》,第51页。
③ 转引自〔法〕克洛德·马尔科维奇《中国的印度人社团(1842~1949)》,熊月之等选编《上海的外国人,1842~1949》,第313页。
④ 而且工部局也限制印捕组建家庭,1904年巡捕房只允许3%的印捕结婚。参见《上海公共租界工部局年报》(1904年),上海档案馆藏,租界档案:U1-1-916。
⑤ 〔印度〕杜森伯里:《导言:旁遮普以外锡克人的一个世纪》,熊月之等选编《上海的外国人,1842~1949》,第312页。

前往上海任职的锡克族巡捕确实是家族中主要的经济来源。《上海公共租界工部局年报》中曾经提到,大多数印捕每年都会把他们在工部局储蓄银行的钱汇往家乡,①而在提到这笔汇款的大小的时候,1916年《工部局年报》使用的词语是"可观的"。②虽然具体比率不得而知,但是他们确实把收入的一大部分都寄回了家,这就能解释为什么他们在某些时间拥有可观的存款,而在去世的时候却比较贫穷。这种模式有点类似于当下中国农民外出务工的模式,而其得以推行其实是英帝国(在中国则是中国政府)带来的现代化。若不是英帝国在印度各地和上海都建立了现代化的银行和邮政系统,那么外出打工者是没有机会把他们的收入寄回家乡的。虽然英帝国并非出于道德而为这些印度人谋取福利,而可能是出于商业利益的考量,但是不可否认,他们建立的现代化的社会设施实实在在地为印捕提供了比留在家乡更好的选择。

离家带来的另一个结果是巡捕的性需求无法满足,在没有妻子或者女伴的情况下,可能的解决方式包括嫖娼、和本地的或者来自印度的其他女人形成比较长久的伴侣关系,以及强奸等暴力手段。除了嫖娼之外,剩下的两种方法都不太可行。诚如前文所说,锡克族人因其共同的信仰,通常容易形成联系紧密的团体,而这将构成对于中国女性和锡克男性婚姻上结合的强烈反对力量。③也有不少印捕铤而走险,采取暴力手段以寻求性满足,但是这种严重违法行为对印捕来说有极大风险。以《申报》报道为例,通过《申报》全文数据库检索,自1883年印捕来沪,直至1949年,报道印捕性侵案件共29起。④这些案件后来经法庭审讯后裁判,情节严重者如发生于1909年的印捕强奸车夫黄世仁案,涉案印捕直接被判处徒刑,⑤其余犯案印捕,也均遭到解职的处罚。性暴力反映的恰恰是对性的渴求,但是事后难免处罚。因此多数情况下,印捕还是会采取嫖娼这种风

---

① 《上海公共租界工部局年报》(1912年),上海档案馆藏,租界档案:U1-1-925。
② 《上海公共租界工部局年报》(1916年),上海档案馆藏,租界档案:U1-1-929。
③ 锡克教徒有比较特殊的婚姻仪式,一般只能在本教内互相结合。参见张占顺《浅析印度锡克教思想——与印度教思想比较的视角》,《河北北方学院学报》2012年第4期;张占顺:《锡克教与种姓》,《西南民族大学学报》2006年第1期。
④ 笔者此处数据是以"印捕"和"印度巡捕"作为关键字检索,将所得结果中涉及印捕性犯罪的部分加以辨认、统计所得到的。
⑤ 《会讯印捕淫凶不法案》,《申报》1909年6月19日。

险较小的方法来满足性需求。印捕嫖娼而见诸报端的事例繁多，①并有求欢不得殴伤妓女的事件发生，②乃至于有一种说法认为，印捕"红头阿三"的"阿三"起源就和印捕嫖娼之事有关。③

总之，印捕嫖娼的现象在当时颇为普遍。虽然印捕的工资较之上海当时的平均工资高出不少，但是根据美国学者贺萧对嫖娼价格的统计，嫖娼的经济压力对于印捕来说还是比较大的。④因此，在去掉他们汇往家乡的那笔钱和嫖娼的花费之后，印捕的工资就显得捉襟见肘了。也正是因为这样，印捕每次罢岗的核心诉求都是经济诉求，一旦经济诉求得到满足，他们就会回到岗位上继续工作。

四　国人对于印捕罢工的民族主义想象

相比英国的巡官们，印捕属于被管理者；相比当时公共租界的一般百姓，印捕则以管理者的面貌出现。印捕形象在国人脑海中的塑造是一个十分复杂的问题，超过了本文所能涵盖的范畴。但是就罢工这一特定问题来说，中国人是如何看待印捕罢工的？下面我们将对这一问题展开讨论。

印捕服务于上海的时间段，恰恰是印度民族独立运动风起云涌的年代。可是印捕对于这一运动似乎显得不冷不热，不但未曾见到他们以民族独立的名义进行任何形式的反抗，反而有越来越多的人加入巡捕队伍。⑤对于印捕来说，他们似乎并不存在一种反抗英国统治的意识。这一问题产生的原因在于我们过于宽泛地使用了"印度"的概念。萨义德曾说，当我

---

① 据《落差印捕之放浪》一文所述，印捕普遍有狎妓之事。《落差印捕之放浪》，《申报》1918年5月30日。

② 《印捕行凶》，《申报》1905年6月6日、1906年12月6日。

③ 该说法源于一则口述史料，参见陆健、赵亦农主编《中国民间故事全书》上海·虹口卷（下），知识产权出版社，2011，第830页。

④ 关于嫖娼价格的统计，参见〔美〕贺萧《危险的愉悦：二十世纪上海的娼妓问题与现代性》，韩敏中等译，江苏人民出版社，2003，第41~49页。印捕因为没有独立居所，且执勤时间较长，不太可能和没有固定营业场所的娼妓发生关系，这就提升了其嫖娼的花费。以1907年为例，当年印捕月薪为20元左右，而嫖娼一次需要1~2元，可见足以对印捕造成较大的经济压力。

⑤ 杨倩倩：《上海公共租界印度巡捕研究初探，1883~1930》，第28页。

们使用"印度"这个概念的时候,我们其实已经变相地接受了帝国主义的知识分类方法。① 就当时情况来说,"印度"是一个只对英国殖民者有意义的概念,用来指代他们所控制的南亚次大陆的大片土地。但是实际上,这个"印度"是由多个彼此冲突或者隔离的地方性政权组成。位于旁遮普地区的锡克族人和印度教徒、伊斯兰教徒之间在历史上长期存在冲突和敌视。在莫卧儿帝国统治时期,锡克族人就一直受到印度教徒的迫害和压迫。② 在英国入侵的过程中,锡克族聚居的旁遮普地区是最后被英军征服的地区。因此在两次英锡战争中,大量的印度教士兵加入殖民者军队,成为英帝国殖民旁遮普地区的帮凶。但英国人占领之后对锡克族采取的政策却是较为宽容的。他们兴建了很多基础设施,同时尊重锡克族的宗教传统——之前的莫卧儿王朝并未表现出这种尊重。英国相对开明的统治加上锡克族人和印度教徒历史上的仇恨,导致了在著名的1857年印度民族大起义中,锡克族人坚定地站在了英国殖民者一边。十万余锡克族士兵加入英国军队,旁遮普地区的柴明达尔(领主)们也积极提供物资,帮助英国殖民者镇压起义。③ 而锡克人也正是通过其出色表现获得了英国人的信赖。

对于锡克人来说,由于印度民族主义中鲜明的宗教民族主义特性,④所以他们对于所谓的"印度独立"其实是不太认同的。举例来说,在1914年加德尔党人起义爆发后,一些人逃到了上海。英国人十分担心印捕受到这些民族主义分子的蛊惑。⑤ 然而锡克族巡捕并未受到民族主义分子的影响,保持了对英国的忠诚。⑥ 前文的分析也表明,印捕罢工主要的原因是经济问题,民族主义口号并未出现在他们的罢工诉求中。事实上,当时印捕普遍配备了火枪,甚至还有专门的骑巡队,其战斗力十分强大,甚至可以和军队媲美。⑦ 如果印捕罢工是基于民族主义而反抗殖民统治的话,那

---

① 〔美〕萨义德:《东方学》,王宇根译,三联书店,1999,第3~4页。
② 刘健等:《印度文明》,中国社会科学出版社,2004,第411~412页。
③ 此处叙述参见 Khushwant Singh, *A History of the Sikhs*, Vol. 2, Delhi: Oxford University Press, 1981, pp. 102 – 103。
④ 欧东明:《浅论印度民族主义意识的确立》,《南亚研究季刊》2013年第3期。
⑤ 《上海公共租界工部局年报》(1915年),上海档案馆藏,租界档案:U1-1-928。
⑥ 《上海公共租界工部局年报》(1915年),上海档案馆藏,租界档案:U1-1-928。
⑦ 武装印捕的目的本身就包含军事目的,英国人期待印捕能够代替万国商团成为租界可以依靠的新的武装力量。参见庄志龄《上海公共租界中的"多国部队"——万国商团》,《档案与史学》1997年第4期。

就断然不是开除罢工印捕就能平息了的。这一问题可以参考1915年新加坡的印度士兵爆发的反对英国殖民统治的起义情况，这些士兵与英军血战半个月，席卷整个新加坡，最终在沙皇俄国的帮助下，这次起义才被镇压。①相比之下，印捕对工部局的反抗，无论是方式上还是烈度上，都较之真正的民族主义起义要温和得多，这也从侧面佐证了本文前述印捕乃是基于经济原因罢工的观点。

然而中国一些知识分子对于印捕背后的历史并不了解，而是简单地把他们当作和中国一样的被殖民的民族来看待。比如前文所引《申报》对印捕的报道，该报编辑就认为这种行为本身兼有反抗殖民主义的意义。②而作家蒋光慈则在创作中描述了一名印捕把布尔什维克学生抓起来又释放的故事。故事中，这名觉醒的印捕意识到中国和印度同样是受到压迫的民族，都需要被解放，就此提出救中国即是救印度。③另一位左翼作家杨邨人在1929年的《大众文艺》发表题为《红头阿三》的文章，文中作者也一改之前对于印捕的负面态度，塑造了一个和蔼可亲、对因参加爱国运动而被捕的学生深怀同情的印捕的形象。④这些故事都是典型的对于他者形象的建构，创作者基于一种民族主义的立场，把印捕也纳入中华民族谋求民族独立的宏大叙事之中。他们天真地认为，印捕作为同样受到帝国主义压迫的印度人的代表，应当和他们站在同样的立场上。知识分子的这种一厢情愿的想法，并非空穴来风。自从五四运动以来，借助社会上负面形象代表的爱国行为来促进民族主义，已经成为一种知识分子惯用的宣传模式，诸如"青楼救国团"这样的组织屡见不鲜。⑤但小偷、娼妓、帮会等社会群体的爱国热情，究竟有多少是基于功利的考虑，又有多少是基于真正的民族认同和国家认同犹未可知，更不必说印捕的想法了。对于中国知识分子认为的印捕和中国人一样都是受到压迫的对象，因而印捕也会对中国人追求民族独立和解放的目标产生同情，至此，我们就可以理解这完全是不切实际的幻想了。对锡克族的印捕来说，他们觉得印

---

① 刘玉遵：《1915年新加坡的印度士兵起义与沙皇俄国》，《中山大学学报》1981年第1期。
② 《印捕同盟罢工》，《申报》1906年10月1日。
③ 蒋光慈：《老太婆与阿三》，《拓荒者》第1期，1930年。
④ 杨邨人：《红头阿三》，《大众文艺》第2卷，1929年。
⑤ 张鸣：《北洋裂变：军阀与五四》，广西师范大学出版社，2013，第175页。

度教和伊斯兰教的同胞们有时候甚至比英国人更可恨。① 但在中文语境里面,对印捕形象的误解仍然广泛存在。本文希望廓清的是,锡克族的印捕在上海从未出现过基于民族主义的反英运动,他们的罢工也和这些运动无关。

作者:刘　平,复旦大学历史学系
张天宇,复旦大学历史学系

---

① Khushwant Singh, *A History of the Sikhs*, Vol. 2, p. 101.

城市人畜力公共交通析论：以1910～1937年的南京为中心*

李沛霖

内容提要：自1910年南洋劝业会肇始，南京城市人畜力公共交通随之嚆矢。至抗战前，人力车已是公共交通的重要工具，成为市民日常出行的重要参考。因之，本文就人畜力公共交通的运营态势、生存状态，及该业直面的生存窘境和政府干预等向度展开辨析，分层透视战前人畜力交通的发展与变迁，并由此从侧面管窥南京城市交通近代化的曲折历程。

关键词：人畜力公共交通 运营态势 生存窘境 政府干预

公共交通是城市客运交通系统的主题，也是对国民经济和社会发展具有全局性、先导性影响的基础产业。① 1819年，法国巴黎出现为公众提供租乘服务的公共马车，标志了有深远意义的城市公共交通方式的诞生。而一个城市公共交通方式的变化，是其城市发展史的最好见证之一。近代城市公共交通方式除了电车、汽车等机械化交通方式外，是以人力车、马车为代表的人畜力交通为主。自1910年近代第一个大型博览会——南洋劝业会在南京开幕，人力车和马车始为民众服务，随之发展。抗战前，虽有机械化公共交通的蔚然兴起，并形成对人畜力工具的持续超越，但其既竞争又互补的关系，使彼时南京城市公共交通呈现明显的混合模式。从而，探讨人畜力公共交通，不仅可管窥近代南京城市交通体系的整体脉络，还可由侧面审视其城市近代化的曲折历程。笔者通过检视既往成果，似觉尚有

---

* 本文为中国博士后科学基金一等资助项目"抗战前新式公共交通与京沪城市社会变迁研究"（项目编号：2015M580284）的成果。

① 杨兆升：《城市智能公共交通系统理论与方法》，中国铁道出版社，2004，第1页。

探讨之可能。① 本文初探该问题，希冀和以往研究形成一个较为明确的比照。

一 人畜力公共交通的运营态势

近代中国交通工具多从西方传入，"惟人力车为东方都市交通工具之一，此类交通工具原发轫于日本东京，故又名东洋车，相传乃一美国传教士哥布尔发明"，是以人力挽行的载客车，其逐渐普遍于中国各都市，如"北平、上海、汉口、广州、南京等市，人力车皆成为重要交通工具，其他较小都市人力车亦所在多有"。② 1910 年南洋劝业会开幕，从上海调来 20 多辆人力车为南京民众服务，后有下关汇通运输行等陆续从上海买来多辆，出租营业用以载客。车轮由铁木结构、实心轮胎改为钢圈、钢丝结构和充气轮胎。③ 继而，南京人力车"随处都有，任人雇用。大抵近路贵，远路反可略贱；往冷静的地方贵，往热闹的地方贱；夏时及雨天贵，冬季及晴天贱；车多时贱，车少时贵"。车价先讲明以免讹索，按钟点计约每点钟小洋 1 角 5 分至 2 角。据 1923 年人力车价显示，从中正街到各机关如公共演讲厅、中华书局、中国银行、省公署、督军署、省农会、美领署的价目（小洋）分别为 3 枚、6 枚、7 枚、8 枚、11 枚、1 角 8 枚、2 角 4 枚；从中正街至游览地如秀山公园、雨花台、鸡鸣寺、玄武湖、明故宫、明孝陵、燕子矶、牛首山的价目分别为 7 枚、1 角 2 枚、1 角 12 枚、2 角、2 角

---

① 关于近代南京城市公共交通的研究成果，可参见李建飞《民国时期的南京公共交通》，《南京史志》1997 年第 1 期；吴本荣《公共交通与南京城市近代化（1894~1937）》，《南京工业大学学报》（社会科学版）2009 年第 1 期等。另还可参见拙稿《城市公共汽车事业考辨——以抗战前"首都"南京为中心》，《历史教学》2011 年第 18 期；《1930 年代中国公共交通之翘楚——江南汽车公司》，《档案与建设》2013 年第 11 期；《抗战前南京城市财政与公共交通关联考议》，《民国档案》2014 年第 2 期；《民国首都城市公共交通管理略论（1927~1937）》，《学海》2014 年第 5 期；《近代公共交通与城市生活方式：抗战前的"首都"南京》，《兰州学刊》2014 年第 9 期；《公共交通与城市人口关系辨析——以民国时期南京为中心的考察》，《史学集刊》2014 年第 6 期（人大复印资料《中国现代史》2015 年第 3 期全文转载）；《近代中国市内铁路之先行：宁省铁路—京市铁路》，《档案与建设》2015 年第 6 期；《民国时期南京公共交通工具博弈及政府因应》，《暨南学报》（哲学社会科学版）2015 年第 9 期等。但由既往成果论，以笔者目力所及，专事本题的研究，目前尚付阙如。

② 言心哲：《南京人力车夫生活的分析》，国立中央大学，1935，第 1 页。

③ 南京市地方志编纂委员会：《南京公用事业志》，海天出版社，1994，第 8 页。

8枚、3角、5角、1元。① 定都前，全市公共汽车仅6辆，加之"小火车机车损坏仅开单班，供不应求"，斯时"人力车居本市车辆数目之最大多数，亦为市民交通之最重要工具"。②

自1927年4月国民政府定都后，南京当局对人力车价目的规定则更为严谨和细化（见表1）。至1931年，再规定统一的人力车价目标准，分时间、里程、地点三种计费方式。计时以小时为单位，每时票价不超小洋3角，半日（5小时）、整日（10小时）计费不超大洋1元、2元。计程以华里为单位（不足1里以1里计），每3华里1角，1华里铜元10枚。③ 至1933年，当局再改定价目，虽时间计价未变，但里程计价则每3华里增为1角5分、1华里增为20枚。以地点计费，则通过设立鼓楼、夫子庙两个集中供车处，规定从两地至市区各处共20条线路的统一收费价目。④ 对比定都前后情事可见，定都后人力车价目普遍提升，这与人口密集而对此类工具的需求增加及当局体恤苦力的管理理念相合、相契。

表1 南京特别市工务局人力车价目（1927年9月）

单位：小洋

起 点	迄 点	价 目	起 点	迄 点	价 目
市政府（夫子庙）	下关	5角	市政府	三山街及附近	5分
市政府	中央党部	3角	市政府	聚宝门外圈	1角5分
市政府	鼓楼及附近	2角5分	市政府	水西门外圈	2角
市政府	国民政府	1角	市政府	汉西门外圈	3角
市政府	北门桥及附近	2角	市政府	至中山墓	4角
市政府	花牌楼及附近	1角	市政府	第一公园及附近	1角
市政府	省政府	3分	市政府	后湖	3角
备 注	其余各地由乘客比照上定标准与车夫面定或依钟点计				

资料来源：南京特别市工务局编《南京特别市工务局年刊（十六年度）》，南京印书馆，1928，第321~322页。

---

① 陆衣言：《最新南京游览指南》，中华书局，1924，第52~53、62~67页。
② 《南京特别市工务局年刊（十六年度）》，第192页。
③ 《规定市内水陆交通舟车价格标准》（1930~1937年），南京市档案馆藏（本文所列档案均为该馆藏，以下不再一一注明），档案号：1001-2-57。
④ 南京市政府秘书处：《新南京》，南京共和书局，1933，第52~54页。

与此同时，因人力车价低廉、运转灵活，在不通汽车的小街僻巷中亦可行走自如，加之车型改进后乘坐舒适，乘客日益增多，车辆基本上逐年增长。如1927~1936年南京市人力车（包括营业与自备）辆数分别为5337、7352、9097、8407、9856、9026、10158、10544、10962、11180辆。① 再据1934年江苏年鉴载，"自建公路以来人力车数日增"，计全省人力车20316辆，内租用营业9993辆，自备营业8275辆，自备人力车2048辆。② 即是年南京人力车已占江苏省近1/2，当时全市"（人力）车身颜色分为甲乙二种，甲种黑色，乙种红色"；③ 翌年人力车达10962辆，其中甲等8394辆、乙等1329辆。④ 全市营业人力车1929年达7000辆、1934年8628辆、1935年9723辆、1936年9799辆、1937年9676辆。至1937年7月，"总计人力车已达一万辆以上"。就此而言，"营业各种车辆中，以汽车及人力车数量为最多"。并且，人力车行"情形至为复杂，车主方面有设行者，有一人置备一辆或数辆，随意出租行使以牟利者"。因车夫"多数来自农村逃荒来宁谋生的贫苦农民，车主乘机觊利，愈加制以供其求"。⑤ 从而，车行大幅增长，如1920年仅90家，至1936年底达2000余家。其中较大车行号约167家，每家车辆20~50辆不等；较小车行号约占全市7/10，每家有车3~4辆不等。⑥ 斯时，流行南京市面的人力车值价约60元，车行则以60元资本，每月收12~13元利息，"利率未免过大，且此种利润纯取诸劳工血汗，于情理上说，亦多有不合的地方"。⑦ 不管怎样，由于战前南京人口的快速增长，对公共交通产生"派生需求"，加之人力车辆众多、乘价颇廉，其已成为当时城市公共交通的重要工具。

　　次言马车业。近代意义的马车是指铁、木结构的车轮演变成胶车轮的载人马车。1891年，宁波某工匠在南京成贤街与保泰街间开设第一个修造

---

① 南京市政府秘书处编印《十年来之南京》，1937，第53~54页。
② 转引自江苏省交通史志编纂委员会《江苏公路交通史》第1册，人民交通出版社，1989，第299页。
③ 南京市政府秘书处编译股编印《南京市政府公报》第148期，1934，第64页。
④ 《关于车辆人口乡镇保甲等统计表》（1936年4月），档案号：1001-1-1720。
⑤ 《南京市工务报告（二十四年四月至二十六年四月）》（1937年），档案号：1001-3-515。
⑥ 南京市地方志编纂委员：《南京交通志》，海天出版社，1994，第308页。
⑦ 《组织人力车夫福利会或俱乐部》（1936年7月），档案号：1001-1-674。

马车的贤泰公司。① 宣统二年（1910）南京召开南洋劝业会，主会场中心分布着40余个以产品部类或以省市命名的陈列馆，及江宁缎业、湖南瓷业、博山玻璃3座专门实业馆，"游者特众，场地虽广，人山人海，拥挤水泄不通"。② 马车业随之发展，除私用的数十辆马车外，有马车行18家、车40余辆，供乘客包用。1912年，马车正式为南京市民服务，全市有100多辆。时因上海汽车业发展，马车业衰落，马车大量转至南京。③ 据1923年统计，全市有王德记、华达、宝大、宝泰、龙泰、祥泰、新泰、龙翔、龙飞、丁三、王金记、飞龙、云飞、福利、德利等商业运营的马车行。是年，乘马车从下关到各机关如省公署、五省总司令部、镇守使署、公共演讲厅、财政厅、地方审判厅，价目（小洋）分别为7角、9角、1元、1元2角、1元3角、1元5角；从下关到各商店学校如海军学校、金陵中学、东南大学、金陵大学、大行宫各旅馆、河海工程学校，价目分别4角、8角、8角、8角、1元、1元2角。其时，客运马车有轿式、篷式两种，冬季宜用轿式，夏季宜用篷式。普通租用每天4元，车夫酒饭钱4~8角不等。④ 如上述，斯时马车已行驶至全市各处，但乘价则明显高于人力车。

定都初期，当局改定车辆价目，马车则改不以起讫点计，而取以时计的方式。1928年8月，"因南京车辆价目极不一致，人民感受痛苦至深。本府前增订定各项车辆价目，惟去年情形已与现在不同，最近市工务局复提出车辆雇驶价目提案，经第九次市政府会议通过，即日由工务局颁布施行，亦旅行之指南也"。如马车乘价（大洋）改为一日（12小时）5元、半日（6小时）3元、1小时8角；1小时后每增1小时，加洋5角；不满半小时者以半小时计，过半小时作1小时计。⑤ 借此，可杜绝"本市各种车夫对于车资往往额外需索，使众周知而免争执"。⑥ 至1933年，当局再次统一京市雇车价格，马车业乘价也更为细化（见表2）。如将1931年与

---

① 《南京公用事业志》，第7页。
② 江苏省南京市公路管理处史志编审委员会编《南京近代公路史》，江苏科学技术出版社，1990，第20页。
③ 《南京交通志》，第306页。
④ 陆衣言：《最新南京游览指南》，第53~62页。
⑤ 《改定车辆价目》，南京特别市市政府秘书处编译股编印《市政公报》第19期，1928。按，1930年定都后，南京特别市改为南京市。
⑥ 南京特别市市政府秘书处编译股编印《一年来之首都市政》，1928，第86页。

1933年相比较,该业长时间内半日、全日票价无变化,短时如半或一小时则有所降低,可见其时马车业已采取争取短途乘客的策略,以增营收。

表2 1931年和1933年南京市马车价目比较一览

单位:小洋

时刻	1931年		1933年		备注
	轿车	篷车	轿车	篷车	
半小时	5角	4角	4角	3角5分	不满半小时以半小时计,过半小时以一小时计
一小时	1元	8角	8角	7角	1931年,轿车、篷车每点钟后分别递加7角、6角;1933年,轿车、篷车分别递加6角、5角
半日	3元	2元5角	3元	2元5角	以6小时计
全日	6元	5元	6元	5元	以12小时计

资料来源:《规定市内水陆交通舟车价格标准》(1930~1937年),档案号:1001-2-57。

易言之,定都后,南京"交通繁盛之躯,车马行人往来如熙","本市车辆,日益增多"。[1] 如彼时"汽车营业日见发达,但马车之功用,仍有其特长之处。盖取价既较汽车为廉,而携有多量行李之旅客,雇乘马车实较汽车为便。且马车不似汽车须受道路宽窄之限制,除过狭之里弄外,任何处所可以直达"。[2] 即营业马车虽日渐衰落,但并未汰除。据1929年市工务局调查,全市有汽车870辆,马车480辆,人力车7000辆,自行车2000辆,水车1500辆,大板车500辆,手车1500辆,各种车辆价值约170万元。[3] 至1931年,全市汽车为1158辆,马车394辆,人力车8220辆。[4] 再据1933年8~12月全市新车登记显示,汽车为399辆,马车仅14辆。[5] 由此可见,随着汽车业的日渐扩张,马车业日益凋敝。如1927~1936年,全市马车分别为450、424、458、380、349、329、335、323、305、341辆;[6]

---

[1] 南京市政府秘书处编译股编印《南京市政府公报》第112期,1932,第90页。
[2] 《新南京》,第51页。
[3] 南京特别市市政府秘书处编译股编印《首都市政公报》第32期,1929,第26页。
[4] 南京社会局:《南京社会特刊》第3册,文心印刷社,1932,第10页。
[5] 《南京市政府行政报告(二十二年度)》(1933年1~12月),档案号:1001-1-1733。
[6] 《十年来之南京》,第53~54页。

抗战前夕，营业马车有 300 余辆。① 整体观之，自定都后南京市马车业已呈颓势，继而发展窳败、举步维艰。

二 人畜力公共交通的生存形态

定都前，南京人力车夫多为破产农民或城市失业者，其中不少人无力购买车辆，便向车行车主租用，靠出卖劳力度日。车租为日班 2 角，夜班 2 角 5 分，有的租车拖一班，有的日夜兼拖。一日拖得好，可得七八百文，但除去车租只够糊口；遇生意清淡，车租不敷，家人挨饿受冻。而人力车夫，工钱一般是每月 3~4 元。② 定都后，人力车的租金每日为 5~6 角。由上午 6 时至下午 2 时每车 2 角，下午 1 时起至次日上午 6 时每车 3 角，每一车夫每日须纳 5 角左右车租给车主。③ 据当时全市部分人力车夫调查显示，④ "自民国十六年国府南迁以后，人力车之需要，逐渐增加"。即 1927~1932 年，每年新拉车人数均递增，但自 1933 年后则人数骤减。而车夫的工作时数，以 7~12 个小时为最多，占调查总数 71.2%。且全月一天无休者占总数 53.1%，休息不超三天者占 85.7%。⑤ 可见，大多数人力车夫几无休息日，这恐与车租昂贵、竞争激烈，加之休息使营业减少而无法保全家庭生计等因素有关。

人力车夫营业收入减去车租即为净收入。据上述调查，车夫全家每月收入 5 元以下和 5~24 元的占调查总数 50% 以上。车夫家中他人全无收入者有 747 家，占总数 55.3%，亦见其"家庭大部分专赖一人之收入，维持全家人口生活，其负担之重可以概见"。⑥ 如仅将其月收入与定都前相较，则有提高。但与家庭支出相比，情况并不乐观。据表 3 所示，以全家收入、支出 10~29 元等级占总数比例为最，分别为 70.1% 与 72.8%。但在此最

---

① 《南京公用事业志》，第 7 页。
② 《南京交通志》，第 308 页。
③ 《组织人力车夫福利会或俱乐部》（1936 年 7 月），档案号：1001-1-674。
④ 1932 年秋，国民政府军事委员会政治训练研究班的师生以南京市 1350 名人力车夫为调查对象（约占全市从业人数 1/12）进行调查，有学者指出，其所得数据"足代表南京人力车夫生活之大概情形"（参见言心哲《南京人力车夫生活的分析》，第 5 页）。
⑤ 言心哲：《南京人力车夫生活的分析》，第 19~25 页。
⑥ 言心哲：《南京人力车夫生活的分析》，第 28~29 页。

大比例等级中，支出却大于收入。由此可见，车夫家庭基本是入不敷出，常常需要借债度日，车夫家庭中负债者已达547家，占总数40%。且每月需要支出食品费5~14元的家庭超总数的70%，而车夫月均收入仅有10元，"所调查人力车夫家中，食品费实为重要之一项"。① 如以恩格尔系数分析，车夫的家庭经济状况则为贫困。其时，南京人力车夫"以牛马式劳动代价之所得，其收入之数，几不足以活命养家，其工作之苦，生活程度之低，几非吾人所能想象"。②

表3 南京人力车夫家庭月收入与支出情况（1933年1月调查）

全家每月收入	家 数	百分比	全家每月支出	家 数	百分比
5元以下	1	0.07	5元以下	4	0.30
5~9	27	2.00	5~9	45	3.33
10~14	177	13.11	10~14	181	13.41
15~19	246	18.22	15~19	330	24.44
20~24	246	18.23	20~24	228	16.89
25~29	277	20.52	25~29	244	18.07
30元以上	302	22.37	30元以上	273	20.22
不明	74	5.48	不明	45	3.33
总 计	1350	100.00	总 计	1350	100.00

资料来源：言心哲：《南京人力车夫生活的分析》，第30~31、41~42页。

与此同时，人力车夫全年改进费为"无"和"5元以下"的家庭占总数80%以上。车夫无产者为700人，占51.9%；仅有不动产者590人，占43.7%，但多"在农村系薄田数亩，破屋数间，实际所值无几。而当此农村破产，农产价格低微时期，加以天灾之类仍与苛捐之繁重，此类不动产所入殊属有限"。换言之，车夫家庭基本有2~5人，但在京住屋有1/2~1间的家庭数则占总数的52.6%。关于来京原因，除"其他"一项占51.1%外，生活困难与水旱天灾两项为最，分别为11.5%和17.1%。③ 可见车夫多因灾害及生活困窘，来京谋生。而此前种过田的车夫占总数

① 言心哲：《南京人力车夫生活的分析》，第31~43页。
② 言心哲：《南京人力车夫生活的分析》，第68页。
③ 言心哲：《南京人力车夫生活的分析》，第24~28、45~52页。

83.6%，可知"人力车夫拉车前之职业，以种田者为最多，此亦可见农村经济之衰落，农村破产程度之深刻。农民因生活困难，多相率迁往都市"。由此，"南京自奠都以来人口激增，加之新式交通设备缺乏，故人力车之需要与人口数量之增加，几成正比例"。① 由于从业人数众多，1934年7月30日南京市人力车业同业公会成立，设址西方巷清真寺。据1935年统计，全市登记人力车行10家，均为"专营"，资本总额14600元。② 1936年2月11日，（无限责任）南京市黄包车夫信用消费合作社登记成立，社员65人，社股金额130元，社址江苏民教馆。③ 是年，全市人力车夫达19598人，其中"普通出雇人力车，每一人力车有人力车夫二人，合租一辆，轮流日夜营业"。再计"车夫有携家眷者有独身者，令姑以三分之二之人力车夫有家眷计算，本市直接间接依靠人力车为生之人，其数当在五万人以上"。④ "频年农村凋敝，各处乡村贫民无法谋生则麇集首都，求拉车以糊口"，"都市人口增加之所以迅速，此盖一因也"。⑤ 可见，随着南京城市人口持续增加，存在巨大的交通需求，而困窘的城市移民既无资金又缺技能，部分人员就以人力车为谋生方式，此亦是近代城市社会变迁的真实场景。

再如马车业。定都前，南京"城内除小火车与马车、人力车而外，直无较为迅捷之代步"；⑥ 加之"城内道路历久失修，类多凸凹不平，道路甚狭竟有不能过两车者"，从而"马车、人力车络绎不绝"。⑦ 在码头车站，马车是重要运输工具。鼎盛时，南京全城从事马车业的工人有七八千人。⑧ 且当时乘坐马车游览亦是风行之事。如《白门竹枝词》中记述乘马车赴中山陵灵谷寺进香的情景，"鞭丝斜袅四蹄飞，鸟语花香夕照微；座客都空黄口袋，朝山知是敬香归"。⑨ 其时，马车除运载乘客外，还广泛用于市民

---

① 言心哲：《南京人力车夫生活的分析》，第21~26页。
② 南京社会局：《南京社会·调查统计资料专刊》，华东印书馆，1935，第25、34页。
③ 《南京市政府行政统计报告（民国二十四年度）》，第196~198页。
④ 《组织人力车夫福利会或俱乐部》（1936年7月），档案号：1001-1-674。
⑤ 《南京市工务报告（二十四年四月至二十六年四月）》（1937年），档案号：1001-3-515。
⑥ 磊夫：《宁垣长途汽车公司之近闻》，《申报》1924年2月16日，第3版。
⑦ 《宁省兴办汽车公司问题》，《申报》1919年3月9日，第7版。
⑧ 《江苏公路交通史》第1册，第299页。
⑨ 转引自王瑞芳《近代中国的新式交通》，人民文学出版社，2006，第14页。

的婚丧嫁娶。自轿子被淘汰后,婚嫁中载送新郎、新娘的就是厢式马车,而出殡时载送执绋妇女的也是马车。此外城里有些商铺时常雇佣马车,从下关运货进城。此类情事,诚如时人描述中山路上的交通一景,"快车道上专走汽车的,马车和人力车在两旁的慢车道上走,行人便在人行道上慢慢的溜……马车上的旅客,马儿的脚击着碎石面,'滴托、滴托'地发出一片啼声,好像奏着进行曲的节拍,十分悠闲而富有情趣的……"①

随着南京机械化公共交通的日增月长,马车业营业渐呈颓势。虽 1934 年 6 月 24 日、1935 年 6 月 5 日,马车业同业公会(设址奇望街江南旅社)和马车业职业工会筹备会(会员 85 人,设址下关天光路)分别成立,但至 1934 年,全市马车行仅为 142 家,资本额 3.9 万元,1933 年营业额 2.84 万元。此时,汽车行虽仅 73 家,但资本额(45.5 万元)为马车业的 11.7 倍,营业额(120 万元)为其 42.3 倍。② 再据 1935 年 10 月市社会局统计,全市共 78 个同业公会,33 个改组完竣。在 33 个公会中,共有会员 2842 家,其中汽车业会员 47 家,马车业会员 135 家。这 135 家马车业会员中,资本来源独资的有 124 家,集资 11 家;资本总额 101~200 元的有 46 家,201~300 元 56 家,301~400 元 14 家,401~500 元 19 家;店员 1 人的有 47 家,2 人 56 家,3 人 22 家,4 人 10 家。而盈利的有 0 家,平 1 家,亏折 134 家。③ 可见,斯时马车业的营业状况不容乐观:该业 135 家会员中 134 家亏折,竟无 1 家盈利。再据 1936 年 6 月的调查,全市同业公会会员计 6554 家,资本额为 1.73 亿元,店员有 27738 人。马车业同业公会有 135 家,资本额为 38350 元,店员 264 人;汽车业同业公会虽仅 46 家,资本额则为 278280 元,店员 184 人。④ 不难发现,马车业资本额仅为全市同业公会总数的 0.2‰,店员人数不及总数的 1%。

深究而论,彼时"马车价格昂贵,非一般民众所能普通乘坐,且数量缺少供不给求,而马车行驶迟缓亦未能适合时间经济之原则"。⑤ 且伴随公

---

① 倪锡英:《南京》,中华书局,1936,第 37~38 页。
② 叶楚伧、柳诒徵:《首都志》下册,正中书局,1935,第 1059~1066 页。
③ 《南京社会·调查统计资料专刊》,第 7~9、25~30 页。
④ 《南京市政府行政统计报告(民国二十四年度)》,第 91~93 页。
⑤ 《首都无轨电车计划》(1930 年 1 月),档案号:1001-3-159。

共汽车业的蔚然兴起，马车业更受影响，仅失业的马车工人就达2000余人。① 如1936年1月，南京市马车业同业公会呈文市工务局，"据各会员报陈，马车自去岁冬季以来生意日减，每日营业萧条至极，甚至终日无生意。兼之岁首又值春季购票之期，告贷乏术，恳请展期两星期自二月一日至十五日止，以资救济。查马车营业至今日已成穷途日暮，种种困难均属实情。准予展缓两星期，以示体恤……"② 上述情事，亦佐证了定都后该业车辆日益减少的趋势。事实上，自公共汽车在市内驰驶，马车业遂而衰落。最终，随着首都道路的规模化建设，加之机械化公共交通呼啸而来，该业日渐窳败，此情形与人力车业的境遇可谓殊途同归。

三　人畜力交通的窘境和政府干预

一般而论，电车、公共汽车较人力车、马车等传统交通工具在速度、运载量上具有明显优势。如时人曾比较电车与人力车的运载能力，每辆电车的运载能力约抵人力车73部，而每辆电车所占道路面积仅合73部人力车所占面积的1/26，行驶速度更是电车远远快于人力车。城市人力车的速度为9.654公里/小时，而电车的速度为14.1592公里/小时。③ 然而在民国时期，"中国是处处都落后的国家，（东）洋车不但未曾遭受天演淘汰，而且还异样、普遍的发展起来"。④ 如有学者指出，"人力车使城市的交通近代化，并且使人们在城市中活动的速度提高，其作用类似于电话线使城市之间的联系更为便捷，也类似于工厂的大规模生产对生活效率的提高"。⑤

问题之实质在于，战前公共汽车已成为南京城市公共交通的主流工具。如1935~1936年，江南公司是全市唯一的公共汽车公司，市区设131站、行车100辆，全年乘客1842万余人；此承载数为同期全市人口18倍强（1935年1013320人，1936年1006968人）。⑥ 再至沦陷前夕，该公司

---

① 《南京交通志》，第306页。
② 《二十五年征收车捐》（1935~1936年），档案号：1001-2-420。
③ 沙公超：《中国各埠电车交通概况》，《东方杂志》第23卷第14号，1926年7月25日。
④ 石玫：《故都洋车夫生活》，《市政评论》第2卷第8期，1934年9月，第35~41页。
⑤ 邱国盛：《北京人力车夫研究》，《历史档案》2003年第1期。
⑥ 《南京市政府行政统计报告（民国二十四年度）》，第20、303页。

市区计有 6 路及陵园、西郊 2 路，市区路线 80 余公里、日行车 120~140 辆，"每日乘客人数达十二万人。当时南京人口约为百万，即每日有十分之一以上之市民与公司保持接触"。① 自公共汽车通行后，1934 年人力车夫每日劳动所得仅小洋 6 角（过去每人每日可获一元），除应给车行捐款 4 角外，剩余 2 角充作本人及家属养活之资。由此，"车工一人负担养家多在五六口，车工减少一万人，六七万贫苦妇孺失所凭依"。② 从而，彼时"人力车夫为社会劳工中最苦之工作，终日奔波流尽血汗。其所得代价，除缴纳车租外，仅能维持其最底限度之生活，如有疾病危困或遇天气变化，则连其最底限度之生活，亦将不能继续维持，事之可悯，孰以逾此"。至 1936 年，全市车夫将近两万人，靠其为生之人"当在三万人以上，约占全市人口三十分之一。在数量上说、在效用上说，人力车夫问题俱占社会问题中之重要地位，所以改进人力车夫生活，增进车夫福利，均为极应举办之要政"。③

基于此，政府扶持已为当局体恤民生的执政要务。如 1936 年 7 月，国民党中央执行委员会民众训练部发布函告："当地党部亟应协同政府及社会热心公益人士，当为筹设人力车夫福利会或俱乐部，以谋该项车夫生活之改善及知识之增进。爰拟将上海、南京二市之人力车夫先行组织，切实办理，如有成绩再行推及全国。"由此，民众训练部及南京特别市党部派员组织成立南京市人力车夫福利会筹备委员会（关防印章 1937 年 2 月 8 日启用），并制订实施计划。一是《人力车夫合作社组织计划》，规定分两步组织：（1）筹备时期的工作：觅场址；起草合作社章程；登记社员；于小本借贷处办贷款手续；购备车辆；购牌照号衣；缴捐税；规定社员还款办法；合作社成立后，车交车夫使用保管。（2）经营时期的工作：检验车辆；修理车辆；收受社员还款，交还借贷处；协助社员办理储蓄、饮食、娱乐、疾病及其他有利于社员的事项。二是《人力车救济会组织与实行计划》，规定由市政府、市党部、警察厅、商会、人力车业同业公会、人力车夫工会或其他有关各团体，共同派员组织；工作范围为疾病救济、丧亡救济、生育救济、嫁娶贷款、小款储蓄、公共浴池理发、公共诊所、公共

---

① 《各种章则办法程序》（1947 年），档案号：1040－1－1147。
② 言心哲：《南京人力车夫生活的分析》，第 69 页。
③ 《组织人力车夫福利会或俱乐部》（1936 年 7 月），档案号：1001－1－674。

食堂、平民住宅、衣履米煤杂品消费合作社、国术、俱乐部、补习教育。并规定人力车救济费征收办法：人力车租价全日共小洋5角，每日令车主收4角5分，其余5分缴入车夫救济会，作为救济费。"如主张提出车主十分之一的收入，为车夫谋福利，不独在道理上是应该的，而且于人情上说亦是当然的。"① 1937年1月，南京市政府"为改善人力车夫生计，以免车行之剥削起见"，指导组织人力车夫合作社。该社社员共73人，经四次向银行借款购车分给各社员使用，各社员每日缴交该购车费2角6分至2角8分。"此虽类似车租，实则完全不同，该社各社员按日所缴之款，即为购车之款。"自开办至战前已缴足210天，已有34人各得车1辆，"将来推而广之，务使全市人力车夫，皆能达到拉者有其车之目的"。②

并且，针对马车业工人大量失业、营业"已成穷途日暮"之态，政府再做干预、另辟蹊径，在游览区设置公共马车，以增其载客量。燕子矶为南京名胜之一，"在观音门外，矶石兀立江上，三面悬壁形如飞燕"，③ "沿山十二洞为京郊名胜所在，春夏秋三季游览人士更多"。④ 但该地区道路状况不良，"高低不平，如遇天雨泥泞殊甚，步履维艰，行人苦之。倘乘马车、黄包车尤觉危险"。⑤ 同时因不通公共汽车，许多人将游燕子矶视为畏途，且如乘人力车，从太平门到燕子矶，恐花半天时间则影响兴致。"国府奠都于兹，中外荟萃四方辐辏，首都风物愈为世人所推崇"，"外籍人士来京观光者，亦不在少数"。⑥ 如1935年7月至1936年6月，南京市登记的游历外人共计187人，其中英国人14人，美国人98人，德国人6人，日本人69人。⑦ 南京市政官员因虑及公共汽车大行其道后马车业的生存状况和就业压力，并为拉动燕子矶景区的旅游经济，弥补交通不便的状况，1936年1月29日成立（有限责任）南京市华兴马车公用合作社，理事主席为程振武、监事张玉顺，社员20人，社股金额800元，设址光华西街

---

① 《组织人力车夫福利会或俱乐部》（1936年7月），档案号：1001-1-674。
② 中央党部国民经济计划委员会：《十年来之中国经济建设》下篇，南京扶轮日报社，1937，第2页。
③ 《新南京》，第19页。
④ 《禁止无票乘车强购半票》（1935年），档案号：1040-1-1504。
⑤ 《南京特别市工务局年刊（十六年度）》，第376页。
⑥ 《新南京》，第1页。
⑦ 《南京市政府行政统计报告（民国二十四年度）》，第25页。

41号。①并于该社工厂内,对市区现有形制的马车稍加改造,加上舒适座位,增设防风雨的顶棚等作为客运车厢,建造公共马车。是年春,第一批共10辆公共马车在春节后投入营运,专载游览燕子矶的旅客。合作社还在太平门外设立公共马车的车站,规定每辆马车乘客最多4人,每人只收车资2角。路线自太平门起,经燕子矶、笆斗山至尧化门止,沿途增设马车站。后因业务增长,合作社又在此区投入更多马车,接送往来燕子矶的游客。同时,当局对马车公用合作社予以保障。据档案载,1935年6月29日,中央政治学校函请工务局转饬江南公司通行燕子矶附近的公共汽车,但该局和公司均认为,"以该路之和平门至上元门一段马路狭窄,仅能容一车通行。若准公共汽车行驶其间,对于其他通行车辆无从避让,交通即生滞塞。其自上元门至燕子矶一段,纯系土路,惟遇天雨,即不能行车,且市政府现已准马车合作社在该路按时通行马车,更不应行驶公共汽车至妨马车营业,该校呈请各节碍难照办"。②可见,政府意欲扶持马车业,致使公共汽车业亦不愿与其产生直接竞争和冲突。

可以概见,政府本意是防止失业人口的增加及可能引发的社会动荡,从而公共马车业在当局扶持下得以存续。其虽不是城市公共交通的主流工具,但至少可解决一些车夫的就业问题。至1937年4月24日,内政部仍要求南京市政府对马车进行调查,"此种车辆与军事上之运输关系密切,亟应调查统计,以为设制奖励之根据。并经本部制定民用马车调查表格一种,除分行外相应捡同"。③一言以蔽之,与公共汽车相比,马车速度缓慢、载客量少;再与人力车相较,其占地面积大且票价昂贵,维修成本高。因此,营业马车在清末民初尽管时尚,但因其他工具的持续发展及有力角逐,终未成为战前南京城市公共交通的主流工具。

概而言之,定都后南京"交通发达,车辆亦随之增加,种类繁多"。④如表4显示,全市车辆总数由1928年的8347辆增至1936年25415辆,8年间增加了2.04倍。公共交通工具中除马车日益减少外,汽车(含公共汽车、出租汽车)及人力车等逐步增长。如1935年马车为305辆,营业马

---

① 《南京市政府行政统计报告(民国二十四年度)》,第195~198页。
② 《禁止无票乘车强购半票》(1935年),档案号:1040-1-1504。
③ 《填报民用马车调查表》(1937年),档案号:1001-1-1612。
④ 《南京市政府行政计划(民国二十四年度)》,第37~38页。

表4 南京市各种车辆数量比较（1928~1936年）

单位：辆

年份 \ 类别	汽车	马车	人力车	自行车	板车	手车	水车	货箱车	脚踏车	合计
1928	144	424	5334	590	281	1182	351	41	0	8347
1929	764	458	9097	2253	361	2800	600	110	10	16453
1930	819	380	8407	1817	328	2483	542	61	7	14844
1931	1188	347	9856	2831	400	2392	589	21	9	17633
1932	1021	329	9026	1885	332	1600	625	28	8	14854
1933	1396	335	10158	3394	360	1770	611	73	18	18115
1934	1674	323	10544	5546	472	1951	660	95	69	21334
1935	2005	305	10962	6676	451	1334	377	58	97	22265
1936	2119	341	11180	9279	579	1365	349	155	48	25415

资料来源：《十年来之南京》，第53~54页。

车仅295辆（占总数96.7%，甲、乙等分别为65、230辆）。① 由是看来，战前首都的规模化建设和人口密集，促进了公共交通业整体发展。近代新式交通工具被引入南京，由机械和油料牵引的公共汽车、出租汽车，与人畜力牵引的马车、人力车同时并存，展现出交通繁杂的城市景象，并形成明显的混合式城市交通模式，它们彼此共存却又相互角力。

四 余论：优胜劣汰的历史轨迹

需要强调的是，"选择交通工具为建设都市之重要政策，关于现在及将来之需要及如何方为合理化，诚不得不加以慎重考虑与研究者"。然由历史考之，古代"（虽）机械之学未兴，已有各种运输方法，如利用人力、兽力、风力等，可见运输事业由来已久"。②"再进而制车轮以求迅速，如牛车、马车等。"然"古代交通草创以来，究属规模简单，效用浅薄"。至近代随着科技的进步，世人"则知利用各种动力，以繁复之结构为交通工

---

① 《关于车辆人口乡镇保甲等统计表》（1936年4月），档案号：1001-1-1720。
② 龚学遂：《中国战时交通史》，商务印书馆，1947，第1页。

具,如用蒸汽力之火车、用电力之电车、用内燃机之飞机、汽车等交通工具"。① 进而,近世"水陆交通情形为之丕变,用石油、电气以为交通工具之原动力,于是电车、汽车络绎于途"。② 由见,交通方式间的"优胜劣汰"机制是人的选择:能满足人类社会经济发展需要或爱好的交通方式则得到生存和继续发展,而那些不符合的交通方式则逐步会被淘汰。③

至抗战前,"人力车为现今都市重要交通工具之一种,所以人力车夫亦为维持都市交通重要之一员"。④ 即如时人所指出,"以南京目前事实论,在新式交通设备尚未完成前,失业问题方兴未艾际,人力车亦不能遽即废止……新式交通工具故应提倡,而此成千累万之人力车夫生计问题,岂容置之不顾?人力车夫多为善良人民,吾人即不誉之为神圣劳工……因此吾人对此问题应具同情心理与拯救热忱,谋所妥善解决之道,此固为政府当局应尽责任,抑亦社会一般人士所当共同努力者也"。⑤ 但事实上,当局对人畜力公共交通仅行安抚之策,并无发展图景。如1930年首都警察厅、南京市工务局颁行的《南京市陆上交通管理规则》第34条规定:人力车、马车不能在公共汽车设站地违章载客、停放车辆。1933年11月,江南公司在开行市区公共汽车前夕呈文工务局,"所有公司设站地点暨招呼站等为公司营业之场所,各营业小汽车暨马车、人力车等难免不有停车逗留,司机人及下手屡入兜揽乘客情事,应请钧局出示严禁,如违应予重惩,倘蒙函请首都警察厅分饬各局协助执行,效果更宏"。该局遂复,"在公共汽车设站地点停放各种车辆,本市陆上交通管理规则第三十四条第五项已有限制",但"为督促遵守起见,准予函首都警察厅饬属协助"。⑥ 至1936年,当局再发公告:"人力车以一万辆为限,过此即不发牌照,以资限制。"⑦ 易于看出,权责部门认识到人畜力交通迟早被汰除,但因畏惧取缔

---

① 吴琢之:《都市合理化的交通工具》,《交通月刊》第1卷第1期,1937年,第40页。
② 韦以黻:《现代交通政策国防化》,《交通月刊》第1卷第1期,1937年,第19页。
③ 刘贤腾:《交通方式竞争:论我国城市公共交通的发展》,南京大学出版社,2012,第138页。
④ 《组织人力车夫福利会或俱乐部》(1936年7月),档案号:1001-1-674。
⑤ 言心者:《南京人力车夫生活的分析》,第70页。
⑥ 《江南汽车公司组织》(1933~1937年),档案号:1001-3-84。
⑦ 《南京市工务报告(二十四年四月至二十六年四月)》(1937年),档案号:1001-3-515。

后可能引发的失业及社会动荡，故取权宜之策。"人力车费时多而劳工苦，欧美各国均不采用，吾国生产事业不发达以此为调剂失业平民，原属权宜之计，究与公共卫生时间经济均有不合极，其弊且与治安秩序亦有关系。"①

从更广视角考察，战前南京城市面积持续扩张、移民不断增加，人口流动必然频密；而传统缓慢的人畜力工具已不能适应这种交通需求的变化，市民对更具优势、更高效率的机械化交通方式的吁求则更为迫切。如据表4所示，1928～1936年全市汽车（含公共汽车）由144辆增至2119辆，人力车由5334辆增至11180辆，马车由424辆减至341辆。即8年间，汽车增长了13.7倍，人力车仅增长了1.1倍（1936年后营业人力车已呈递减势），马车则减少19.6%。推其总因，"交通方式是居民根据自身的需求和爱好而选择的交通工具，如某种交通工具能更好地满足，那么其被选择的概率就必然会增加，就能生存并不断发展"。② 诚如当时南京《中央日报》刊载的《马达征服了血汗》一文所述，"公共汽车行驶后，人力车夫叫苦连天，车夫失业而达万余人，家属六七万人失凭依。京市交通，自公共汽车增加行驶以来，一般用血汗与马达竞争之人力车工，日渐处于被征服之境地。值兹农村经济破产者，最多系接近中枢之江北淮安、六合等县失业农民，一旦乏工可做，留落都市，形状极惨"。由此，"近自公共汽车行驶以来，人力车业日形衰落，目下人力车夫之生活状况，更非昔比。该业破产及失业的原因：过去京市人力车业务最发达时期达一万辆以上，车工共二万人。自江南与兴华两公司公共汽车加增行驶后，于城南至下关各处沿途设站，该业大受打击"。③ 至此，在城市交通近代化进程中，人力工具已被推到历史的边缘，"一面是人力与牲畜运输竞争的结果，一面又在抵抗机械运输的应用之中挣扎着"；无论车夫如何抗争，"机械运输依旧随时在将人力车夫抛到失业的苦海中"。④

---

① 《首都无轨电车计划》（1930年），档案号：1001-3-159。
② 刘贤腾：《交通方式竞争：论我国城市公共交通的发展》，第15页。
③ 《马达征服了血汗》，《中央日报》1934年6月13日，第4版。
④ 蔡斌咸：《从农村破产所挤出来的人力车夫问题》，《东方杂志》第32卷第16号，1935年8月16日。

通观而论，"交通工具随人类智识文化之进步而发展"。① 城市交通问题随着交通方式的发展而不断变化。虽然世界各国城市交通发展历程并不完全相同，但大都经历如下阶段：第一阶段，以兽力（马车、牛车等）或人力交通为主；第二阶段，机械化的公共交通。② 抗战前，人畜力特别是人力车虽在南京城市公共交通中占据重要地位，且当局对其生存窘境进行外力楔入、尽力体恤并持续干预，但这并不能改变机械化交通替代人畜力工具的历史时势，两者间的博弈终局，已荦荦大端。推广其意，城市公共交通由人畜力向机械化工具嬗变的过程中，其冲突虽从未间断，几乎伴随后者兴起、发展与壮大的整个过程，但彼此之间的博弈结局，仍为机械化战胜人畜力。在这其中，机械化公共交通最终成为近代中国城市发展的力源中心，并彰显出近代城市向现代嬗变的历史时势。

作者：李沛霖，复旦大学历史学系

---

① 吴琢之：《都市合理化的交通工具》，《交通月刊》第1卷第1期，1937年，第45页。
② 冯云廷主编《城市经济学》，东北财经大学出版社，2011，第365页。

战后杭州工会与城市社会整合（1945～1949）*
——基于四起理事长"去职"风波案的分析

胡悦晗

内容提要：本文通过四起杭州产职业工会理事长的"去职"风波案，考察战后国民党政权整合城市社会失败的原因。战后国民党政府一方面坚决维护总工会的组织权威；另一方面又对产职业工会提出的加薪要求不断让步，为部分活动能力强、善于谈判的工会理事长提供了施展空间。在劳、资、政三方的博弈中，资方可以暗中操作，将工会理事长"拉下马"，用迂回的方式起到威慑工会的作用。政府可以用强行干涉的方式撤换工会领导人，向工会指派新会员。工会理事长的"非正常"变更，为战后城市社团组织的稳定发展与社会整合带来不利因素。总工会与政府及下属工会之间的立场分异，既增加了其在处理劳工事件中的斡旋余地，也使其与政府及下属工会之间暗生罅隙，削弱了社会整合所必需的组织凝聚力与组织权威。

关键词：杭州　工会　社会整合　"去职"风波案　市民社会

一　社团与战后城市社会整合

从晚清到民国，伴随传统四民社会向现代工商社会的转变，以地缘、

---

* 本文系浙江省哲学社会科学重点研究基地项目"法团主义视角下的战后杭州工会（1945～1949）"（项目编号：13JDMG01YB）、杭州师范大学科研经费启动项目"政府、工会与城市社会整合——以战后武汉、杭州地区为例（1945～1949）"（项目编号：2013QDW105）的阶段性成果。

业缘等关系网络为基础的社团组织纷纷出现。一方面，这些社团组织的分布及活跃密度由开埠口岸至内陆城市依次递减；另一方面，现代民族国家的政权机构也将其纳入自身的管辖范围，以其为中介，建立社会秩序，实现社会整合的目的。在中国近代社团史的研究上，已有研究可分为三种研究路径。一是政治史路径。该路径主要关注政党与政治运动对社团组织的渗透以及社团的参政活动、社团领导者个人的政治行为等问题。① 二是经济史路径。该路径主要考察社团的组织制度、业务活动、行业利益维护及其对区域经济发展起到的作用等问题。② 三是社会史路径。该路径主要考察社团组织与国家之间的互动，社团承担的慈善、救济等社会功能及社团成员籍贯与地域社会之间的关系等问题。③ 尽管研究对象各异，但上述研究背后的理论预设实际源于1980年代以来从革命史范式向现代化范式转变的过程中引入的"市民社会"理论。受该理论影响，已有社团史的研究多以商会、同业公会、行业协会等工商业社团为对象，重点在于考察近代中国社会转型中伴随社会分工而来的职业群体的形成及社团的组织与发展状况，进而分析社团具有的政治、经济等多种功能。

然而，以"市民社会"理论为背景的近代社团史研究尽管硕果累累，但已有研究在问题意识与研究对象两个层面均有待拓展。在问题意识层面，基于为近代中国"市民社会"的萌芽及夭折提供历史佐证的研究预

---

① 相关研究主要有朱英《20世纪20年代商会法的修订及其影响》，《历史研究》2014年第2期；朱英：《近代中国商会的"联动"机制及其影响》，《史学集刊》2016年第3期；邱捷：《广州商团与商团事变——从商人团体角度的再探讨》，《历史研究》2002年第2期。

② 相关研究主要有魏文享《沦陷时期的天津商会与税收征稽——以所得税、营业税为例》，《安徽史学》2016年第4期；魏文享：《回归行业与市场：近代工商同业公会研究的新进展》，《中国经济史研究》2013年第4期；彭南生：《上海商总联会的形成、重组及其性质》，《华中师范大学学报》2015年第3期；陶水木、林素萍：《民国时期杭州丝绸业同业公会的近代化》，《民国档案》2007年第4期；陶水木：《浙江金融财团的形成及地位》，《中国经济史研究》2001年第1期。

③ 相关研究主要有〔法〕顾德曼《家乡、城市和国家——上海的地缘网络与认同（1853～1937）》，宋钻友等译，上海古籍出版社，2004；宋钻友：《一个传统组织在城市近代化中作用——上海广肇公所初探》，《史林》1996年第4期；冯筱才：《乡亲、利润与网络：宁波商人与其同乡组织（1911～1949）》，《中国经济史研究》2003年第2期；彭南生：《行小善：近代商人与城市街区慈善公益事业——以上海马路商界联合会为讨论中心》，《史学月刊》2012年第7期；徐小群：《民国时期的国家与社会》，新星出版社，2007。

设，已有研究始终难以充分解释民国时期尽管社团组织曾经得到充分发展，但无法通过协商与制度化手段消弭组织内部以及不同组织之间利益纷争导致的恶性倾轧，而是通过与政权结盟来维系并扩张自身利益这一现象背后的原因。研究者只能将其归咎于民国时期政局动荡、地方割据以及抗日战争的爆发，中断了通往建立在职业分工与阶层分化基础上的现代社会的既定轨道。然而，这一论断并不能解释1945～1949年，原本在战后获得国际认可与国内统治权威的国民党政权为何在不断强化社会管控的过程中以彻底溃败告终。

在研究对象层面，已有研究因集中于工商业经济社团的考察，缺乏对工会这一政治社团的考察，从而影响到上述问题在意识层面的拓展。起源于城市的劳工运动与工人团体对民国时期的政治变化起到重要作用。近代中国，作为潜在政治力量、数量庞大的劳工群体一直被政党、帮会等各种社会力量关注，希冀将其纳入自身管控的范围，为己所用。1920～1940年代主要政党都争相显示它们的组织优势，即证明它们能够创建一个控制和协调不同成分的组织，① 由此导致了现代中国城市劳工组织的种种差异。裴宜理指出，劳工组织内部不但在组织属性上出现了分化，既有官方控制和工厂控制的工会组织，也有帮会控制、党派控制以及劳工自发的组织，而且在劳工群体内部的行动取向上也产生了较大差异，地域、技能水平、性别成为影响劳工群体行动的重要变量。② 代表熟练工人的工会通常保持相当程度的独立性；代表不熟练工人和不识字工人的工会则独立性相对弱一些。邮局、交通部门以及公共事业工人组成的工会势力最大，也最有影响力，这些工会在政治、经济等问题上都表现出自己的独立性，它们通常是劳动纠纷的发起者和主导者。③ 对城市社会组织演变的研究有助于理解城市社会性质和功能的变化。基于此，透过工会考察战后国民党政权对城市社会的整合，是本文的主旨。

江浙区域是南京国民政府时期国家政权统治的强势地带，浙江是国民

---

① 〔美〕吉尔伯特·罗兹曼等：《中国的现代化》，"比较现代化"课题组译，江苏人民出版社，2005，第341页。
② 〔美〕裴宜理：《上海罢工——中国工人政治研究》，刘平译，江苏人民出版社，2001，第93页。
③ 〔美〕胡素珊：《中国的内战：1945～1949年间的政治斗争》，启蒙编译所译，当代中国出版社，2014，第92页。

党能够全面控制的为数不多的省份之一。中央政府对浙江的重视程度超过了以往,在很多情况下对于浙江地方政务甚至经济建设的干预方式都较为直接。① 1945~1949 年,杭州更是南京国民政府控制的工商业重镇。1945 年 8 月至 1946 年 7 月间,杭州市政府对工会进行了大规模重建与整改工作。至 1946 年 12 月,杭州全市登记在册的工会就有 57 个,其中总工会 1 个,职业工会 49 个,产业工会 7 个。② 在战后重建的杭州市各产职业工会中,许多工会都经历了理事长变更的问题。社团组织领袖的变更有两种方式:一种是在现有规范制度内,以换届、改选等方式进行正常变更;另一种是以劳、资、政三方博弈的方式进行非正常变更。吉登斯指出,在社会科学中,不能把对权力的研究当成次要问题。权力是社会科学中的基本概念之一,所有这些基本概念都是以行动和结构的关系为核心的。③ 因此,社团领袖的正常变更可以看作社团组织维系并再生产社会规范,建构社会秩序的整合过程。而社团领袖的非正常变更则可视为社团组织对抗既有社会规范与秩序的冲突过程。二者既缘于既有的社会结构,又以其行动重塑了社会结构。工会是劳工组织,行业协会和商会是企业主的利益集团,这些功能性团体都具有很强的组织集体行动的能力。④ 作为社团领袖的工会理事长,具有掌控组织,凝聚组织利益,并采取集体行动的能力。基于此,本文以发生在战后杭州产职业工会理事长身上的四起非正常"去职"风波案为例,透过分析这四起事件背后劳、资、政三者之间的博弈,探寻国民党政权整合城市社会失败的原因。

二 施梅生的"解雇"

施梅生,籍贯绍兴,私塾四年学历。⑤ 在战后杭州市洗染业职业工会

---

① 袁成毅:《民国浙江政局研究(1927~1949)》,中国社会科学出版社,2007,第 19 页。
② 《半年来之杭州市政(1946 年 7 月至 1946 年 12 月)》,杭州市档案馆编《民国时期杭州市政府档案史料汇编(1927~1949 年)》,杭州市档案馆出版社,1990,第 386 页。
③ 〔英〕安东尼·吉登斯:《社会的构成:结构化理论纲要》,李康、李猛译,中国人民大学出版社,2016,第 267 页。
④ 康晓光、韩恒:《分类控制:当前中国大陆国家与社会关系研究》,《开放时代》2008 年第 2 期。
⑤ 《杭州市洗染业职业工会第三届职员略历表》(时间不详),杭州市档案馆藏:J14-1-184。

筹备时期，任筹备委员会主任。1946年4月，杭州市洗染业职业工会在龙翔里1弄4号正式成立。① 而在洗染业职业工会刚刚成立之时，施梅生就遭遇了被资方解雇的风波。1946年5月17日，施梅生以洗染业职业工会理事长的身份上报市政府，控告霞光洗染商店"恶习遗留，籍词收入不敷，开支敷度，令该店工友另谋生计"，更为甚者，"本市九源洗染商店老板令职辞去工会职务，否则即予解雇"，"职如此受资方无理压迫，各会员何堪设想"，要求政府尽快制裁资方，并予以答复。②

施本人"早年即服务本市九源洗染商店，迄兹数载未曾间断"。据此可推断，其一，施本人与该商号之间的私人关系并不融洽。其二，施梅生与该商号对对方的底细均了如指掌。③ 5月20日，洗染业同业公会上报政府，以此次调整工友系行业旧例为由，对施所提的要求予以反驳。"本业向来习惯，系按端（午）节、中秋、年节三节调整工友，为适应各店营业环境计，仍应按照向例办理。"不仅如此，同业公会指责施所供职的洗染业工会的行为已超越法令权限，干涉了资方的经营权与用人权。"今若因工人成立工会，即可籍工会为要挟工具，而竟欲剥夺资方行使雇用自主之权利，不时社会又将引起轩然大波，抑恐亦为法所不许。然阅该会来函，迹近威胁，颇为惴惴"，要求政府允许各会员商店"按照三节调整工友"。④ 言下之意，不仅施本人及职业工会的行为必须制止，且工友照裁不误。

接到呈文，杭州政府本拟召集工会与同业公会双方加以调解。然而尚未正式照会双方，就发生了九源洗染商店工人怠工事件。同业公会认为该事件乃工会在背后指使，呼吁政府给予严厉制裁。

> 本店洗染工友3人，织补工友1人，于今（20）日晨即全体怠工外出，至今未返。风闻系由劳方工会主使，并将于明（21）日起全体

---

① 《杭州市总工会工作报告》（1946年4月至1948年4月），杭州市档案馆藏：J14-1-1。
② 《为资方无理解雇报请迅予派员制止由》（1946年5月17日），杭州市档案馆藏：J14-1-84。
③ 《为本会各会员商店调整工友问题呈请核示由》（1946年5月20日），杭州市档案馆藏：J14-1-84。
④ 《为本会各会员商店调整工友问题呈请核示由》（1946年5月20日），杭州市档案馆藏：J14-1-84。

一律罢工,以为威胁。经查属实。窃以本案既经钧府调解决定,本会概遵照指示各点履行。今调整时期未届,工人方面竟敢违反仲裁办法,擅自怠工,殊属目无法纪。若不迅予制裁并究办主使人犯,恐各业必起而效尤,行见社会秩序,将被工人扰乱,不仅关系本业损失,而影响治安,后患诚不堪设想!①

罢工对于劳资双方而言都是一种损失。资方的利润下降,劳工则面临失去收入甚至失去工作岗位的危险。于政府而言,更是涉及社会秩序是否稳定的重要问题。面对愈演愈烈的矛盾冲突,杭州市总工会理事长汪廷镜也出面,替洗染业职业工会说话,要求彻查该商店解雇工友的真正原因。在汪看来,同业公会所称不敷开支的理由与事实不符,其本意是直指工会本身,企图将参加工会的店员工友一律清除出去。

窃思该店营业收入甚为充裕,依照目前环境,尽可开支,否则该店工友多人,为何必须解雇本会理事长一人,且理事长服务已有五六年之久,该店营业收入反超倍于前,处境迄未转变,设不敷开支,当可早予解雇,何得于本会组织后始行此策,而该店店主在将要解雇之先曾云,本会理事长辞去工会职务,本店照常雇用,否则请另谋他图等语,其蓄意催[摧]毁本会,显然可知,此明因组织工会,断非不敷开支而解雇。②

不仅如此,汪廷镜甚至不惜以辞职倒逼,力挺洗染业工会理事长施梅生。

理事长乃各会员信仰而公推,会员福利赖一人,且本会之组织亦奉市府命令,则理事长本身生计政府亦应予依法保障,今竟被店主无理解雇,理事长尚且如此,职等何堪设想?将来各店相继效尤,设后次第而被解雇,不如辞退于先,以图生计之保留,为此联名呈请钧长鉴核准予转呈辞去工会职务,籍保生计,诚为公感。③

---

① 《为本会会员九源洗染号工友已全体怠工,呈请迅赐制裁究办主犯由》(1946年5月21日),杭州市档案馆藏:J14-1-84。
② 《为九源商店无故解雇洗染业工会理事长一案据情呈请鉴核由》(1946年5月23日),杭州市档案馆藏:J14-1-84。
③ 《为九源商店无故解雇洗染业工会理事长一案据情呈请鉴核由》(1946年5月23日),杭州市档案馆藏:J14-1-84。

或许因为总工会的介入增加了工会一方的谈判筹码，该次风波最终以施梅生未被解雇而平息。在杭州市洗染业职业工会第二届第一次理监事联席会议上，施梅生被公推为洗染业职业工会理事长，获得连任。① 这显然不是资方想看到的结果。因为施在任时期，洗染业职业工会与同业公会及市政府就工人休假、工人待遇等问题进行了多次交涉。杭州地区洗染业工人原有额外收入，如"浆钱（染价以外酒钱）收入"。② 1947年3月，洗染业职业工会上报市政府，建议在目前入会的失业工人过多的情况下，援照旧例，恢复工人休假制度，补贴生计。

> 惟市城沦陷时期，在资方不断之压迫下，被其无故撤除。兹各会员为调剂生活起见，均纷纷要求每月恢复外工三五天，否则每星期日及纪念节应援工厂工人实行休假等情。爰经本会提交第二届会员通过，并移付第二届第一次理监事联席会议讨论结果议决：一，函请洗染业同业公会查照自四月一日起恢复外工五天，否则在四月一日以后每逢星期日及纪念日，自动援例休假。查星期日休假为国民应有之权利，而工界亦实行已久。同在一法律保护下之洗染工人似应不能例外。③

施的报告得到了政府的部分认可。3月25日下午，市政府社会科召集工会与同业公会商议调解方案，对失业工人，同业公会予以部分救济。"失业工人12名，自3月25日起至4月5日止，所需生活费20万元由两会各半负担，计职工会10万元，同业公会10万元。"④ 1947年5月，在市总工会的介入下，洗染业职业工会与同业公会就工资问题达成协议。"（1）5月16日至5月底止半月，分下列五等作为基数：甲等25万；乙等

---

① 《杭州市洗染业职业工会第二届第一次理监事联席会议纪录》（1947年2月23日），杭州市档案馆藏：J14-1-84。
② 建设委员会调查浙江经济所编印《杭州市经济调查》，1932，第132页；又参见杭州师范大学民国浙江史研究中心编《民国浙江史料辑刊》第1辑第6册，国家图书馆出版社，2008，第444页。
③ 《为请恢复旧有外工五天，否则即援工厂工人每逢星期日实行休假，电请设法调解由》（1947年3月14日），杭州市档案馆藏：J14-1-84。
④ 《为失业会员哀求继续救济暨各会员要求外工无法抑制，悉祈迅即派员调解由》（1947年4月10日），杭州市档案馆藏：J14-1-84。

23万5千；丙等22万4千；丁等21万1千；戊等19万8千。本项基数依照本市五月份差价成数增减之。（2）6月份工资照下半月工资加一倍作为基数，照本市六月份差价成数增减之，以后各月类推。（3）五一劳动节不休假，工资加倍发给。"① 时隔一月，劳资双方又就工人底薪重新达成协议，工人工资的五个等级均有不同幅度的增加。② 如此频繁的议价不仅早已超越资方容忍的底线，且市政府不再给予支持。10月，施梅生再度上书杭州市政府，以"米贵如珠，百物升涨之际，难维持最低生活"为由，要求工资增加50%。③ 对施的这次要求，市政府则以"该业工资经于本年六月五日由本市劳资纠纷评断委大会召集该业劳资双方协议决定"为由，认为"所请增加工资百分之五十，碍难照准"，否决了施的提议。④

1948年3月，洗染业同业公会再一次"弹劾"工会理事长施梅生。与上次不同的是，这次同业公会的理由是担任工会理事长职务的施梅生本人即福泰洗染商店店主，不符合《工会法》关于工会会员资格的规定，因此应当放弃洗染业职业工会理事长之职，"转入商业同业公会为会员"。接到报告后，政府饬令洗染业职业工会做出答复说明。职业工会随即辩解。呈文中称，福泰洗染商店的申请人系施梅生之子施文俊，施梅生在此处的工作系"因资方各同业商号均不雇用职业工会理监事，无法维持生计，在□处工作以维生活"，而资方此举系"同业公会有意将申请人改为施梅生"，实际是变相夺去施本人的工会理事长职务。⑤

可以看出，此次工会与同业公会之间争议的关键在于名义上的店主与事实上的店主。工会声称福泰洗染店商号的登记申请人是施梅生之子施文俊，故应遵照条文上的白纸黑字，确认施文俊是店主。而同业公会则一口咬定施梅生本人才是该店实际店主，对商号具有实际控制权。《杭州市洗染业职业工会第三届职员略历表》中，施梅生时年61岁，是该会各理事

---

① 《杭州市总工会工作报告》（1946年4月至1948年4月），杭州市档案馆藏：J14-1-1。
② 《杭州市总工会工作报告》（1946年4月至1948年4月），杭州市档案馆藏：J14-1-1。
③ 《为请求重行调整工资，增加百分之五十，请同业公会电复外报请鉴核备案由》（1947年10月21日），杭州市档案馆藏：J14-1-84。
④ 《杭州市政府指令》（1947年11月4日），杭州市档案馆藏：J14-1-84。
⑤ 本段引文参见《为理事长施梅生，常务理事赵泉生之经过情形并因令杭州市区内各商业同业公会不得解雇理监事理合备文呈复鉴核》（1948年3月31日），杭州市档案馆藏：J14-1-84。

中年龄最大者，相较于年龄其次者 46 岁的赵泉生，两者相差 15 岁。① 尽管该则材料具体成文时间不详，但据该工会几次开会选举的时间推测，应在 1947 年下半年至 1948 年上半年间。其子施文俊应在 40 岁左右。施梅生六旬之龄很可能难以负责洗染商店的日常事务，而将商号的经营交给其子打理，施梅生本人保留对商号重大问题的处置权。这种以家族纽带为基础的中国乡土社会中再熟悉不过的"父子店"经营模式，若要严格找出事实意义上的店主，则只能是"公说公有理，婆说婆有理"。

针对此问题，市政府发布指令，"查福泰洗染店店主，如果确系施文俊，应饬先行办理变更商业登记，再行报请本府核办"。② 可以看出，在此次事件中，政府在没有确凿证据表明商号实际店主的情况下，为了规避纠纷，要求相关流程及手续必须符合制度规范，不出纰漏。

对照施梅生遭遇的前后两次"解雇"风波可以看出，在战后劳资关系趋于紧张的环境中，部分职业工会的理监事面临从业风险。工人是否加入工会，取决于对工会提供的工资及就业计划与非工会雇主提供的工资及就业计划两者综合收益的权衡与比较。工人希冀借助组织化的方式获得职业保障与薪酬底线的谈判能力等现实利益。而对资方而言，显然他们不愿意看到一个充分组织化的劳工群体在谈判桌上表现出强势的议价能力。"资本家常以赤化之罪名，而阻挠工会之成立。"③ 为了分裂劳工群体，削弱其组织化程度，用解雇的方式将加入工会的理监事乃至理事长从行业中清除出去，以对其他从业工人起警示作用，成为资方干预工会事务的另一种方式。事实上，不仅是理事长施梅生一人有此遭遇。该会理事赵泉生也遭遇了被资方解雇而失业的经历。值得一提的是，通过解雇在工会任职的店员、工友，待达到一定期限后据规定勒令其退会，这是同业公会屡试不爽的撒手锏。"炒货水果业职业工会理事长常务理事及理事等当选后即被资方解雇，现均受失业之痛苦，同业各店均一概不雇用，如过六个月后同业公会又可呈报钧府失业已久，因令办理退会手续。如此以往，职业产业工

---

① 《杭州市洗染业职业工会第三届职员略历表》（1946 年 4 月至 1948 年 4 月），杭州市档案馆藏：J14 - 1 - 84。
② 《杭州市政府指令》（1948 年 4 月 6 日），杭州市档案馆藏：J14 - 1 - 84。
③ 于恩德：《北平工会调查》（1930 年 6 月），转引自李文海主编《民国时期社会调查丛编（社会组织卷）》，福建教育出版社，2005，第 45 页。

会恐不能存在矣。"① 透过洗染业职业工会的例子可以看出，政府不愿意看到劳工待遇过低而引发工潮等问题，以致危及社会稳定，使得战后城市产职业工会在劳资谈判方面具有一定的议价能力，借助工会的组织行动力，工人在工资待遇方面的劳资博弈中，并不处于下风，甚至能够不断发起谈判、怠工等，转为主动进攻。然而，资方能够借助对工会会员资格做出有利于自身的界定，达到解雇工人，削弱工会的组织化程度与谈判能力的目的，起到威慑的作用。

三 孙绍轩的"下台"

杭州市电影放映技师业职业工会成立于1946年4月，会员人数40人，会址设在青年路35号，发起人为孙绍轩。② 1946年4月22日，杭州市电影放映技师业职业工会召开第一次筹备会议，"推孙绍轩、叶永庆、蒋永成、马镛、徐梦达为本会筹备员并推孙绍轩为筹备处主任，蒋永成为副主任。本会筹备处拟设总务，经济，调查登记三股，请就筹备员中推定兼任各股股长案"。③ 3天后，该会召开理监事会议。会上推选孙绍轩理事为常务理事及出席总工会代表，并开始商讨涉及电影业行业利益的具体问题，决议加大向资方收缴广告费的力度，"从四月份起开始向各院及各广告承包商交涉征收，如四月份之广告费已由各方收缴后再行收缴时，由理事会斟酌改自五月份起开始征收"。④ 孙本人也积极致力于维护同行利益。1946～1948年，电影放映技师业职业工会为提高工资而与同业公会之间进行了多次针锋相对的谈判，最后不得不由政府裁决。⑤ 1947年7月，电影放映技师业职业工会与资方达成协议，"自7月1日起工人工资一律依

---

① 《为理事长施梅生，常务理事赵泉生之经过情形并因令杭州市区内各商业同业公会不得解雇理监事理合备文呈复鉴核》（1948年3月31日），杭州市档案馆藏：J14-1-84。
② 《杭州市总工会工作报告》（1946年4月至1948年4月），杭州市档案馆藏，J14-1-1。
③ 《电影放映技师职业工会第一次筹备会议记录》（1946年4月22日），杭州市档案馆藏：J14-1-47。
④ 《杭州市电影放映技师业职业工会第一次理监事会议记录》（1946年4月25日），杭州市档案馆藏：J14-1-47。
⑤ 《为物价高涨，生活不能维持，请求增加工资五成，仰祈迅赐调由》（1947年4月28日），杭州市档案馆藏：J14-1-47。

照原有工资增加5成；嗣后工人工资依院方票价（呈报市政府备案之基数价）增加之比例工资"。1948年2月，电影放映技师业职业工会重新要求按照工人生活指数发放工资，"每一放映间（三人）规定底薪每月共125元，按照杭州市工人生活指数实足发给；膳食由技师自理，所有院方其他津贴一律取消（灯片手续费在外），自37年1月16日起实行；本约签订后劳资双方不得以任何理由要求变更"。①

孙绍轩本人在加入电影放映技师业职业工会和供职期间，实际并非该业从业人员。按照国民政府颁布的《工会法》及《人民团体组织条例》等制度规定，各产、职业工会一旦正式备案成立，必须将组织情形、章程、相关负责人履历等会务信息呈报市政府及同业公会各方。资方对于孙的履历未必不清楚，而当时却未提出任何异议。然而时隔两年后，杭州太平洋电影院、大光明大戏院、西湖电影院、金门电影院，金城电影院等单位的经理于1948年初联名上书杭州市政府，披露杭州市电影放映技师业职业工会理事长孙绍轩并非从业人员，质疑其理事长资格，显系有意为难。

接到报告后，市政府指令社会科调查此事。从社会科的报告中可以看出，该理事长孙绍轩先后做过电影放映及照相摄影等工作。"民国22年在本市大世界学习电影放映工作，越二年转浙江省教育厅从事教育巡回电影放映约一年余，乃由教育厅保送上海柯达公司学习照相摄影工作。"②孙绍轩以非从业者身份当选电影放映技师业职业工会理事长，主要缘于其个人威望与社会关系网络。"历充经纬通讯社社长暨担任市党部工运任务，因与电影放映人员接触频繁，并时常参与彼等劳资纠纷之解决，公谊私交均极融洽，因此被推为该会理事长之职。"尽管如此，社会科没有对"公谊私交均极融洽"的孙网开一面，而是认为"该员虽系出身电影放映，但现在确非在业人员，依照修正工会法第十七条第二项末段之规定，不得当选为理事"。③据照相业职业工会呈报，孙绍轩本人"现充本市念慈照相馆摄

---

① 本处叙述及引文参见《杭州市35年8月至37年3月劳资纠纷案件统计》，杭州市档案馆藏：J14-1-1。
② 《奉调查电影放映技师业职业工会理事长孙绍轩是否从业人员一案的报告》（1948年3月8日），杭州市档案馆藏：J14-1-47。
③ 《奉调查电影放映技师业职业工会理事长孙绍轩是否从业人员一案的报告》（1948年3月8日），杭州市档案馆藏：J14-1-47。

影技师"。① 市政府采纳了社会科的意见，并指令电影放映技师业职业工会"依法另选理事长报核"。② 时孙绍轩已被推举为全国总工会参会代表，但也因此而被取消资格。

经"公推"脱颖而出的社团领导者，大体为该行业内威望较高，掌控社会资源较多者。然而，成为工会会员的必要条件之一即身为该行业或产业从业者，从会员中选举产生的理监事自应同样为行业从业者。该条件意味着，那些因各种情况而变换工作的从业者，倘或加入了与当前从事职业不符的工会，即便经公推而出任工会领导职务，但在与工会会员资格条件发生抵牾的情况下，也会面临被取消会员资格及所担任职务"下岗"之危险。在该事件中，资方依据《工会组织法》的相应条款质疑孙的理事长资格，并成功影响政府决策，达到了把孙绍轩"拉下马"的目的。反观劳方，在此事实面前明显被动。整个过程中，电影放映技师业职业工会不仅没有一份为孙绍轩的理事长资格辩解的公文，且连杭州市总工会也没有从中"打圆场"、调和的迹象。在此可以推测，孙绍轩与总工会之间的私人关系即便没有破裂，也不十分融洽。在孙绍轩加入照相业职业工会后不久，在一次由总工会召集的各业工资调整会议上，与丝织业工会、革履业工会等工会的代表一起"蜂拥至总工会"，"纠众行凶"。③ 孙绍轩本人性格中暴力与强势一面可见一斑。至于凭借威望被公推上台的孙绍轩何以无法摆平各电影院戏院的经理，据现有材料推测，孙在国民党基层党团组织内从事工运的经历使其具有娴熟的公关与斡旋谈判技巧，也为其赢得了工会的拥戴与信任，从而被资方与同业公会视为眼中钉、肉中刺。

四 郦斌的"让位"

当工会推选出不符合政府旨意的领导人时，政府往往会以不具备该工会会员资格为由，公开或暗中介入，阻挠其任职。杭州市小货车业职业工

---

① 《为电复本市电影放映技师业职业工会理事长孙绍轩会员资格一案请核备由》（1948年4月17日），杭州市档案馆藏：J14-1-47。
② 《杭州市政府训令》（1948年3月12日），杭州市档案馆藏：J14-1-47。
③ 《为本会常务理事毛顺祥被丝织工人凶殴成伤电请核办并予惩凶由》（1948年11月13日），杭州市档案馆藏：J14-1-183。

会于 1946 年 6 月 25 日发起第一次筹备会议。在市政府派员指导下，"公推郦斌、金越人、郦心白、阮浩、陈更生、阮乐波、郦锡桂等七人为筹备员，并推郦斌为筹备主任"。① 该会计划 7 月下旬召开会员成立大会，"选举理监事及讨论有关会务事宜"。② 然而不仅计划中的成立大会因故延期，8 月 6 日，市政府还向筹备中的小货车业职业工会发出训令，认为"该会筹备员郦斌、金越人、郦心白、郦锡桂等四人非本业从业人员，依法不得加入该会为会员，应即退会，兹另加吴锦有、何长忠、潘阿羊、丁长发、金阿章、沈福林等六人为筹备员，并指派何长忠为筹备主任"，"令仰即日召开筹备会，着手筹备工作"。③

市政府从何种渠道断定小货车业职业工会成员是不是从业人员不得而知，但民国时期地方政府处理此类社团成员资格等问题的一贯方式是将消息来源者上报的问题以指令式公文发给存在问题的一方，令其查明后据实呈报。此种做法虽然有"自己人查自己人"之弊，却也减少了打击、诬告的可能性，给矛盾双方一个公平申诉的机会。即便训令中提及的几人非从业人员，应当退会，按惯例，也应在市政府派员督导下，由工会自身召开会员大会，完成理监事会领导的重新改选。然而此次，市政府不仅直接做出退会的处理决定，并"空降式"指派了该工会的筹备主任，如此罕见的处理方式只能推测为市政府原本就对该工会的筹备主任郦斌强烈不满。

战后杭州市政府制定的《指导人民团体办法》中规定，"社会科科员以上各社政人员，暂兼社政指导员，经常赴各团体巡回视导。对于各团体之会务、财务、会员增减、职员或办事员更动，以及各项活动情形，随时考察，报告本府核备"。④ 此举意在向社团进行人事渗透，防范社团负责人单方垄断，以致信息被过滤。然而按规定，社政指导员的职务只是"兼"，且政府任命的社政指导员往往是社会科内的低级职员，其工作职责主要是收

---

① 《为检送本会第一次筹备会议记录及图记印模各一分仰祈核备案由》（1946 年 6 月 30 日），杭州市档案馆藏：J14-1-57。
② 《为小货车业职业工会筹备有绪定本月 22 日召开成立大会仰祈核备案由》（1946 年 7 月 19 日），杭州市档案馆藏：J14-1-57。
③ 《为据查该会郦斌等四人非从业人员应即退会并加吴等六人为筹备员仰知照由》（1946 年 8 月 6 日），杭州市档案馆藏：J14-1-57。
④ 《半年来之杭州市政（1946 年 7 月至 1946 年 12 月）》，《民国时期杭州市政府档案史料汇编（1927~1949 年）》，第 387 页。

发文件、草拟一般性公文与报告,并不掌握关键行政资源,也无行政决断权。由此,政府指派的社政指导员仅仅是名义上代表政府,在社团开会、选举等仪式性工作中列席,代表政府讲话,但对于社团的日常运作并无实际影响力。所谓"巡回视导",难免流于形式。尽管战后各工会的筹备、成立、会员大会等各种重要活动中,均有指导员"莅临指导",但并不能代表政府有效控制社团。在工潮、行业利益冲突等事件中,劳资双方均倾向于绕开作为政府职能部门的社会科,以直接向市长周象贤上书的方式表达自身的利益诉求。问题的解决也往往以市政府的最终训令或指令为圭臬。不但如此,政府指派的视导员成为下级工会抗辩政府训令时的理由之一。接政府训令后,小货车业职业工会于8月6日当天下午召开紧急会议,商讨对策。由于训令中提及四人中的二人是"因病辞职",并获得照准,经讨论,决议对政府训令予以抗辩。"金越人、郦心白业已辞职,郦斌、郦锡桂确为从业人员,令加筹备员六人及指派筹备主任应即呈请市府收回成命。"① 随后,小货车业职业工会向市政府发出措辞强硬的呈文,申明自身组织从发起到成立不仅全系依法办事,且均有政府所派视导员的出席与批准,故发起人非本业从业人员的指控不能成立。"查属会之发起筹备组织,系经依法呈送发起人名册,并经钧府35年6月13日社1字第2666号批节开'呈暨发起人名册均悉经核尚无不合,准予许可组织,仰即召开发起人会议,推选筹备员三人至七人组织筹备会',则各发起人之是否为本业从业人员早经查核无讹",并且"历次开会蒋指导员均经列席,从无片言涉及各筹备员"。不仅如此,在工会看来,政府强行指派人员的举措无疑是公然干涉人民团体的组织发展。"今钧府忽另加六人为筹备员,指派何长忠为筹备主任,依据前批则超过人数既未向本会登记更非发起人,与民主之至意亦不符合",要求政府"维持法令,收回成命"。② 与此同时,小货车职业工会还向杭州市参议会上书,指控市政府相关人员"操纵人民团体组织,剥夺人民入会自由"。③

---

① 《杭州市小货车业职业工会发起人及各区代表紧急会议记录》(1946年8月6日),杭州市档案馆藏:J14-1-57。
② 《为奉到另加筹备员六人及指派筹备主任之训令请求收回成命由》(1946年8月10日),杭州市档案馆藏:J14-1-57。
③ 《为议决关于据报前本市小货车业职业工会筹备会有持枪强迫登记一案函请查照办理并见复》(1946年10月8日),杭州市档案馆藏:J14-1-57。

然而，这次紧急会议及随后向政府发送的呈文存在不少疑点。首先，在小货车业职业工会筹备会发起人名单中不仅未能看到被政府指控为非从业人员的郦斌、金越人等四人的履历材料，且比照社会科报送市政府的材料与相关发起人报送市政府的材料，发现两份发起人名单出入颇大。① 而在1947年的小货车业职业工会理监事名册中，只有郦锡桂名列理事，且确为从业人员，有5年拉车经历，其他3人履历仍缺，尤其是曾被推为筹备主任的郦斌。上述材料显然无法证实四人是不是从业者。其次，筹备会发起人郦心白、金越人何以在工会尚未正式成立时就"因病辞职"？在缺乏足够证据的情况下只能揣测其中应另有隐情。此次事件作壁上观的市总工会也对小货车业职业工会的一系列行为产生怀疑，在致市政府的呈文中认为该工会在8月6日的紧急会议中，"决定各案与钧府令饬遵办各点多有出入，该会情形似亦相当复杂"，建议政府"派员详查实情"。②

市政府的强势决断加上总工会的态度倾向，导致小货车业职业工会的申诉与抗辩没能收到预期效果。1946年8月26日，在市政府派员列席指导下，小货车业职业工会筹备会召开变更负责人后的第一次会议。市政府之前的指令得到了贯彻执行。"社会科谕派何长忠、吴锦有、丁长发、沈福林、金阿章、潘阿羊等六人为筹备员，并指派何长忠为主任，遵谕定本日上午召开筹备会议。"由于此次会议是在市政府的明确授意下召开，按说应在一定程度上代表了政府的意见，在决定"派员接收郦斌同志任内筹备文卷印章等，以资统一"的同时，给予这位前筹备主任足够的面子，"聘请郦先生斌为本会书记并优待，薪给每月12万元，车马费3万元"。新上任的何长忠甚至免不了寒暄客套一番。"兄弟是一个蛮人，一切的事情还希望大家群策群力，共同合作，为同业工人谋福利。"③ 可见在劳、资、政三方的博弈中，矛盾双方尽管在利益面前针锋相对，但也未必会把事情做绝。对被撤换的工会理事长的工作给予安排，让双方都有台阶下。

---

① 《为发起组织杭州市小货车业人力工会请求准予许可由》（1946年5月30日），杭州市档案馆藏：J14-1-57；《为发起组织本市小货车业职业工会祈准予颁发许可证由》（时间不详），杭州市档案馆藏：J14-1-57。

② 《为按小货车业职业工会呈送紧急会议记录转请核示由》（1946年8月20日），杭州市档案馆藏：J14-1-57。

③ 《杭州市小货车业职业工会筹备会第一次筹备会议记录》（1946年8月26日），杭州市档案馆藏：J14-1-57。

事隔一个多月，杭州市参议会也否决了小货车业职业工会的指控，认为对市政府干涉社团组织发展的指控"与事实不符，不予受理"。① 这很难不令人认为仅具象征性议政权利的参议会是鉴于该事件的结局而揣度市政府与总工会等方面的态度后做出的决议。

五 汪延镜的"辞职"

作为战后杭州市总工会理事长的汪延镜，尽管在其他产、职业工会理事长"去职"风波中均保持着重要的活动能力和话语权，但也未能避免一场殃及自身的"辞职"风波。作为本区域各级产职业工会的上级指导单位，杭州市总工会在1946年初即已召开多次筹备会议，推举汪延镜为杭州市总工会筹备委员会主席，"择定旧藩署9号为会址，并自3月1日起正式开始办公"。② 作为全市产职业工会的总负责单位，杭州市总工会自成立以来，就在门面上下功夫，希望有一个独立的办公场所。为此，专门成立了会所筹建委员会，负责总工会办公经费的筹措以及办公场所的落实。其人员由杭州市各产职业工会负责人互推组织，"筹委会视工作需要得设筹募及建筑两组，设总干事各一人，副总干事各二人，分别负责筹募及建筑工作，并得提请理事会聘请或指派工作人员若干人协助办理工作"。③ 然而，战后杭州市政府财政经费吃紧，并无余钱资助总工会筹建办公场所。1948年3月，长期租赁浙江省区救济院旧藩署9号为办公场所的杭州市总工会决议以会员筹款的方式自行筹建永久会所，并得到市政府的批准。"本市工运发达，推动当以总工会为枢纽，且为事实需要及以装外人观瞻计，均有及时筹建之必要。其建筑经费来源决议由各属工会会员捐献1日之所得，并拟向本府洽请指拨基地所筹款项，分次征收，专户存储，动用由市工务局购备建筑材料及筹建委员会负责兴建。"④ 同年1月，总工会以为各产职

---

① 《为决议关于据报前本市小货车业职业工会筹备会有持枪强迫登记一案函请查照办理并见复》（1946年10月8日），杭州市档案馆藏：J14-1-57。
② 《杭州市总工会致杭州市政府》（1946年3月22日），杭州市档案馆藏：J14-1-183。
③ 《杭州市总工会会所筹建委员会组织条例》（时间不详），杭州市档案馆藏：J14-1-183。
④ 《杭州市政府社会科蔡职员签呈》（1948年3月31日），杭州市档案馆藏：J14-1-183。

业工会谋福利为名，向全市各工会征收福利事业经费，每个会员五千元。①

为修建办公场所，却由下属工会会员买单，此举无疑给反对者以把柄。至于以发展福利事业的名义征收的经费究竟用于何处，也是反对者质疑的理由。1948年5月，杭州市总工会因首届理监事任期届满，拟召开第四次会员代表大会，举行改选。本次大会先是被延期至6月10日，后又两次被延迟至7月1日。汪本人将延期的原因归于一方面"所属多未能将出席代表依法产生报会凭核"；另一方面"迩来工潮迭起，本会暨所属应全力注意消弭工潮，原定6月10日改选会员代表大会应暂缓举行"。② 然而，对于这次会员代表大会的延期，部分工人不满。有工人联名上书至市政府，认为总工会给出的延期理由站不住脚，并认为总工会已蜕变为一个有政府撑腰的堕落、腐化和鱼肉工人的机构，应当予以整改。

> 近日各工会并无工潮之酝酿，即有工潮，总工会既事前失于防范，而事后又复不能抑止，足证总工会负责人领导无方。查近时工潮平息已久，而政府突以纠纷迭起为词，以此展延总工会代表大会日期，殊失工人信仰，日来并无工潮，而政府坚说工潮迭出，空穴来风未知何所据而云然，颠倒黑白，抹煞事实，其别有用心，已昭然若揭，际兹宪政实施之初，自应以民主为前提。总工会理监事会决议召开会员大会而使每一工会忙于改选或推派代表，因此而消耗的人力财力，殊属惊人，今竟以某种关系而乞怜主管延期，足证政府有袒护包庇现任理监事之嫌。③

在另一份以杭州市各工人团体的名义的联合上书中，工人质疑总工会自战后成立以来的作为，认为其不仅未能在物价通胀的环境下解决工人的生活待遇问题，反而自身筹措了巨额款项修建办公场所，所谓的工人福利基金以及工人子弟学校等福利事业均无着落。④ 这两份联名上书，将总工会推至风口浪尖。

---

① 《为征收福利事业经费电仰遵照办理由》（1948年1月14日），杭州市档案馆藏：J14-1-3。
② 《为市总工会延期召开会员代表大会请鉴核由》（1948年6月24日），杭州市档案馆藏：J14-1-183。
③ 《总工会垮台！市政府撑腰！》（时间不详），杭州市档案馆藏：J14-1-188。
④ 《两年来杭州市总工会的成绩？》（时间不详），杭州市档案馆藏：J14-1-188。

作为地方政府下属的职能机构，杭州市总工会上受市政府社会科的领导，下负统领各产职业工会之责。因此，当总工会的组织权威受到下属工会与工人的挑战时，地方政府自然倾向于树立总工会的权威。在这两份文告的措辞中，不仅有对理事长汪延镜个人的攻击，还有对总工会这一组织的攻击，甚至有对政府行为动机的怀疑。如此"打击一大片"的攻击话语，当然不会被杭州市政府采信。总工会组织的会员大会于1948年7月1日如期召开。汪延镜继续任总工会理事。在7月5日总工会第二届理监事第一次联席会议中，汪延镜继续担任理事长一职，并通过了关于建造办公会所需要会员捐款定额10万元的核认一案。① 此外，被杭州市政府委派调查此事的社会科职员也力挺总工会，认为"总工会所称处理会务及经费收支均按法定手续程序办理等情，查尚属实"，将问题归咎于部分欲参加竞选的工人借机闹事。② 得到政府信任和支持的汪延镜在1948年的选举中得以连任。

尽管躲过了这次"辞职"的风波，汪延镜还是以身体不适、体弱多病为由，于1949年3月向市政府递交了辞呈。在几次客套往来公函之后，市政府还是同意了汪的请求，"所遗理事职务由候补理事俞杏生递补常务理事职，由朱理事家宝递补理事长一职"。③ 汪得以体面"下台"。只是汪的辞职，不知是出于感到力不从心，难以胜任，还是因看到此时政局逆转，国民党政权危在旦夕，为求自保不得已而为之。1949年政权易帜之际，不仅总工会修建新的办公场所的计划无法如愿，人员变动更加频繁，"最后一任理事长是赵李洪，址设旧藩署路9号"。④

结　语

南京国民政府时期，国民党政权一直试图理顺与劳工群体的关系，将其纳入国家管控的范围。1927～1937年，国民党政府在打压激进劳工运动

---

① 《杭州市总工会第二届理监事会第一次联席会议》（1948年7月5日），杭州市档案馆藏：J14-1-183。
② 《杭州市政府社会科朱职员致杭州市政府》（1948年7月13日），杭州市档案馆藏：J14-1-188。
③ 《呈为理事长汪延镜坚辞照准并将理监事会议递补情形报请核备由》（1949年3月7日），杭州市档案馆藏：J14-1-183。
④ 杭州市地方志编纂委员会：《杭州市志》第8卷，中华书局，1999，第282页。

的同时，通过劳工立法、改组工会等方式试图掌控劳工群体。而抗日战争中断了这一持续进行的努力。在1945年至1949年的"戡乱动员"时期，国民党政府通过人民团体登记、重新组建各级工会的方式，迫切希望重新掌控劳工群体。

日本投降后，国民党已经没有能力重建曾经抑制1927～1937年间工人运动的组织上的控制网络。① 战后敌伪产业接收的失控以及抑制通货膨胀的失败等问题的叠加极大阻碍了国统区经济生产的恢复，也使大批返籍劳工的生计面临严重困难，影响到国民党政权整合城市社会。在这种环境下，出于稳定社会秩序的考虑，政府只能对工人与工会一次次提出的增加工资的要求不断让步，这为部分活动能力强、善于谈判的工会理事长提供了施展空间。然而，一个工会理事长或许能够赢得工会内部的拥戴，但并不一定能讨取资方与政府的好感。工会理事长是否遭遇去职危机，一方面取决于工会自身的会员数与行业生存状况等内部因素；另一方面也取决于是否得到总工会的支持以及政府与资方的态度等外部因素。从本文的四起工会理事长"去职"风波案中可以看出，在工会在劳工待遇方面的不断抗争以及政府寻求稳定的情况下，资方尽管难以正面回绝，但可以借助各种方式暗中使劲，将带头的工会理事长"拉下马"，起到震慑工人与工会的作用。反观工会，遇到此种"暗招"则显得较为被动，不仅需要不断为"出问题"的理事长澄清申诉，且很多时候难以避免理事长被撤换的结果，为工会组织的稳定发展带来不利因素。而在劳、资、政三方的博弈中，往往会围绕会员资格问题"作文章"。指斥工会理事长不具备会员资格，是在制度化层面促其"下台"的最直接方式。

随着战后各级人民团体的重建，构建一支政治上忠实于国民党统治的社团负责人队伍的现实问题被提上日程。杭州市政府从人事与财务两个方面加强对社团的掌控力度。在人事方面，政府建立了自下而上的双重信息渠道。一方面要求社团负责人定期向政府述职汇报。"各团体负责人及书记按月举行会报（此为原文——引者注）1次，报告1月来工作概况，并交换意见，共谋解决困难问题，以资联系。"② 另一方面，杭州市政府制定

---

① 〔美〕费正清、费维恺编《剑桥中华民国史》（下），中国社会科学出版社，1994，第738页。
② 《十个月来之杭州市政（1945年8月至1946年7月）》，《民国时期杭州市政府档案史料汇编（1927～1949年）》，第305页。

了《指导人民团体办法》，规定"社会科科员以上各社政人员，暂兼社政指导员，经常赴各团体巡回视导。对于各团体之会务、财务、会员增减、职员或办事员更动，以及各项活动情形，随时考察，报告本府核备"。① 当总工会的组织权威受到挑战时，政府坚决站在总工会一边，维系总工会的组织权威。与此同时，政府也会采取强行干涉的方式，撤换工会自行推选出的某些"不可靠"领导人，并向工会强行指派新的人员。但正如在小货车业职业工会理事长郦斌的"让位"过程中所见，此举不仅引起下级工会对政府的不满，且政府所指派的视导员曾列席工会选举等活动的事实往往被下级工会作为申诉理由。对政府而言，此举可谓"搬起石头砸自己的脚"。

战后国民党政府发起成立各地区总工会，其职能主要是执行政府颁布的各项政策措施，监督辖区内各级产、职业工会。在战后杭州市总工会颁布的章程中规定，"凡在杭州市区域以内之产业工会暨职业工会均应加入本会为会员"，其主要任务在"工会或会员间纠纷事件之调处、劳资纠纷事件之调处"等方面。② 这意味着总工会自身的角色定位偏重于政府下属的业务职能部门，起到沟通与协调政府和下属产职业工会之间关系的作用。而本文研究发现，战后杭州市总工会在相关事件的处理中，既非毫无保留地站在下级工会一方，又非态度坚决地成为政府的传话筒。在洗染业职业工会理事长施梅生的被解雇过程中，总工会的坚决态度一定程度上影响到政府的决策。而在电影放映技师业职业工会理事长孙绍轩的"下台"过程中，总工会则作壁上观。在小货车业职业工会理事长郦斌的"让位"过程中，总工会甚至反戈相向，站在政府一方。总工会与政府及下属产职业工会立场各异，尽管增加了总工会自身在处理劳工事件中的斡旋余地，但未能树立其在下属产、职业工会组织与工人中的公信力。对不同事件"审时度势"的处理方式，既无原则立场，也无可预测性，这使其与政府及产职业工会之间暗生罅隙，削弱了社会整合所必需的组织凝聚力与组织权威。

作者：胡悦晗，杭州师范大学历史系

---

① 《半年来之杭州市政》（1946年7月至1946年12月），《民国时期杭州市政府档案史料汇编（1927~1949年）》，第387页。
② 《杭州市总工会章程》（时间不详），杭州市档案馆藏：J14-1-1。

近代中国城市地权[*]

——以民国前期武昌余家湖官民产业划分案为中心

陈　玥

内容提要：余家湖是武昌城东北方向的一处湖泊遗留至今的地名。随着清末民国城市化，以渔业为主的湖逐步淤积，湖地向城郊农业用地及城市建设用地转变。这一过程恰逢中国社会的近代变革，王朝传统下的臣民土地业权开始向近代法制下的公民产权转化；同时，地方权力纠葛复杂。两者共同作用下，余家湖湖地的权利归属成为地方社会的焦点问题。通过对民国前期武昌余家湖官民产业划分案的个案分析，可以一窥城市地权演变的制度性变革的过程，及其引发的地方社会分化与重组的机制。

关键词：余家湖　城市地权　近代中国　地方社会分化

　　土地权利，在法制意义上指的是以土地为主要对象的各种财产权利。与经济生活中的土地产权一体两面。从社会经济学的角度考量，基于土地的生产关系，是农业和工业时代生产关系的一种重要表现形式，其体系建构影响到社会生活的各个方面。在中国近代化发展的过程中，随着工商业在城市中的发展，土地权利结构开始由前近代王朝体系下以耕地为主的多重土地所有制，向工商业城市与内陆乡村二元土地所有制结构变化。对这个演进过程，学界百年来在以土地制度变革、明清以降市镇发展、近代城

---

[*] 本文曾以《辛亥前后的地权变革——以武昌余家湖案为例》为题提交 2015 年 11 月 9～10 日由中国社会科学院近代史研究所与湖北省社会科学联合会共同主办、武昌辛亥革命研究室与辛亥革命武昌起义纪念馆承办的"近代中国社会的发展与演进学术研讨会"，并得到严昌洪等学界前辈及评议人耿密等与会同仁的指点批评。这篇文章在此基础上修改而成，特此致谢。

市发展等为主题的研究中,已有相当程度的涉及。① 在城市土地制度的变化及与之有关的地方社会分化方面,也有学者的研究有所涉及。② 本文意图通过对余家湖土地纠纷的个案分析,来说明一种土地财产关系重构的国家行为引发的地方社会群体分化与重组的机制。

一 城市地理变迁与地权演变的方向

余家湖是明清时期靠近武昌城外的一处湖面。嘉靖《湖广图经志书》记,明代武昌府江夏县辖下余家湖河泊所,位于"县东北五里"。③ 同治《江夏县志》描述:"境内诸湖为多……严西湖、余家湖、竹子湖在东北。"④ 江夏为武昌首县,江夏县与武昌府县同城。所谓"县东北五里",即武昌城东北五里。然而自晚清起,随着武汉市工业化、城市化的演变,余家湖的地貌发生了巨大的变化。方志地图描述的湖面日渐缩小。清代的方志地图中作为独立水面的"余家湖",在民国地图上被标注在沙湖⑤靠近

---

① 土地制度与性质的研究一直是学界关注的重点。1920 年代前后,学者们投身社会变革和改良所进行的一系列乡村调查、地权改良活动均以此为重点。如毛泽东、卜凯、陈翰笙、李景汉等进行的农村调查,地政学会组织的地政调查,梁漱溟、晏阳初支持的乡村建设运动等。与上述思想风潮同步进行的是土地私有制度的正式确立、巩固及写入法典。20 世纪五六十年代,土地制度与性质被当作社会分期的主要依据而引发了热烈的讨论。市镇研究以明清江南地区为主;任放的研究与武汉相关。可参见任放《明清长江中游市镇经济研究》,武汉大学出版社,2003;〔美〕施坚雅主编《中华帝国晚期的城市》,叶光庭等译,中华书局,2000;David Faure, Taotao Liu, et al., Town and Country in China: Identity and Perception, New York: Palgrave, 2002。

② 李伯重在《清代中期苏松地区的地租与房租》(《中华文史论丛》2008 年第 1 期)中讨论了城乡土地房屋的租价比;夏扬在《上海道契——法制变迁的另一种表现》(北京大学出版社,2007)中就租界地权讨论了近代城市土地制度的法制渊源;杨士泰从法律制度层面梳理了近代地权的演变,见氏著《清末民国地权制度变迁研究》(中国社会科学出版社,2010);马学强将土地制度变迁与社会性质的变迁联系起来考察,见氏著《从传统到近代——江南城镇土地产权制度研究》(上海社会科学出版社,2002);黄素娟在其博士论文《城市产权与都市发展:近代广州市区规划研究》(中山大学博士学位论文,2013)中以广州骑楼为例,具体分析了城市土地利益在社群中的分配机制。

③ (明)薛纲:《湖广图经志书》卷 2,明嘉靖元年(1522)刻本,第 46 页。

④ (清)王庭桢:《江夏县志》卷 1《大江图说》,清同治八年(1869)刻本,第 10~11 页。

⑤ 沙湖,在明清武昌城外东北,一度用于称呼数个彼此相连的湖泊组成的水系,余家湖为其中之一。清末修筑粤汉铁路,有一段路基穿湖而过,将沙湖分为两部分,余家湖被标注在路西靠近城区的一角。

武昌城的一角。而 1930 年代初的政府档案中，已经出现沙湖沿岸的房产纠纷案件。① 可见城市扩展已占据了余家湖相当一部分水面。

在民国文献中，余家湖淤浅的加剧，主要原因在于粤汉铁路修建的路基。② 差不多同时，光绪二十五年（1899）春，为兴修粤汉铁路做准备，湖广总督张之洞主持修筑了武昌沿江城墙及其南北沿江的堤坝。对于武昌城外湖面广阔、水道纵横的地形来说，城墙与堤坝不仅仅有拦截长江洪水、保护耕地的作用，同样还对城市及其周围地理演变有重要作用。就对地形的影响来说，铁路路基与其有很大的相似性。它们一方面阻止了江水对湖水的补充，原本在枯水季可以进行单季农业生产的水乡田因此变为常年露出水面的真正耕地，具备了垦殖开发的条件；另一方面由于江水进出的通道受阻，湖区淤积不能得到冲刷，湖中鱼群的补充交换也变得困难；湖底抬高和生态环境的变化，直接影响渔业的收获，依靠渔业及水乡田为生的湖民利益受损。水乡田演变形成的耕地与逐渐淤积出的湖底土地可以被用于垦殖与城市建设，而其权利归属则成为地方社会矛盾的焦点。

在原本的余家湖面上因为土地形态的演变出现了不同的土地权利，这种与独占的土地所有权相异的土地收益权，可以借用法制史研究者寺田浩明和岸本美绪提出的概念，称之为"业权"。③ 其权利的分化，如表 1 所示。

表 1 中的湖权所表现的是地形变化之前余家湖全湖的土地权利状况。按照湖区习惯，湖业分为湖面与湖底两种，湖面权一般指渔业生产及通行的权利，在本文讨论的余家湖纠纷中特指渔业生产权，而湖底权指利用湖

---

① 高信昌与仁寿庵有关房产地权的争议，可参见《伪湖北公产清理处有关武圣门外沙湖荒地管业执照文件》（1931~1933 年），武汉市档案馆藏，档案号：99-1-256。卷宗题名为档案馆整理案卷时拟具，本文照录，下不赘述。因政局动荡，湖北省对公产的处置方式及有关管理机构变动频繁。1928 年有清理湖北公产暨官钱局产业委员会，1929 年有湖北公产经理处，1932 年又有湖北公产清理处。参见冯兵《国民政府时期湖北公产清理研究 1927~1949》，人民日报出版社，2014，第 25~83、310 页。

② 《平政院裁决书》（1922 年 4 月），《伪湖北省财政厅关于划分余家湖产业呈文》（1928~1929 年），武汉市档案馆藏，档案号：99-1-254；《伪湖北公产清理处有关划分武昌余家湖地产案件》（1928 年 9 月），武汉市档案馆藏，档案号：99-1-253。虽然可以依据今天武汉沙湖上的铁路线路来推断这段路基的位置，但对其具体的演变过程的描述还需要进一步挖掘史料。

③ 参见〔日〕寺田浩明《中国近世土地所有制研究》，氏著《权利与冤抑：寺田浩明中国法史论集》，王亚新译，清华大学出版社，2012；〔日〕岸本美绪：《明清契约文书》，王亚新等编译《明清时期的民事审判与民间契约》，法律出版社，1998。

表1 余家湖土地形态与土地权利状况

土地形态		权利状况		权利性质
湖	湖面 湖底	湖权	渔业权/湖面权 农业权/湖底权	湖民业权
淤浅	湖面 湖底	湖权	渔业权 藕业	湖民业权 藕业公司从"湖主"处取得业权
成陆		垦荒 佃权	官业/民业	由业权向所有权的转变

边滩涂进行种植的权利，后者在有水时往往用于种植莲藕等水生作物。① 这种权利结构随着湖面的萎缩和湖底的淤浅，日益受到威胁。成陆以后的地权表面上看与其他农业土地的权利没有差别，有垦荒与佃种的权利。两者分别对应传统中国社会二元地权中的"田骨"与"田皮"，都是对土地的业权。但在民初的法律环境中，对土地产权的认定既可以依靠清末编撰的民法典，也可以依据习惯法，而清丈等权利认定的文书在1930年《土地法》公布后，可以之作为依据进行土地登记，取得土地所有权证。在进行土地权利登记之前，类似清末堤防建成后的土地清丈进行过多次，均涉及对契约粮券的查验，也产生相应的其他土地权利文书。下文所附"划分余家湖官民产业执行委员会执照"即其中一种。每次清丈都涉及对现有土地占有状况的重新认定。而土地占有人最终能否获得土地所有权，既需要法律制度的完善，也需要持有有序合法的土地权利文书。②

而淤浅湖面的权利之所以被强调，是因为其为地权转化中关键的一环。从后文的分析中，可以发现在所有权不清晰的条件下，对这种权利的占有具有过渡性质。莲藕种植的利益是现实性的，却可以通过土地租赁的方式转交给专业公司来经营。关键在于直接经营权和向经营者收取地租的权利，可以视为渔业权向土地所有权的过渡。地租理论的发展，早已揭示了土地的价值（级差地租或利润率）在农业、工商业等用地方式上以及区位方面有巨大差异。对超额利润的追求，是余家湖官民土地划分中各方行

---

① 《民事习惯调查》，具体案例可参见张小也《明清时期区域社会中的民事法秩序——以湖北汉川汈汊黄氏的〈湖案〉为中心》，《中国社会科学》2005年第6期。
② 这是笔者博士论文关注的主题，相关内容有待修改完善，下文有涉及处不再赘述。

为的出发点。

在土地权利归属问题上,起主导作用的是主持修筑堤防和清丈事宜的官方。清末湖广总督张之洞在武汉地区进行了至少两处有关自开商埠的规划,其中就包括余家湖附近武昌沿江地段。虽然不知是否间接受到当时发展中的地租理论的影响,但现实经验让他意识到了级差地租的存在,并考虑进行利用。

> 沿江沿海各租界,当外人开办之始,经营草创,费亦不赀,其后商务一兴,地价骤涨。上海一亩之地且有值至万金者……武昌东西扼长江上下之冲,南北为铁路交会之所,商场即辟,商务日繁,地价之昂,可坐而待。①

因而官方在新淤土地的产权安排上,没有考虑那些拥有湖业的渔税缴纳者由湖底权转移至对"无主之地"的权利请求。其奏折称:江堤修成,使得武昌城南北两面"涸复田土甚多",有官地,有民地,有无主之地。②设立武昌清丈局,派员"按地勘丈,详加考察"。其中,"清出官地,或仍旧为畜牧之厂,或拨作通商场界址之用,或拨作农务局耕牧之需";"民地,验有契据、粮券者,照契管业";"无主无契"的荒地,则"发给执照,令其缴租垦种"。③ 其中,"清出官地,或仍旧为畜牧之厂"即指原本属于抚标马厂之官地。余家湖的位置与预定的"通商场界址"相去甚远,在其附近清出的官地与官荒,除了粤汉铁路局筑路外,④ 按张之洞的安排应当是拨作"农务局耕牧之需"。所谓"发给执照",即"缴租垦种"的执照,以传统社会的土地关系论,持有者有田皮权而无田骨权;以近代土地制度论,则有永佃权而无所有权。而具备收租的田骨权或拥有所有权的,清末是政府设立的相关机构,民国期间是负责直接管理这片官产的湖

---

① (清)张之洞:《收买通商场地亩折》,苑书义等主编《张之洞全集》第2册,河北人民出版社,1998,第1480~1481页。
② (清)张之洞:《修筑省城堤岸折》,苑书义等主编《张之洞全集》,第1477~1479页。
③ (清)张之洞:《修筑省城堤岸折》,苑书义等主编《张之洞全集》,第1477~1479页。
④ 《伪湖北省财政厅关于划分余家湖产业呈文》(1928~1929年),武汉市档案馆藏,档案号:99-1-254。本文所述事实及所引文献如无特别说明,均出自此案卷以及《伪湖北公产清理处有关划分武昌余家湖地产案件》(1928年9月),武汉市档案馆藏,档案号:99-1-253。下不详注。

北省公产经理处。①

然而随着辛亥以后的政权更迭，官方对土地权利的垄断受到了挑战。

二 余家湖土地权利的归属判断

民国前期余家湖的地权纠葛，关键在于湖淤地在官或在民的归属问题。在土地法规未臻完善的情况下，利用辛亥之后政权更迭所带来的变革机遇，1914年起一群自称"湖民"的持契渔户开始层层上诉，主张基于渔税缴纳的对湖面及湖底的业权，即主张湖业（土地所有权）的公有。诉讼所指向的标的物即属于公产经理处的湖业。这种主张实际上是要推翻对湖淤地官产性质的判定。而这些湖淤地经过清末的清丈确权，已经分发给佃户垦殖。垦殖佃户，在司法文书中的称呼是官佃。

1917年，湖民张大兴等在湖北省长公署败诉，湖民的主张未能得到地方政府的支持。湖民群体不服判决，于1921年向平政院提起行政诉讼。

平政院认为余家湖为官产的主要依据是"马厂碑册"。碑为清代江夏县惩办黄运生等侵占马厂官地后所立示的禁碑，有两块：其一在多子桥胡太昌家；其二在磨山。多子桥在余家湖范围，据湖民诉状所称："胡太昌为侵占湖产领袖。"册为1915年9月22日武昌县知事奉财政厅及清理官产处饬发清丈马厂卷宗中的地权清册，据称，马厂官地亩数及佃户姓名甚详。据裁决书引用官产局答辩状，卷宗"内清册两本，咨文一件，清折五扣。查清册系委办招垦沙湖分局名义造报，于光绪二十七年五月声明因武丰闸毁、清丈未毕等语。光绪二十五年十月抚中卫咨送清丈总局图折，乃事前奉饬报与清丈……"②

---

① 划分民产前，余家湖主要有两种地产：马厂地属于军产；湖淤地则为官产。文献中"营产局""官产局"是与湖北省公产经理处同时出现的称呼，从用词和上下文关系来看应不是湖民对湖北省公产经理处的简称，当继承自清末守备营所设清丈局，民国时恐为公产经理处下属机构，或指其部分职能，具体情况有待进一步研究。《武汉市志·城市建设志》（下），武汉大学出版社，1997，第1041页；冯兵：《国民政府时期湖北公产清理研究 1927~1949》。

② 《光绪二十一年抚标左右营守府孙田，分府杨、杨、祝、梅，马队目刘江胜、丁荣喜，目名谈、尹万年勒石告示》，湖北省档案馆藏，档案号：Ls19-4-4836。其中提到"各户甘结"与"黄莲生"，与文中提到的"碑"的具体内容应有一定的一致性。但就笔者检索范围所及，未见"马厂碑册"中"册"的具体内容，恐有遗漏。

但不能据此完全否认湖民持有的雍正五年红契和同治元年合同的有效性。红契载有"湖业"的四至，注有"呈验粮券，比对户注粮册，亦无差谬，每年楚课十一两一钱如数纳清，惟渔税一百二十八两，年有蒂欠"；合同说明"业即易主，粮随产征。所有册载渔课一百二十八两，楚课十一两一钱，四帮俱照数完纳"。湖民以明、清两代"即完渔课以管水，复完楚课以管陆"为由，提出对涸出湖淤地所有权的请求。依据习惯，这些权利也应当被认定。这是清末至民初修订民法过程中，对民间习惯法的调查、编撰以及司法权的独立所带来的直接后果。

因为不能否认红契与合同的有效性，平政院判决湖北省长公署改变原判。不过平政院裁决书也承认"马厂碑册"的合法性，并且由于红契（十二股之一）、合同（所载粮地位置有争议）存在缺陷，故指定以"碑册"为划分官民产业的主要依据。

三 划分官民产业的过程

然而平政院的裁决并不意味着纠纷的结束，同经历了反复的上诉过程一样，裁决的执行也经历了曲折。从执行裁决的具体过程中可以看到，裁决仅为官、民双方的谈判提供了法律依据，但对彼此实际控制地产的划分仍然取决于双方在谈判过程中的博弈。

平政院裁决后，对于北洋政府组织的划分余家湖官民产业活动，详情不明。但1927年武汉国民政府时期，财政部为整理财政起见重启此案。可见，要么裁决没有得到执行，要么执行的结果并没有得到完全认可，存在争议，引起翻案。因而，在又一次政权更迭时被重新提出。国民政府迁都南京前，已拟订有关执行办法12条，但因政局混乱工作中断。

1928年，湖民张光煊等呈文湖北整理财政委员会，请求清丈湖产、划分产业。于是再次组织的划分余家湖官民产业执行委员会，准备依据平政院裁决和1927年财政部布告，会同武昌县进行官民产业清丈。执委会主任委员为武昌县长詹渐逵，指定委员之一是湖北公产经理处主任林渊泉。[①]

---

① 《湘鄂临时政务委员会令武汉临时财政整理委员会》（1928年3月7日），武汉市档案馆藏，档案号：99-1-254。

曾经判决湖民败诉的武昌县与负责公产经营管理的公产经理处,虽然在立场上自然倾向于维持全湖为公产,但仍要主持认定民业的范围。

在组织湖民代表商议具体的官民产业办法之前,公产经理处将《接管余家湖官民产业纠纷全卷》检送执委会,强调余家湖地产纠纷的复杂性:"有控称官占民产,请求发归民管者;亦有禀控民占官产,恳予饬追,收归公有者;更有民佃与营佃因佃种移转,互争佃权,相持不下者",希望划分余家湖官民产业执行委员会(简称执委会)全盘考虑,以"一致"办法办理划分产业。被特地指出的案件都发生在同年7月,其内容如下:

> 7月3日 武昌武胜门外沙湖嘴营佃江福安等禀称余家湖渔户张大兴、张栋臣等图占营产,请求调阅案卷秉公办理;
>
> 7月4日 永盛莲藕公司代表张晓东等禀控张光煊等侵占武胜门外沙湖公产;
>
> 7月20日 合记公司股东廖辅仁等禀为违命诬赖、籍佃共产、假名捏控、指官诈财,恳饬查究而保产权;
>
> 7月25日 据武胜门外北湖马厂营佃张耀青子张渠臣等禀称张栋臣等捏契抗官,贿照证私,恳予追销重照,妥为划分,以免缠讼而保官产。①

在开始工作之前,执委会提出了这些以公产佃户及租户为原告,涉讼湖民为被告,强调上诉湖民之外人群的土地权利的案件。甚至其中一对原告(张渠臣)与被告(张栋臣)按照湖北宗族的命名惯例,有可能存在亲属关系。这表明划分官、民产业的民间参与者内部极其复杂的关系。

基于对上述复杂情况的认识,执委会在拟订具体的执行规则时规定,"执行委员于开始执行时,应通知湖民业主全体推举合法代表共同到场"。对此条的说明是:

> 此案纠纷不仅与余家湖渔帮有密切关系,并与其他佃户及毗连业

---

① 《湖北公产经理处呈有关余家湖各案已汇案移办》(1928年9月15日),武汉市档案馆藏,档案号:99-1-253。

主均有互争之情节，益分为湖帮、官佃、业主三种，庶无遗漏混淆之弊。每种各令先取代表四人，届时到场，和平商议。①

与上诉湖民自诩为全体湖民的代表不同，与前揭纠纷案例相应，执委会认为湖民代表应由渔帮、官佃、业主三种组成。② 上诉渔民所持红契、合同明确说明其渔业组织形态为"四帮轮流管业"。据清人沈同芳所著《渔业历史》记载，渔帮由同一水面范围从事某一种作业方式的共同渔船组成。③ 渔帮代表四人，应分别代表其各自渔帮的利益。而官佃身份与前揭纠纷案例中的营佃江福安及张耀青子张渠臣应当一致。同样的，业主应指与永盛莲藕公司、合记公司类似的租赁或自有湖业的业主。官佃与业主多租佃官产经营，其"永远承佃"的权利或者租金额度受制于公产经理处。三种并举的代表权益分派，表面看似对三方利益进行了照顾。但将上诉湖民所代表的207户与最终获得土地权利"执照"文书的230户相比，可见这个代表权在内部分配上存在极大的偏颇，最大限度地分化了湖民代表，降低了上诉湖民对谈判的影响力。

执行委员要求工作人员在测丈过程中，宣传下述三点：

> 官产确定后，如何清丈发佃验照定租，实为另一问题。不在执行范围内；官民产业划分后，本部定即就官产范围内举行清丈，同时验换租照，核定佃权；湖民现在官产范围内耕种，未经承租者，此次划分清丈后仍准其照章承领。

强调受"湖民代表"影响的执行委员会权限仅在划分官民产业。在后续的官产清丈、发佃、定租等方面，公产经理处有管理经营权。湖民如要承租官产，仍需受其管辖。清末清丈中，就有官产局以优先领垦为条件，交换渔民开除粮额的做法。与上述宣传放在一起就不难理解官、民双方的心态与目的。

---

① 《划分余家湖官民产业执行委员会执行规则及说明书》第2条，武汉市档案馆藏，档案号：99-1-254。
② "湖帮"对应的是参与产业划分的湖民组织，"渔业四帮"（渔帮）是基于同治元年的渔业生产组织，虽然看上去前者继承自后者，但仍有微妙的差别，并非完全一致。
③ 转引自张震东、杨金森《中国海洋渔业简史》，海洋出版社，1983，第72~73页。

划分产业的基本原则为:

> 除碑册所载地段,系属马厂官产,原告等不得争占外。其他碑册所无,在余家湖界址以内者,应由官厅丈明亩数,划归该原告等共同管业。①

而碑册所载官产范围遇有主张所有权或佃权者,主张者应呈验证据,交执委员审查。有效证据指:

> (一) 经以前有权处分官产机关之合法变卖者;
> (二) 经合法官署之印验者;
> (三) 有历年粮券或其他证据,经本会查认为真实者。②

上述证据,能够被直接接受的是产生时间在平政院判决之前的,之后产生的需要经过执委会详加审查,并呈报府厅核夺。无效证据以处分书驳斥,不服者可赴府厅呈诉。有效证据由执委会附签理由呈请财政厅核准施行。③ 将这些规定与历次清丈中的验契规则相比较,不难发现其中的相似性。换句话说,平政院虽然规定了"马厂碑册"为划分产业的依据,但在实际执行中,民业的具体划分还需要依靠对有效证据的认定,官业不受此限。由于湖面淤浅是一个持续的过程。从1921年平政院判决到此次划分官民产业,中间相隔7年。之前,余家湖产业在法律上都被认定为官产,之后持契湖民手中的契约才被判定合法。在7年间新淤的土地或湖面,其实际使用方式与占有人可能已经发生了变化,权利申请人和实际占有者所能提供的有效证据有限。上述条款将审查核准证据的权力转交给府厅,进一步加强了官方在官民产业划分中的作用与影响。

湖民对上述不利地位并非一无所觉。产业划分中湖帮代表有张寿域、喻祖述、李成芳、张光和四人,与同治元年合同提及的"渔业四帮"应有对应关系。但往来文件中,不断强调"湖民207户",且在最终划分条款

---

① 以上两处引文出自《划分余家湖官民产业执行委员会执行规则及说明书》第3条,武汉市档案馆藏,档案号:99-1-254。
② 《划分余家湖官民产业执行委员会执行规则及说明书》第5~6条,武汉市档案馆藏,档案号:99-1-254。
③ 《划分余家湖官民产业执行委员会执行规则及说明书》第6~9条,武汉市档案馆藏,档案号:99-1-254。

上署名盖章的，不仅仅是这四位湖帮代表，还有"真正湖民参加人"张光煊等58人。① 这说明在执委会划分产业的谈判中，官、民两方还是发生了争执。湖帮代表与"真正湖民参加人"之间存在不同的利益关系。

从《余家湖官民产业陆地划分条款》看，按应纳楚课银数、县志屯田科银额计算，湖民207户划得土地共计184亩6分5厘7毫。② 平均每户不足两亩。而湖帮张大兴之子张忠耀、许仁山之子许显秀、张大本之子张光银、张树森之侄张忠树、张树林之堂兄张大坤五人在上述划分土地附近每人领得"永远承佃"土地140亩，共700亩。③ 虽然有所有权和佃权的区别，但该五人所获面积即为207户分得土地的三倍有余。在位置邻近的情况下，使用方式也应相差无多，单位收益率是一致的。陆地条款及其附则的签订时间虽然靠后，但上述领地意向完全可以在陆地条款签订前达成。领地人及其亲属的利益与其他湖民产生了差异。当然领地人在产业划分的谈判中是否有影响、发挥了怎样的影响力，现在还没有证据可以证实。

如果说对陆地的划分侧重体现了土地权利调整下地域社会人群的分化，那么对水面的划分协议则表现了地方政府对平政院裁决书所认可的湖民基于红契和合同规定的湖面湖底权对新淤湖地的请求权的限制，条款具体内容如下：

> 余家湖湖水、湖底划分官厅与湖民207户共有，其水中所有鱼藕收益，划归湖民207户共同管业；将来湖底涸出时，由官厅将涸出之地发给湖民207户永远承佃耕种。
>
> 自铁路堤外起至北首湖边港口，以现时湖水面积认为余家湖范

---

① 《划分余家湖产业执委会为官民产业水面划分条款业经协定具折赍请备案》（1928年12月），武汉市档案馆藏，档案号：99-1-254。
② 《余家湖官民产业陆地划分条款》第1~2条，武汉市档案馆藏，档案号：99-1-254。具体计算方式如下："湖帮向完楚课银十一两一钱，后因粤汉铁路局收用土地一案，拔除五两，现实完楚课银六两一钱。查县志赋役门内载楚课屯田每亩科银一钱七厘二毫，屯地每亩科银一分八厘，现采折中办法，认定屯田屯地各得一半，依现定课银六两一钱，折半计算。应划屯田十五亩二分一厘三毫，应划屯地一百六十九亩四分四厘四毫。共计一百八十四亩六分五厘七毫。归湖民二百零七户共同永远承种"，参见《为余家湖官民产业陆地划分条款及所订附则业经双方协定具折缮呈》（1929年1月21日），武汉市档案馆藏，档案号：99-1-254。
③ 《为余家湖官民产业陆地划分条款及所订附则业经双方协定具折缮呈》（1929年1月21日），武汉市档案馆藏，档案号：99-1-254。

围，但湖民及其他来往船只得由铁路桥孔至多子桥自由出入。

依据县志所载，查铁路堤内之沙湖不在余家湖范围以内，应划归官有。但沙湖之鱼准湖民207户共取，沙湖港北之藕准由湖民承租，沙湖港南之藕应由官厅另行发租。

小沙湖系另一部分，划归官有。①

"承佃耕种"条款表明湖民失去了通过层层上诉得到的官方对湖地权利的认可。前揭佃权是一种类似"田面权"的不完全所有权，与之相对的是可以收取租金的"田骨权"，后一种权利显然保留在官产局方面。这等于说官方保留了对土地所有权的请求权。

"湖民及其他来往船只得由铁路桥孔至多子桥自由出入"的条款限制了渔业船只泊靠的权利，进而消除其通过泊靠获得地上权的可能。

堤内沙湖和小沙湖划归官有则在限制湖民水面权的同时进一步否认其对湖底的请求权。

作为纠纷结束的标志，湖民所持雍正六年红契及同治元年盖印合同被宣布作废，划分余家湖官民产业执行委员会发给230户管业执照，以证明其产权。② 执照样式如图1所示。1930年《土地法》公布后，余家湖的地权经过1933年开始的土地测量和地籍登记得到固定。③

四 余论

本文简单梳理的清末民初余家湖土地权利纠葛，从一个侧面反映了前近代王朝体系下多重的土地业权在向近代司法意义上的土地所有权转变过程中存在的问题。

---

① 《划分余家湖产业执委会为官民产业水面划分条款业经协定具折赍请备案》（1928年12月），武汉市档案馆藏，档案号：99-1-254。
② 《余家湖划分产业委员会詹渐逵等呈为喻祖述等请撤销红契合同发给执照等情》（1929年1月22日），武汉市档案馆藏，档案号：99-1-254。
③ 湖北省政府秘书处：《湖北省政府行政报告》（1933年9月），湖北省档案馆藏，档案号：Ls1-1-53。其中记载："1933年8月初完竣余家湖三角图根，随即开始多角图根测量，9月仍继续进行，计完成干道线八条，约120点。"但测量与登记并没有完全解决问题，其留下的隐患仍会在抗日战争胜利后的严酷政治经济条件下再次凸显。

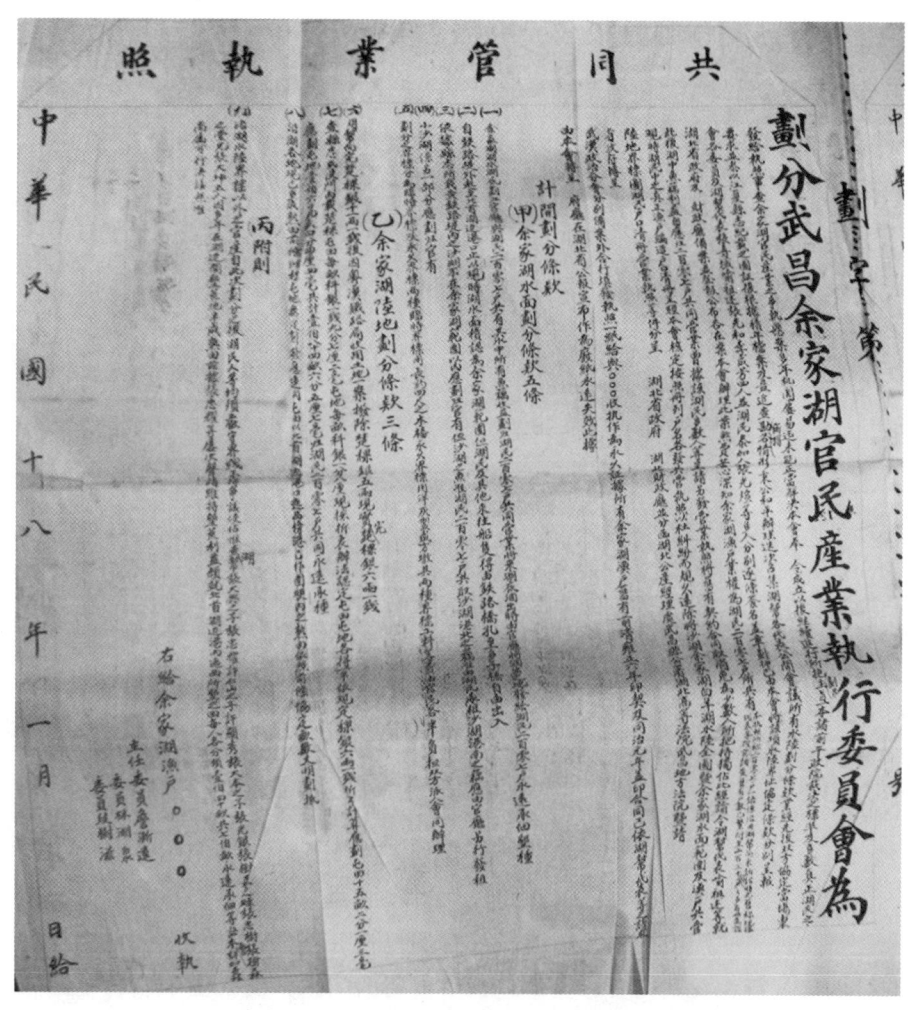

图 1　划分余家湖官民产业执行委员会执照

首先，法律观念与社会现实的脱节，造成大量可以被诠释和运作的权益空间。对于新淤湖地，修筑堤防的地方政府与缴纳渔税的渔民都有理由进行支配，这基于其各自不同的土地权利。前近代的土地权利关系，各种业权共同存在，看似土地权属清晰。但造成了对土地利用的固定化，一旦土地状况出现变化，制度性的调节必须依赖地方政府的作为。但近代社会有效运行的根基却是独占的所有权制度，只有解决这个问题，才能真正释放出所有权人合理利用资源的潜力。在清末的社会政治形势下，这种政府行为有太多可以操作的空间。在余家湖逐渐淤积的过程中，利用淤浅的湖底种植莲藕，这种业权在前代遗留的契约与碑册记载中都没有见到。然而对其的认定，却成为不完全的土地所有权业权向完全的土地所有权转化过程中矛盾的焦点。

其次，城市土地权利的变化对地方社群有很大的分化作用。前近代的土地业权下，从事不同生计模式的人可以共有同一片土地或者水面。余家湖的湖民，依据其持有的契约原本分为四帮，从事的生计也应有水乡田种植和渔业内部的具体分工。然而在湖底淤积的过程中，官方介入后，先出现了佃种垦殖的营佃，然后是利用淤浅湖底种植莲藕的公司。这为官民产业划分的过程中湖民代表分为渔帮、官佃、业主三种提供了现实基础。在具体的划分过程中还可以窥探出，湖民领袖与参与诉讼的其他湖民之间利益也并非一致。这些群体的权利已经超出原本的自组织"渔帮"和"湖帮"的调节范畴，官方在其中的协调作用较之前而言变得重要。

然而，作为自张之洞筑堤、清丈、"自开商埠"等一系列土地国有组织和行为的其中一部分遗产的继承者，公产经理处及其活动也揭示出土地国有的意图和倾向并未随民国建立而彻底消失。

民国初年余家湖官民产业划分执行的最终结果在事实上否定了平政院的裁决书。这表明脱离实际环境的司法理论在司法实践中面临的困境，不仅仅是来自官产局的官方背景，更在于现实存在的多重业权，生计方式与利益关系的区别使得湖民群体容易被分离。而这是一种现实的困境。

然而，需要指出的是，虽然湖民在平政院裁决中取得的短暂胜利，因未能解决现实的困境而在执行阶段被打了折扣，但也不得不承认他们这种自发的确权行为及其在实际操作过程中遭遇的问题，值得当下农村土地经营权的确权工作借鉴。

作者：陈玥，江汉关博物馆

·区域体系与经济发展·

清代前期北京的粮食供给制度

邓亦兵

内容提要：清代前期继承自明代的漕运制度，解决了刚进京的政府官员和八旗官兵的口粮问题。漕运是政府制定的一项经济制度，是政府集中行政力量进行的资源配置，也是京师粮食供给制度。实际上，清代前期以皇帝为首的各时期政府并非固守制度不变，而是针对实际情况，欲对制度做一些变更，他们坚持的原则是因时制宜。只是改革遭到既得利益集团的反抗，政府欲对漕运制度变革但没能成功。

关键词：清代前期　北京　粮食供给制度

制度是人们行为的准则，这里的制度是与粮食市场有关的具体制度，一般由政府①制定，自上而下实行。漕运是历史上一项重要的经济制度，即政府从南方一些省份征收粮食，然后利用运河或海运输往京城，供给政府官员、官兵及其家属消费。这种粮食称漕粮，漕粮的运输称漕运。关于漕运制度，前人已经进行了多方面的深入研究。倪玉平总结了前人对漕运概念的界定，这里不再赘述。② 李文治、江太新指出："漕运制度是在南北农村经济发展不平衡、京师需求大量粮食供应的条件下出现的。"③ 另外，还有于德源对北京漕运的专门研究。他提出："北京地区有文献记载的漕运始自东汉初年。"以后十六国、北朝、隋、唐、五代、宋、辽、金中都，

---

① 政府指以皇帝为首，由朝廷中央各部大臣及各省级地方官员组成，行使国家权力的机构；中央集权是形式，专制体制是本质。
② 参见倪玉平《清代漕粮海运与社会变迁》，上海书店出版社，2005，第7~11页。
③ 李文治、江太新：《清代漕运（修订版）》，社会科学文献出版社，2008，第2页。

北京地区均有漕运供应的粮食。元、明两朝建都北京后，漕运制度中的仓储逐渐完善。"清朝继元、明之后定都北京，其京仓是在元、明旧物的基础上改造而成。由于自金朝以后，经北运河运到今北京（当时称中都）的漕粮都是经过通州（今北京通州区）枢纽，然后转入通惠河（金称闸河）抵达京师，所以自金代就开始在京师内外和通州两地分设仓群，习惯上称京、通二仓。实际上都是京师太仓的一部分。这种格局一直持续到清朝灭亡。"① 清朝建都北京之后，政府中的各级官员及其家属、军队及其家属人员的口粮，是必须解决的问题。因此，清代政府继承明制，推行漕运制度，解决北京城市的粮食供给问题。漕运制度包括征收、运输、仓储等部分，与北京城市有直接关系的主要是漕粮仓储和分配制度，本文主要探讨漕运制度中仓储一项。

一

对于京、通二仓的设立数量，于德源、李文治、李明珠②都有论述，这里不再赘述。京、通二仓的不同，在于"通仓规模比一般京仓的规模要大，这是和通州作为漕粮入京转运枢纽的地位分不开的"。③ 李明珠说，"尚未弄清京通二仓之间职能上的差异"；④ 而于德源专述了清代京、通二仓的设官、职能等问题，指出二仓在这方面的不同，京、通二仓由户部云南司兼管，设总督仓场侍郎。仓场衙门下分设京粮厅和坐粮厅，各仓还有仓监督，均指派八旗官兵驻防，担负守卫之责。京、通二仓主要是支放官员的俸米和旗兵的甲米，所不同的是，二仓在分配、支领俸、甲米的变化。最初，因"北京至通州之间交通不便，漕粮转输困难，所以王公大臣和八旗兵丁都要到通仓支领俸甲米，自运回京"。后来通惠河水路畅通，"京仓储粮充足，于是王俸、官僚禄米石仍在通州支领，收入低薄的八旗兵丁的甲米则改在京仓就近支领"。乾隆五十

---

① 参见于德源《北京漕运和仓场》，同心出版社，2004，第321、424~425页。
② 〔美〕李明珠：《华北的饥荒——国家、市场与环境退化（1690~1949）》，石涛、李军、马国英译，人民出版社，2016，第189页。
③ 于德源：《北京漕运和仓场》，第325页。
④ 〔美〕李明珠：《华北的饥荒——国家、市场与环境退化（1690~1949）》，第189页。

九年（1794），规定"贵族、高官的资财雄厚，就仍令自出脚费，在通仓支领俸米"。嘉庆元年更改官员支领俸米例，"官员应领俸米"中"白粮概行划归，在通领米之王公大臣支领"，再"将王公大臣应领粳米，抵给文武各员"。①

对漕粮运入京城的数量，法国学者魏丕信的研究指出："从最大限度上讲，北京和通州每年预期可得到的漕粮数量等于各省缴纳的数额。星斌夫提供的康熙朝的总数是396.03万石（328.35万石运往北京，67.68万石运往通州）。欣顿（Hin-ton）（全汉昇和克劳斯引用了他的数字）提出，1829年为348.25万石。普莱费尔（Playfair）从《大清会典》中找到的1818年的数字相当低，总额为米2132959石，麦56724石，豆209423石。其他资料的说法各异，有400万石（清代最初的数额），3217024石（《大清会典》，1753年的数字），3205140石（《户部则例》，1851年？）。总的来看，对于18世纪来说，320万石这一数字看来是比较合理的。"② 李文治提出："顺治三年全国北运京师的漕粮约在90万石左右。"③ 刘小萌指出，康熙二十四年（1685），实运289万石；雍正四年（1726），实运329万石。④ "嘉庆以前每年平均在400万石以上，或接近400万石。道光之后逐渐减少。"⑤ 倪玉平也指出，漕粮征收量是不够的，乾隆十八年（1753）也只有352万余石。"其他绝大多数时间，全漕目标很难达到。"⑥ 应该说，漕粮运至北京、通州的实际数字，各年是不一样的，以上学者的估算和看法也都有其依据。但是从京、通二仓储粮的角度看，漕粮的实际数量是足够供应京师的。

应该说，运粮量与仓储量不是一回事，每年漕粮运量并不一样，因为运粮量受诸多因素的影响，有时征收不足额，或运输中损坏以致缺额，或者部分截留。不过漕粮运入京、通二仓后，经支放分配，还会有一些余

---

① "嘉庆元年六月庚寅"，曹振镛等纂修《清仁宗实录》卷6，中华书局，1986，第126页。
② 〔法〕魏丕信：《18世纪中国的官僚制度与荒政》，徐建青译，江苏人民出版社，2002，第233～234页。
③ 李文治、江太新：《清代漕运（修订版）》，第34页。
④ 《旗务积略》，转引自刘小萌《清代北京旗人社会》，中国社会科学出版社，2008，第278页。
⑤ 李文治、江太新：《清代漕运（修订版）》，第43页。
⑥ 倪玉平：《清代漕粮海运与社会变迁》，第31页。

剩,每次剩余粮续存在仓中,所以粮仓储量可能是逐渐增加的。粮仓能贮存的粮食量,与粮仓厫的个数有关。康熙二十三年(1684)五月,总督仓场查罗沙赖等奏称:"京八仓厫座贮米已满。"① 六十一年(1722)十一月,和硕雍亲王疏言,运京仓之米,"通共五百六十二厫。又有院内露囤共十五围"。建议增建42厫。② 后来,雍正帝追忆,"先因京师米价腾贵,皇考宵旰焦劳,特命朕查视各仓。彼时见仓粮充溢,露积不少,因请将应行出仓之米,迅速办理"。当时命"监督张坦麟、陈守创等,会同仓场总督带领工部贤能司官,将仓厫确实料估,应修补者,速行修补。应添建者,于明岁春初添建。所需钱粮,动用捐贮驿站银两,其应否补项之处,再议"。③ 雍正时,政府认为,"京师人民聚集,食指浩繁,米粮关系重大,储备不可不多"。④ 正是政府多贮漕粮,多建仓厫的措施,使得其间漕粮存储量不仅大,且新建了不少仓厫。四年(1726)十二月,仓场侍郎托时疏言,"今通州大西、中南两仓,存贮稷、粟米石,足支数十年,厫座不敷,新粮多系露囤"。他提出了改兑稷米、存贮京仓等解决办法。⑤ 六年(1728)七月,总督仓场岳尔岱等奏称,"储畜〔蓄〕充盈,京仓厫座不敷,请添建以为收贮之地。"政府命工部相度地方,新建仓厫。七年(1729),巡视南城御史焦祈年奏内称,"各仓所贮米厫旧例每厫一万一千六百石,缘雍正六年到通粮多,厫座不敷,归并加添,所以有一万三四千及一万六千石不等"。⑥ 九年(1731),大学士蒋廷锡奏称:"京、通各仓共存历年漕白一千三百五十八万石,计每年进京、通仓正耗米四百余万石,除支放俸饷等项三百余万石,约可剩米一百余万石。今京通仓厫座俱

---

① 雍正《漕运全书》卷19《京通粮储·历年成案》,北京图书馆古籍出版编辑组编《北京图书馆古籍珍本丛刊》"史部·政书类",书目文献出版社1989年雍正抄本影印本。该书凡例中有"旧本修自康熙初,兹续修至雍正十三年","是书遵照□奏,修至雍正十三年为止"。
② "康熙六十一年十一月丁亥",马齐等纂修《清圣祖实录》卷300,中华书局,1985,第900页。
③ "康熙六十一年十一月丁酉",鄂尔泰等纂修《清世宗实录》卷1,中华书局,1985,第35页。
④ 允禄等编《清雍正上谕内阁》第1函,内务府藏雍正九年刻本,康熙六十一年到雍正七年上谕。
⑤ "雍正四年十二月辛酉",《清世宗实录》卷51,第761页。
⑥ 雍正《漕运全书》卷21《京通粮储·历年成案》。

充盈。"① "京仓之米足支五年。"② 至十一年（1733），"经仓场奏明，将存仓籼米发粜一百万石，节年粜卖十万余石，尚存未粜米八十余万石，均雍正三年以前陈积，其间多有气头廒底，亟需售粜"。③ 乾隆时，政府仍然是多储粮，多建仓廒的做法。六年（1741）八月，总督仓场侍郎塞尔赫等奏称："京仓廒座，不敷积贮，请于京城内外，建廒九十八座，以足新旧千座之数。"被批准。④ 后来英国使者到通州，见"城内有几个大粮仓储藏着各种粮食。据说永远储备着足够首都几年需用的粮食"。⑤ 到嘉庆时期，米粮储备更加富裕。四年（1799），据仓场侍郎称："全漕到通每年积存米六十万石，积至嘉庆十四以后，京仓即可盈满。通仓现有廒二百五十座，计可贮米二百余万石。"⑥ "节年均有轮免漕粮省分，是以到通漕米比之往年较少。然仓储并无不敷，至明岁以后，则全漕抵通，源源挽运，倍臻饶裕。"⑦ 有学者统计，在康熙二十二年（1683）至嘉庆十七年（1812）的130年间，乾隆以前的54年，"增仓廒867座"。"三十六年裁通州20廒。" 乾隆三十七年（1772）至嘉庆十七年的41年间，修建了1000多廒，其中很难分清是建还是修，所以只能说是不断增廒的。同治四年（1865）才开始减廒。⑧ 道光时期，虽然运到京城的漕粮比以前减少了，但仓储粮食量还是丰足的。十六年（1836）六月，御史万超奏称，"漕粮正额不足"。⑨ 而铁麟等奏称，"朝阳门外太平、储济、万安、裕丰四仓，现贮米石较之城内七仓，多至一两倍。新粮抵通，难于照例拨派。"后决定："所有道光

---

① 雍正《漕运全书》卷22《京通粮储·历年成案》。
② 《雍正九年二月初六日湖广总督迈柱密奏折》，中国第一历史档案馆编《雍正朝汉文朱批奏折汇编》第19册，档案出版社，1986，第968页。
③ 载龄等修纂《钦定户部漕运全书》卷65《漕运额征·兑运额数》，顾廷龙主编《续修四库全书》第837册"史部·政书类"，上海古籍出版社2002年影印本，第380页。
④ "乾隆六年八月癸卯"，庆桂等纂修《清高宗实录》卷148，中华书局，1985，第1136页。
⑤ 〔英〕斯当东：《英使谒见乾隆纪实》，叶笃义译，上海书店出版社，1997，第302页。另书记载了英使来华时间，为乾隆五十八年（1793），见〔英〕爱尼斯·安德逊《英使访华录》，费振东译，商务印书馆，1963。
⑥ 祁韵士：《议驳通州裁仓折》（嘉庆四年六月初二日奏折），《己庚编》卷上，《丛书集成续编》第50册"社会科学类"，台北，新文丰出版公司，1989，第532页。
⑦ "嘉庆六年九月庚子"，《清仁宗实录》卷87，第157页。
⑧ 蔡蕃：《北京古运河与城市供水研究》，北京出版社，1987，第170页。
⑨ "道光十六年六月壬申"，文庆等纂修《清宣宗实录》卷284，中华书局，1986，第389页。

十五年秋季、十六年春季，八旗文职四品以下、武职三品以下官员俸米，准其援照旧案，改由城外四仓支放。""八旗甲米，于外四仓应行轮放之外，接续多放两轮。俾得疏通旧贮，即可拨进新漕，以速转运而利回空。"① 从中也透漏出满仓的信息。另据魏丕信的研究，"有时由于粮食源源不断地到达，而京城和周边地区的粮食需求相对不足，即粮食供大于求，造成运河北端地区仓储设施的紧张"。② 李文治也指出，通州各仓积贮粮"清初至乾隆为前期，存粮最多；嘉庆、道光两朝为中期，积存渐少，然仍能支应"。③ 李明珠亦有同样的观点。④ 可见，京、通仓储存粮食的数量比较多，且足够京城人食用多年。

由于储存粮爆满，政府开始考虑暂停漕运的变革。康熙三十年十二月，康熙帝问大学士京师粮米储存有多少。他说："思完纳漕粮一项，小民良苦，亦欲特赐蠲征，此念已久。"令大臣对此议奏。⑤ 大学士等回复："确查米数，现今仓内储米七百八十万石有奇，足供三年给放。"康熙帝称欲蠲免30年漕粮。大臣们奏称，"京师根本重地，漕粮输挽关系国计，似难轻议全蠲。况五方杂处，人烟凑集，需用孔多，若一年停运，米既不能北来，百货价值亦将腾贵。"或者可以各省轮免二三年。康熙帝称："朕急思轸恤民生，于都城人民食用之需，未曾计及。"就此同意大臣的意见，没有蠲免漕粮。⑥ 从中可以看出，政府有意改变漕运的制度。

雍正时，政府"念京通各仓积贮丰裕，欲纾输将之力，恤挽运之劳。又欲民间受折征之益，弁丁无停运之累，以岁运漕粮作何变通之处，行令漕臣筹划"。⑦ 实际是雍正帝看到"京仓之米足支五年，是以敕议折征"。"议停各省漕运。"当时"密咨南北抚臣，并行布政司粮道议复"。"将正

---

① "道光十五年闰六月丙子"，《清宣宗实录》卷268，第121页。
② 〔法〕魏丕信：《18世纪中国的官僚制度与荒政》，第235页。
③ 李文治、江太新：《清代漕运（修订版）》，第43页。赵蕙蓉称："道光年间，京仓已出现连一年积储也没有的现象，当年漕运一有延误，京师便无法支放官兵粮饷。"赵蕙蓉：《晚清京师的粮食供应——晚清北京社会问题剖析之一》，《北京社会科学》1996年第1期。道光二十年以前，似未见这种记载。
④ 〔美〕李明珠：《华北的饥荒——国家、市场与环境退化（1690～1949）》，第190～191页。
⑤ "康熙三十年十二月辛巳"，《清圣祖实录》卷153，第694～695页。
⑥ "康熙三十年十二月壬午"，《清圣祖实录》卷153，第695页。
⑦ 《雍正九年正月二十四日江西巡抚谢旻奏折》，《雍正朝汉文朱批奏折汇编》第19册，第864页。

耗米石全以每石七钱折征。其漕船仍给岁修,量留旗丁水手数名看守,该丁等酌给口粮,运弁亦给养廉,俾无停运之累。"时任漕运总督的性桂提出不同意见,他曾任巡城御史,知道京城"万方辏集,食指繁多,运丁之有余耗者,可以粜济民食,倘或全停,米价恐贵,若以通仓两年之余米,平价出粜,似不必令民折征,而仓储可免红腐之虞矣"。① 江西巡抚谢旻也奏称:"南北货物多于粮船带运,京师借以利用,关税借以充足,而沿途居民借此为生理者亦复不少。若一停运,则虽有行商贩卖贸迁,未必能多,货物必致阻滞,关税亦恐不无缺少。"② 总结他们反对的理由如下:首先,怕漕船朽坏不可用。若将来复粮运,船不能使用。其次,若漕运停止,以此为生的民众会失业。再次,如果全征折色,大批原粮在民间销售,谷价贱,则伤农。最后,京城需要漕粮,否则米价上涨,百货昂贵。因为是密折奏报,所以笔者能看到的奏折不多,估计大多数官员都是反对的,所以这次漕粮折征之议没能推行。

嘉庆时,铁保等人提出将俸、甲米"十成中,酌折二成银两"发放的意见,嘉庆帝"觉其事窒碍难行,特以集思广益,不厌精详"。"不妨据实直陈,以备采择。"户部、八旗满洲都统、仓场侍郎等均各抒己见,似乎未见支持的意见。他们说:"京师五方辐辏,商民云集,本处产粮既少,又无别项贩运粮石,专赖官员、兵丁等所余之米,流通粜籴,借资糊口。"如果"改给折色二成,不惟于八旗生计,恐致拮据,即以每岁少放米五十余万石计算,于商民口食之需,亦多未便"。改折发放,不但市场上的粮食少了,而且仓储中的粮食也会陈陈相因。③ 铁保提出了漕粮折征发放的意见,实际也是对原有漕粮分配制度的改革,但最终被否定。

二

清代前期政府继承明代的漕运制度,供给京城漕粮。漕运制度本身

---

① 《雍正九年二月初六日湖广总督迈柱密奏折》,《雍正朝汉文朱批奏折汇编》第19册,第968页。
② 《雍正九年正月二十四日江西巡抚谢旻奏折》,《雍正朝汉文朱批奏折汇编》第19册,第864页。
③ "嘉庆十三年二月己巳",《清仁宗实录》卷192,第533页。

有许多弊端，且因延续时间长久，特别是在执行中弊病更多。这些弊病早在明代就存在，清代前期并未见有多少改变。由于前人专门对清代漕运制度进行了全面研究，还有学者对其中与京城有关的部分，即最后的运输、存储阶段的弊端，有详细探讨。① 本文不再赘述。这里专门对仓储支放漕粮方面的制度弊病，引用清前期京城的具体资料和案例，进行简要梳理。

制度的弊端之一是官、吏、商相互勾结，贪占漕粮。

雍正时，刘康时在中城居住，任工部灰户，即政府雇用商人。其"包揽京、通十一仓工程"，"先后领五万两银"。后来工部奏报，工料已领，只剩4000余两，但工程完成尚不及1/10。虽然刘康时不承认与人瓜分银两，但表示以后不再领款项，变卖家产也要完成工程。② 估计其中必有问题。且雇用刘康时的总督李瑛贵也有贪污问题。有人揭发，"访得国柱系总督李瑛贵派委侵夺坐粮厅职掌一切，验米起卸不由满汉坐粮厅作主，国柱从中掣肘，每船分外需索旗丁使费银二三两不等，以致起卸迟延"。李瑛贵"令经纪宛君甫、张公玉"等人"包揽科派，在大通桥现立官柜，每船旗丁另派钱三千余文"。③ 另据经纪宛君甫等人供述，"今年六月内，不记得日期，总督李瑛贵将我们经纪传到他家，向我们商议运粮进仓，要节省二万钱粮之事"。侯国柱出主意说："你们经纪头目十人，在大通桥设局立柜，分作两班，轮流居住，将各经纪所要旗丁的钱收来，运米进仓交了钱的旗丁米虽些须差些，将就收了罢，仓内用的两吊八百钱是少不得的。"于是经纪头目"在大通桥设局，立柜收钱。除每船要仓买钱两吊八百文外，又要钱一千二百余文，以备柜人盘费之用。""每船看米多寡要钱，四千、三千、二千不等。"并由家人张四向经纪收八十千钱，送到总督李家。④ 后来又揭发，仓役利用没有详细规定粳、稄、粟各米色的具体数量，而提出"米色不同，价值亦异"。"每有不肖仓役，勾通拨什库等役，从中

---

① 于德源：《北京漕运和仓场》，第352~369页。
② 《雍正元年六月初八日仓场总督陈守创等奏折》《雍正元年刑部尚书佛格等奏折》，《雍正朝汉文朱批奏折汇编》第1册，第396~397、603~605页。
③ 《雍正元年七月二十三日吏科给事中崔致远等奏折》，《雍正朝汉文朱批奏折汇编》第1册，第694页。
④ 《雍正元年八月初一日多罗贝勒阿布兰等奏折》，《雍正朝汉文朱批奏折汇编》第1册，第744~747页。

贾利，以粟易稄，以稄易稉［粳］，互相分肥，成为通弊，竟相沿有换色之名，牢不可破。"①

乾隆十九年（1764），步军统领阿里衮奏称："有奸民包揽打米，内外勾通，每石勒取钱一二百之多。"其中北新仓"监督德昌家人韩八，串通搂包花户祁盛等"人，"包揽打米四百余石，每石索取制钱五十文"。据北新仓监督刑部主事德昌家人韩八供述，"五月十八日有认识的祁盛，向小的说有包衣甲米四百八十三石，烦小的替他仓内照应，打些好米，每石给使用钱八十文，小的应允"。祁盛供述："系大兴县人，因无营业，每逢开仓放米，小的同伙计李五、王二、闫大、曹三，替旗人包卖些米，每石希图赚钱一二十文，大家分使。"车夫刘老儿供述："五月十八日，有正黄旗包衣披甲人来生单四，雇小的车在北新仓拉米，叫小的托人替他打好米，除脚价外，讲定每石使用廒钱一百文，小的就向搂包人祁盛说明，替来生打了老米一百三十石，单四打了老米七十三石，他二人给了廒用钱二十吊零三百文，小的给了祁盛钱十七吊。"②"铺户包揽旗员俸米，兵丁甲米，与仓书、斗级，私自交结，赴仓支领，希图从中取利，其弊由来已久。"③

嘉庆时，自漕粮"抵坝贮仓以后，该仓场侍郎以及监督等官，均不知慎重职守，历任相沿，因循废弛，怠忽疲玩，遂至搀［掺］和，抵窃百弊丛生"。④御史余本敦参奏裕丰仓监督，"开仓后，辄自回家。封条交与花户封贴"。给花户等乘间舞弊的机会。⑤大兴县人赵维屏在东直门外菜市开设商铺，从八年（1803）至十年（1805）在海运仓充当挖勺头目。他与"定亲王府太监庄姓并春李结盟"，"与东城副指挥周连相好"。如"遇有打官司的人"，他可去托个人情。"每逢放米时，将廒内米石挖出，打做天堆，将好米堆在一面，次米堆在一面。有要吃好米的人，每石索要使费钱

---

① 《雍正元年八月初四日顺天府府尹张坦麟奏折》，《雍正朝汉文朱批奏折汇编》第1册，第752页。
② 《乾隆十九年六月六日户部右侍郎署理步军统领事务阿里衮奏折》，台北中研院历史语言研究所现存清代内阁大库原藏明清档案，档案号：A187-135，B104697-104700。
③ "乾隆五十七年四月乙巳"，《清高宗实录》卷1400，第780页。
④ "嘉庆十四年六月乙未"，《清仁宗实录》卷213，第856页。
⑤ 载龄等修纂《钦定户部漕运全书》卷64《京通粮储·支放粮米》，顾廷龙主编《续修四库全书》第837册"史部·政书类"，第363页。

九十文。"① 十六年（1811），"中城副指挥孔传葵，于该城米厂粜毕封仓后，擅自揭去封条，将粳［粳］米装载二十五石，拉至署内交卸后，复又至厂照数装运"。②

以下是一个发生在嘉庆年间的典型案例。

嘉庆十四年（1809）五月，福庆、许兆椿密奏，"通州中、西二仓所贮白米多有亏缺，并查有积蠹高添凤私用花押白票装米出仓，兼令伊弟高二桂名大班番子以为护符"。后经托津等官员调查，"西仓地字廒短少白米七百余石，中仓法字廒短少白米四百余石。此外廒座尚多，即分起抽丈，与原贮数目多有不符，约计一廒或短百余石、数百石、及千余石不等，米色亦多不纯，其中间有霉变"。③ 官员将高添凤等人抓捕，审问得知，通州人高添凤，原充任海运仓书吏，役满后于嘉庆三年（1798）由其弟高凤鸣充当西仓甲斗头役，至八年役满，高添凤的儿子高廷柱接充，至十三年（1808）役满，又叫其表弟赵长安接充。这十余年间，仓中事务实际由高添凤一人办理。他供称："仓里每年约进白米四万余石，定例总是先尽陈米开放，斛面微凹，放完后才能合数。"十年十一月，"因有应运京土米一万石，我止领出土米八千四百石，私自掉［调］换廒座，顶出白米一千六百石售卖，共得京钱七千余吊"。"白米到仓，原是书吏潘章经管，向来旗丁讲究使费，每船京钱二三十吊至五六十吊不等，就可包含米色斛面，每石少收二三升。每船一只，潘章只分给我京钱二吊四百五十文。"于是，他每次"向领米人每石索钱二三百至四五百文不等，放给好米并满量斛面，每石约多出米二三千。后来陈米渐多，只得偷换廒座支放"。十一年（1806）春季，高添凤与潘章商量，"私出白米三百石，卖得京钱一千八百吊"。他"叫攒典陈瑞亭、康连茹将放过米票不即销号，重领出来的，名为黑档"。十三年春季，他与"宋均、赵鹤龄商允多开廒票，私出米二千一百八十五石"。"秋季又私出米五百零二石。"十四年"春季又私出米五百二十石"。总计，高添凤在"仓十余年"，采取少收多出的办法，送内务

---

① 《嘉庆十九年六月初五日步军统领英和等奏折》，中国第一历史档案馆藏，《军机处录副奏折》，档案号：03-2233-005。按，下文所提《军机处录副奏折》均藏于中国第一历史档案馆，不再一一标注。
② "嘉庆十六年六月庚申"，《清仁宗实录》卷244，第301页。
③ "嘉庆十四年五月壬午"，《清仁宗实录》卷212，第845页。

府白米，二尖斛外加四升，后加至四大升；麻袋宽每石多装数升至斗余不等，"每年运米四千余石，其多出米数又不下四百余石"。有相关花户、人役、书吏在不同程度上参与其中。二年，充当中仓甲斗头役的通州人张连芳，有米局人收买俸票，到仓领米时，他每石索要钱二三百或四五百文不等，才放给新米，而每石多出米二三升不等。他说："承办十余年来都是如此，约每年多出米四五百石。"四年（1799）充当西仓花户鲁五承办运送内务府白米。"自十年起到今年春间止，共得过米三千余石。""每年白粮帮船共八十余只，每船交米四五百石不等。"九年充当西仓书吏潘章，需索旗丁京钱一千余吊，少收斛面。又收高添凤贿赂京钱四百吊，听任其私出黑档。十年充当西仓攒典宋均专门负责开假票私出米。① 后来官员总结称，"此案已满仓书高添凤、甲斗张连芳，盘踞西中二仓，私出斛面黑档，亏短白米十余万石，肆行无忌，实为从来未有之事。攒典宋均听从高添凤私出黑档，分用钱文二千四百余吊，赃数较多"。而"监督德楞额、玉通，听信家人怂恿，德楞额三次得受宋均京钱一千七百吊，玉通得受宋均京钱八百吊。又得受潘章京钱三百吊，遂任伊等在仓舞弊，于法实有所枉"。② 据官员奏报，本来步军统领衙门设立番役，是为了"稽查缉捕"，但是他们与"花户、库丁、炉头等挂名互充"的吏役，相互勾结。当发现"花户高添凤等侵盗通仓米石"时，官员禄康派令"番役前往访拿。该番役不但不肯指拿到案，直云并无高姓其人"。后得知，高添凤之弟高二，"现充番役"，特"恃为护符。"在查抄高添凤家产时，发现了镶玉如意。据审问得知，这是番役马凯送高添凤"母祝寿之物"。可见他们"平日之固结交好，串通舞弊情形显而易见"。③

在案件中，还揭发出一些既得利益集团与书吏、人役等人勾结，从中获利的情况。据官员奏报，各亲王、郡王、贝勒、贝子自行交代，礼亲王昭梿从嘉庆十一年起，共在通州卖米票五次。睿亲王端恩、豫亲王裕丰、肃亲王永锡、仪亲王永璇、成亲王永瑆、定亲王绵恩、顺承郡王伦柱、克勤郡王尚格、庆郡王永璘、贝勒永珠、贝勒绵懃、贝勒奕纶、贝勒奕绮、贝子奕绍"历年均系由通仓照票领出，除留食用外，余剩米石即在通州售

---

① 《高添凤及张连芳等七人供单》，《历史档案》1990年第2期。
② "嘉庆十四年七月壬申"，《清仁宗实录》卷215，第895页。
③ "嘉庆十四年六月乙未"，《清仁宗实录》卷213，第856页。

卖"。和郡王绵循"历年余剩俸米俱卖与东四牌楼（北十一条胡同西口外路东）孙姓广聚米局，及白庙（北路西）纪姓增盛（店）碓房"。荣郡王绵亿"历年均系由通仓照票关出，除留食用外，余剩米石俱卖与灯市口义合米局吴姓自行运京"。怡亲王奕勋"每年应领俸米俱由通仓照票关领，除本门上食用米石外，其余剩零米卖给通州德和米局。高添凤供历年承买米票"。贝勒绵誉十四年"春季在通州卖票一次"。贝勒绵志"历年均在通州照票领米，除本门上留用米石之外，余俱在通州米局售卖"。"惟本年春季本门上参领伦常保卖票一次。"① 尽管这些皇亲国戚出卖米票，不是都卖给高添凤，但是高添凤在嘉庆四年，"开设天增钱铺"。② 又与山东福山县人刘大，"在灯市口伙开天得兴米铺一座"。③ 九年，与通州生员曹文炯合伙"开德和米店"。"收买各官俸票赴仓领米，粜卖赚钱使用。"④ 高肯定收买了各官员大量米粮，据大学士董浩奏称，高添凤"买礼亲王米票五次，系在海姓、王姓、庆姓、和姓等手内承买"。⑤ 高添凤的天增钱铺，"曾陆续收买王、贝勒及各官米票"。他拿米票到仓领新米，每次量米时，都要"多出斛面，约计每年春秋二季多出米五六百石"。⑥ 最后，政府定案称："此案已满仓书高添凤、甲斗张连芳，盘踞西中二仓，私出斛面黑档，亏短白米十余万石，肆行无忌，实为从来未有之事。攒典宋均听从高添凤私出黑档，分用钱文二千四百余吊，赃数较多。""仓书潘章需索旗丁使费京钱一千余吊，少收斛面，又得受高添凤京钱四百吊，听其私出黑档，情节较重。"⑦

制度弊端之二，各层次的制度参与者，都利用手中权力，盗卖仓米。

盗卖仓米是他们贪污漕粮的主要手段。这不仅早已存在，且始终未停止。顺治时，政府重申"各仓发米时，挨次支领，如有车辆拥挤，及偷盗等事，拿送刑部治罪"。⑧ 并且有专门法律条例规定："偷盗米石例，从重治

---

① 《王贝勒贝子售卖俸票情形清单》，《历史档案》1990 年第 2 期。
② 《嘉庆十四年通州粮仓吏胥舞弊案》，《历史档案》1990 年第 2 期。
③ 《嘉庆十四年六月初一日步军统领禄康奏折》，《历史档案》1990 年第 2 期。
④ 《嘉庆十四年六月十二日仓场侍郎玉宁奏折》，《历史档案》1990 年第 2 期。
⑤ 《嘉庆十年大学士管刑部事务董浩等奏折》，《军机录副奏折》，档案号：03-2193-025。
⑥ 《嘉庆十四年通州粮仓吏胥舞弊案》，《历史档案》1990 年第 2 期。
⑦ "嘉庆十四年七月壬申"，《清仁宗实录》卷 215，第 895 页。
⑧ 托津等奉敕纂《钦定大清会典事例》卷 157《户部·仓庚》嘉庆朝，沈云龙主编《近代中国史料丛刊》第 3 编第 66 辑，台北，文海出版社，1991，第 7007 页。

罪。"① 康熙二十五年（1686）五月，"漕粮由大通桥运进京仓，有拦路戳袋偷抢米者；有夜间挖墙偷米者；有越墙进仓偷米者"。② 五十五年（1716），"通州中南仓长于德瑞盗白米一百六十石，交付民人冯二，卖给宣武门外米铺民人吴昭齐"。于德瑞让在通州开当铺之浙江人沈三，代"其拟写发帖售米"。沈三从中每石得银二钱。冯二是卖米经纪人，每石得制钱20钱。冯二拿样米和沈三的售米发帖，到宣武门外吴昭齐米铺，与吴昭齐"议定每石一两三钱。于八月初六日，卖二百石白米，沈三亲取银两以去"。九月"初一日，冯二又送来米一百石。初五日，送来此六十石米，卸米时被俘"。③ 另 "坐粮厅经纪张永隆属下押米大役李玉，普济闸撑船甲长陈二、薛回子、白四、刘大、王大、杨九等合伙盗米下船，各送回家之时"被官兵尾随拿获。他们"于普济闸地方陆续偷盗，自通州运至大通桥之老米一百六十九石五斗"。④

雍正二年（1724），通州民朱黑子和孙文德，于四月初二日黄昏时，"从大西仓北门西边，跳墙进去，意欲夜间乘空偷米出来"。被查获。他们供称："做贼有十几年了，也偷过好几次，年久记不清了。"⑤ 七年（1729）五月，雍正帝指出，"运丁人等繁多，素有恶习，如偷盗米石，挂欠官粮，夹带私货，藐视法纪，此向来之通弊也"。⑥

乾隆时重新对偷盗米石定例，⑦ 说明盗窃漕粮之事增多。四十二年（1777）八月，发生"通州船户梁天成盗卖漕米"案。剥船船户刘胜"伙同商谋之张士雄、薛天福"，"起意商同凿漏船底，偷盗米石"。⑧ 五十二年（1787）十一月，发生"通州普济闸船户车喜儿"和"柏大、王大、杨六、季六、薛七"等人，"偷窃运送漕米"。"巡役韩连升、宛宁，知情容隐，复拒捕伤差。""户车喜儿等，发往乌噜木齐，俱给兵丁为奴。""韩连升、

---

① 《王鸿绪密折汇存》，沈云龙主编《近代中国史料丛刊》第3编第18辑，第42页。
② 雍正《漕运全书》卷19《京通粮储·历年成案》。
③ 《康熙五十五年九月十四日步军统领隆科多奏折》，中国第一历史档案馆编《康熙朝满文朱批奏折全译》，中国社会科学出版社，1996，第1142页。
④ 《无时间步军统领隆科多奏折》，《康熙朝满文朱批奏折全译》，第1636页。
⑤ 《雍正二年四月初二日仓场总督法敏等奏折》，《雍正朝汉文朱批奏折汇编》第2册，第735页。
⑥ "雍正七年五月甲子"，《清世宗实录》卷81，第71页。
⑦ "乾隆十七年四月壬辰"，《清高宗实录》卷412，第388页。
⑧ "乾隆四十二年八月庚子"，《清高宗实录》卷1038，第911页。

宛宁身充巡役，于船户等偷窃漕米，既未先时查拿，及被顺天府役盘获。该差等复纠众抢夺米驮，拒伤府役，希图掩饰，情罪可恶。韩连升虽属首犯，例应拟绞，业经身故。其宛宁一犯，亦系拒捕伤差造意之犯，未便任其诿卸死者，致令幸免。宛宁，著改为应绞监候。"①

嘉庆六年（1801）十一月，有偷盗漕米王二、马大、杨大三人，他们称："伊等俱系官船雇觅水手，每日装送米石至大通桥交卸。"每当"夜间将米袋打开，每袋偷出米二三升，或一二升不等，随时吃用，所剩止有七石有零。"这样偷盗已经"两月有余"。② 同月，还发现有大兴县人张十、韩二等，在"东便门外二闸地方居住"，依靠"扛粮度日"。他们每日零星偷盗升斗米。③ 十二月，大兴县人罗三、刘三、郑八十等，均"在朝阳门外二闸地方居住"。他们被官方雇用，或做粮船上的水手；或是在粮船上撑船。他们有机会陆续偷盗粮船上的米，共四石之多。④ 同月，在禄米仓附近居住的正蓝旗汉军凌贵，伙同正白旗蒙古养育兵等，"偷出老米两半口袋，卖与开米铺之赵二，得钱五吊四百文分用。又于十四日夜，该犯等四人，仍旧爬墙进内，偷出老米四半口袋，卖与开米铺之王大，得钱十吊九百文分用"。⑤ 直隶饶阳县人王四"在关家坟孟大菜园居住，捡粪度日"。束鹿县人张三"来京在大有庄北边居住，种菜园度日"。他们共同偷盗丰益仓米。⑥ 又有保定府人王二，"在京推粪为生"。他在六年至八年的三年间，偷盗丰益仓米售卖。"六年十一月内偷窃丰益仓号房内稄米八斗，卖给添顺字号粮食店。""七年二月内，又偷窃老米八斗，亦卖给添顺粮食店。"三月"偷窃老米两半口袋"，"亦卖给添顺粮食店"。⑦ 同时，还发现

---

① "乾隆五十二年十一月乙丑"，《清高宗实录》卷1292，第332页。
② 《嘉庆六年十一月二十三日巡视东城御史书兴奏折》，《军机处录副奏折》，档案号：03-2348-030。
③ 《嘉庆六年十一月二十三日步军统领明安等奏折》，《军机处录副奏折》，档案号：03-2348-028。
④ 《嘉庆六年十二月初二日步军统领明安等奏折》，《军机处录副奏折》，档案号：03-2348-034。
⑤ 《嘉庆六年十二月二十五日步军统领明安等奏折》，《军机处录副奏折》，档案号：03-2348-039。
⑥ 《嘉庆八年六月二十日步军统领禄康奏折》，《军机处录副奏折》，档案号：03-2350-029。
⑦ 《嘉庆八年六月二十二日巡视北城御史济兰等奏折》，《军机处录副奏折》，档案号：03-2350-030。

有偷盗万安仓米贼，在"齐化门外大街，有窃贼拉运老米三石"。① 十一年，大兴县人孟大等四人，在高碑店居住。他伙同兄弟"在粮船上陆续偷得稷米共有九石多"。② 十五年（1810），漕船额外余米经商人贩运，又回到漕船上的情况较多，"商贩运米石，先串通经纪，假立发票，票内开写由某处运至某处，以掩盖其出境之迹。实则联车运载囤积乡村，赴天津一带售与漕船"。"各仓侵偷米石，借以消售，以致漕船得有弥补，遂有恃而兑运不足。"③ 十六年二月，"通仓向有钓扇偷米情弊"。"本月十二日，因查验各廒见重字白粮廒门板片脱落，形迹可疑。"官兵拿获偷米人耿狗儿等人。他们分别在十二、十三、十四日等，偷米四次。分别"卖给牛市东边饼子铺"和"南关刘痂子店"。④ 五月，太平仓和万安仓"有钓扇偷米情事"。⑤ 七月，谷大伙同广渠门汛守兵张泳升等人，"偷窃裕丰仓米石"。"又向拉运号粮之金大车上戳袋偷米，金大得钱纵窃。"从金大车上"约共偷稷米三石零"。以后他们又联合起来从裕丰仓后墙"进仓，在新收廒座内，偷得稷米一石零"。另先后"偷得稷米两半口袋"；"稷米三半口袋"。"共偷得仓内稷米五石零。"后"谷大在东便门号房陆续偷得粳米一石零。"家住"东便门外蓝靛村"的陈三、李九等民人，也参与偷米，他们偷得稷米一石零。⑥ 八月，驾漕运船的卢大等八人，"在齐化门号里偷得官口袋七条，又同萧大在船上偷过黑豆、小米各数斗，又偷得老米、稷米六袋，俱卖给马七分钱使用"。"又陆续偷得老米、稷米三半袋。"⑦ 道光四年（1824），仍"有偷漏米石"的事情。⑧ 十七年（1837），"高碑店、二闸两

---

① 《嘉庆八年六月二十九日稽查万安仓御史瞿曾辑奏折》，《军机处录副奏折》，档案号：03-2350-032。
② 《嘉庆十一年十一月十九日巡视东城工科给事中安柱等奏折》，《军机处录副奏折》，档案号：03-2355-020。
③ 《嘉庆十五年三月十九日掌江西道监察御史陈超曾奏折》，《军机处录副奏折》，档案号：03-1753-059。
④ 《嘉庆十六年二月十六日仓场侍郎玉宁等奏折》，《军机处录副奏折》，档案号：03-2361-007。
⑤ "嘉庆十六年五月乙酉"，《清仁宗实录》卷243，第277页。
⑥ 《嘉庆十六年十一月二十二日大学士管理刑部事务董浩等奏折》，《军机处录副奏折》，档案号：03-2362-049。
⑦ 《嘉庆十六年八月初八日巡视东城给事中龄倬奏折》，《军机处录副奏折》，档案号：03-2362-021。
⑧ "道光四年二月戊戌"，《清宣宗实录》卷65，第18页。

处"各船户偷米。"且各船户家中,俱有地窖藏匿漕米。"① 十八年(1838),"各仓漕米出入处所,匪徒串通看街兵役,于粮米车辆必由之处,并不修垫,且故意刨挖深坑,淤泥蓄水,觊觎翻车破袋,向车夫需索搬扛,肆行偷戳,营弁无从过问,街兵包庇分赃"。② 由于笔者未掌握详细资料,无法统计盗窃漕粮的数量,只能用当时人的话说:"各仓花户向有偷窃之弊。"③

制度弊端之三,回漕。

一些商贩将京城市场上的米粮,贩运出城,或将本应运到京城的漕粮,卖给漕运官兵、船户及兵丁。这些人就以所购米粮作为漕粮,再运回京、通二仓,称为回漕。张瑞威称:"所谓回漕的问题,在整个十八世纪中一直是一种谣言。笔者相信,由于北京和通州的漕米价格低廉,间被偷运回南,殊不出奇,但鉴于交通费用的高昂,加上官员的严密监察,贩运的路程不会太长而且偷运量也不可能太大。"④ 这是他误解了回漕之意,回漕并非将漕粮运回南方,而是回运到北运河沿岸漕船下卸漕粮的必经之地。御史程国仁奏称:"囤贮回漕米石,大半在通州迤南河西务、杨村一带地方。该处系粮运所经,为京内营城稽察不到之地,而运米出京,又总在回空全竣。访拿稍懈之时,各帮运丁,知于抵通前有处买补,遂于受兑时,折色短收。""奸商贩运牟利,于粮船经行处所,豫为囤贮,运丁等知有回漕米石可以买补,违例多带货物,未能如数受兑,亦属情事所有。"⑤ 道光时,巡视西城御史琦琛等奏称:"卢沟桥附近之黄土铺地方,有奸商贩运接济回漕。"并认为,"京师米价之贵,由于运米出外预备回漕,囤积地方,必不止黄土铺一处,自应严申门禁,以绝其贩米出城之路"。⑥ 一般来说,凡是回漕的米粮,都非新粮,米色不纯,破坏了漕粮制度。"回漕现象在清代始终存在,屡禁不止,耗费了大量人力物力运到京、通的漕粮,

---

① "道光十七年十月戊辰",《清宣宗实录》卷302,第711~712页。
② "道光十八年五月己巳",《清宣宗实录》卷311,第838页。
③ 李光庭:《乡言解颐》,中华书局1982年据道光三十年刊本影印,第39页。
④ 张瑞威:《十八世纪江南与华北之间的长程大米贸易》,《新史学》第21卷第1期,2010年3月。
⑤ "嘉庆十一年十一月壬子",《清仁宗实录》卷170,第217页。
⑥ 《道光十一年九月初六日礼科掌印给事中王云锦奏折》,《军机处录副奏折》,档案号:03-3119-042;"道光十一年九月丙辰",《清宣宗实录》卷196,第1090页。

市场价格竟然会比起运地低，以至于将米粮再从北方带回也能获益。"①

京城的回漕现象多在嘉庆之后。"凡仓粮出入均归察核，倘该监督等徇情滥收，花户人等，盗卖回漕，及米商、车户囤积包揽，种种弊端。"② "朝阳门外，接近仓廒已有开设米局十余处，每年值艘云集之时，向有回漕米之说。"③ 嘉庆十五年二月，给事中庆明等奏报："京城粳〔粳〕、稌、老米例禁外出，前因京仓所放多被米局收买，包办回漕。"④ 三月，御史陈超曾奏称："闻该商贩运米石，先串通经纪，假立发票，票内开写由某处运至某处，以掩盖其出境之迹。实则联车运载囤积乡村，赴天津一带售与漕船。此商人趋利作奸之积习，各仓侵偷米石，借以消〔销〕售，以致漕船得有弥补，遂有恃而兑运不足也。"因"附京居民宜于麦食，其携带升斗之米出城者，亦系卖与商户，图得微利。是商人贩运米石显系回漕"。⑤ 十九年（1814），各旗有驻扎在城外的营兵，还有居住在城外的旗人，他们应支领的米石，"均须由城内载运出城散给"。为了防止这些运出之米石，"影射回漕等弊"，政府特别定章，"凡各旗出米之先，须将城外该营房实驻兵丁花名数目，每名应领米石若干，以及屯居旗人户口应领米石数目，详细分析造册钤用都统印信，咨送本衙门核发各门验放等因，通行八旗都统查照施行"。城外王公大臣所建"园寓食用出城米石"，"随时知照本衙门，由本衙门办给米对牌一分，每分三段，中间一段令领米之人收执，其余两段分交门汛，核对放行。俟出米完竣之日，将对牌缴销。各工程处出城米石，办给照票，令领米之人收执，一张发给门官，一张照验放行，俟出米完竣之日，将照票缴销，以杜冒混之弊"。⑥ 同年，御史夏国培奏请，"严禁领米兵丁，不得在米铺囤积，及借空房堆聚"。政府认为，这样做多有窒碍。"该兵丁等领米之后，不能独雇车辆，即日运归，势不得

---

① 倪玉平：《清代漕粮海运与社会变迁》，第 492 页。
② 祁韵士：《议复查仓暨个票钱折》（嘉庆四年三月初九日奏折），《己庚编》卷上，《丛书集成续编》第 50 册"社会科学类"，第 527 页。
③ 祁韵士：《议奏仓场两议俸米折》（嘉庆五年十月二十八日奏折），《己庚编》卷下，《丛书集成续编》第 50 册"社会科学类"，第 599 页。
④ 《嘉庆十五年二月十八日巡视西城礼科给事中庆明等奏折》，《军机处录副奏折》，档案号：03-2143-022。
⑤ 《嘉庆十五年三月十九日掌江西道监察御史陈超曾奏折》，《军机处录副奏折》，档案号：03-1753-059。
⑥ 《出城米册对牌照票》，多罗定郡主等纂《金吾事例》卷 1《章程》。

不于附近米铺，暂行寄贮，或就肆中舂碓，皆情事所必然"，① 也为回漕创造了条件。二十二年（1817），有吏目朱学斐被派巡查铺户米囤事，便利用职权向铺户讹诈索钱。"将并未逾额米石，先行封禁，串通凑钱打点，怂恿已革巡城御史伊绵泰、萧镇分受多赃。"共索"制钱一百四十余千"。② 二十三年（1818），太平仓监督长来，刚上任半月，就"听信唐三怂恿，图得贿赂，令已满花户李兴石英入仓影射"。③ 道光十五年（1835）八月，经事中富彰奏称，"有回漕实迹"。"东直门出米甚多，均由各粮店发给，陆续运至长营村地方，再递运至通州城大斗铺，以便上船交纳。又有以羊骨挫灰，拌合粗米蒙混出城。"④ 十六年（1836）六月，御史万超奏称，"漕粮正额不足，买米回漕"。"有奸商自漕船回空以后，雇觅贫民男妇，升斗肩负，零运出城，至于家卫以南及杨村一带沿途僻静村庄，洒散囤积"，⑤ 以备回漕。

三

漕运是政府制定的一项经济制度，是政府集中行政力量进行的资源配置，也是京师粮食供应制度。从其功能和作用看，"京师王公百官禄糈，及八旗官兵俸饷，胥仰给于此"。⑥ 正是漕运制度，解决了清朝官兵进入北京后的食粮问题，客观上带给京城百姓所必需的日用商品。因而，清政府继承明代的这个制度也是顺理成章的事情。从统治者的角度看，这个制度在初设时，不仅解决了政府、军队的粮食问题，而且对京城百姓粮食和日用商品的供给，也起到一定作用，无疑是国家重要的经济制度之一。然而，政府推行漕运制度耗费的成本也是非常大的。"各省漕粮不顾程途遥远，糜费帑金运至京师。"⑦ "漕储为天庾正供，每岁征收七省漕粮，连樯转运，自漕运总督以下，分设多官，专司其事，经由大江河湖，

---

① "嘉庆十九年五月丙午"，《清仁宗实录》卷291，第974页。
② "嘉庆二十二年八月庚子"，《清仁宗实录》卷333，第399~400页。
③ "嘉庆二十三年正月庚申"，《清仁宗实录》卷338，第468页。
④ "道光十五年八月乙卯"，《清宣宗实录》卷270，第157页。
⑤ "道光十六年六月壬申"，《清宣宗实录》卷284，第389~390页。
⑥ "嘉庆十四年六月乙未"，《清仁宗实录》卷213，第857页。
⑦ 《雍正元年十月初五日总理事务王大臣允禩等奏折》，《雍正朝汉文朱批奏折汇编》第2册，第69~70页。

运道遇有汛涨浅阻,多方疏导,需费帑金不下数十百万。"漕运"舟行附载南省百货,若遇行走迅速,货物流通,商贾居民,咸资其利。偶值粮艘中途阻滞,则商船均不得越渡,京师百货亦因以昂贵。每年自春徂秋,申诫漕臣疆吏,经营催趱不遗余力。是漕粮为国家重大之务,劳费孔繁,乃趱运如此其难"。① 一方面有漕省份的人民需要负担很重的赋税;另一方面国家需要投入大量资金来运输,也是不小的负担。对此,政府是很明白的,所以当仓粮爆满时,也产生变更的要求。

通常来说,经济制度的推行是政府政治决策的结果。政府在推行制度的过程中也有其规律。仓米存储粮接近爆满时,康熙帝有暂停运粮之意。雍正、嘉庆时,提出实物漕粮改成折征银钱,或折银发放俸粮的办法,实际上都是变更漕运制度的意见,但遭到官员驳议,漕运制度也没能改变。乾隆帝对制度的变更提出了看法,"国家之事,屡次更改,忽行忽止,于体统亦属未合"。② 嘉庆帝也认为:"国家立法,皆有一定章程。若辄议变通,必滋流弊。"要求"循照旧章"办理。③ 这说明应维持已确立的制度,不能朝令夕改。后来,乾隆帝又提出:"国家立法调剂,原属因时制宜,非可援为定例。"④ 这里又提出了政府建立制度及推行政策的一个理念,即因时制宜。可见,制度在政府看来并非一成不变,而是因时势而变。且改变一次,也不能成为一个定例,只是因时而已。一般来说,制度需要一定的稳定性,才可信赖,但这种稳定性也需要根据具体情况而调整,否则制度就会僵化。任何一项制度都不是永远不变的,需要不断修改完善,只不过对于清代来说,一项经济制度的变革是非常缓慢的,需要较长的时间。

从本质上看,"漕运制度本身就具有一种反市场、反商品经济的特性"。⑤ 正是漕运阻碍了商品流通和商品经济的发展。当时在客观上其实已经具备改制漕运的条件,全国粮食流通量较大,不算漕运粮食量,只是民间粮食流通量,估计在6200万石,⑥ 供给北京二三百万石粮食,自然是不

---

① "嘉庆十四年六月乙未",《清仁宗实录》卷213,第857页。
② "乾隆三年八月戊申",《清高宗实录》卷75,第194页。
③ "嘉庆十五年七月甲寅",《清仁宗实录》卷232,第112~113页。
④ "乾隆二十五年二月乙巳",《清高宗实录》卷607,第820页。
⑤ 倪玉平:《清代漕粮海运与社会变迁》,第491页。
⑥ 邓亦兵:《清代前期商品流通研究》,天津古籍出版社,2009,第78页。

成问题的。只是大臣们更多的是从自身利益出发,不同意漕运制度暂时变更,这就是既得利益集团阻碍变革的结果。"围绕着这种制度,已经结成了巨大的利益集团,并在事实上成为阻止漕粮改制的重要力量。"① 是时,这类既得利益者,以"俸米岁支最多"的"亲郡王等",及"各王公家"为主,他们所得粮食"向皆售于粮店"。② 亲王、郡王、贝勒、贝子等皇亲国戚,和各类高级官员都是权力掌握者,也是利益获得者。他们已经不仅仅是单个人与商人勾结,更形成了有稳定获得利益机制的官商集团,这一利益集团非常强大,有稳定的暴利获得机制,想改变现实利益,是不可能的。此外,仓场监督,代兵丁支领甲米的领催,仓场中的厂书、花户,值守仓库的兵丁等各类人员,或利用自己掌握的权力,或利用职业便利,都在贪污漕粮,已经形成了群体化犯罪。每个与漕运有关的人员,都力图从漕运中得到好处,追求个人利益最大化,以致漕粮制度受到破坏而逐渐崩溃。政府本身最在乎的是权力稳固与统治集团的利益,即使客观经济条件具备,主观上也不敢轻易完全停止漕运,他们害怕这种经济制度和政策一旦停止推行,将不利于维持和服务该统治集团的利益。正如近代人的评论,"有因此欲折南漕者,则又不可。盖利之所在,民命之所以寄也。使尽去仓储,改归折色,似可杜此弊矣。而商人仍可于米价取赢,食米者依然受困。且皇皇帝都,倘不有此数百万之存储,万分之一,道途有梗,南米不以时至,北方杂粮决不敷用是安坐而待困也。是以仓储之法自三代至今,未之有改"。③

综上所述,政府通过制定制度配置粮食资源,尽管在一定时间内,有一定作用,但从长时段看,确实也对经济发展起到阻碍的作用。但值得一提的是,清代前期各朝政府并非固守制度,一成不变,而是因时制宜地欲对制度做小小的变更,这还是应该肯定的。只是改革遇到既得利益集团的反抗,力量之大,有时是难以预料的。制度的参与者,也是破坏者,他们都为一己之利,欲从制度中得到好处,这种力量是不能忽视的,从历史经验中可以得到借鉴。

作者:邓亦兵,北京社会科学院历史研究所

---

① 倪玉平:《清代漕粮海运与社会变迁》,第492页。
② 英和:《恩福堂笔记·诗钞年谱》,《恩福堂笔记》卷上,北京古籍出版社,1991,第28页。
③ 参见震钧《天咫偶闻》卷3,北京古籍出版社,1982。

弱政府背景下的商人组织与制度塑造:
以天津检查准备金案为中心

张百顺

内容提要:商人组织在制度塑造中的作用是行业协会商会史探讨的重要问题。本文通过对1920~1930年代天津检查准备案的探讨,透视了民国时期政府、商人组织在制度塑造中所表现出的复杂而微妙的关系。在制度塑造过程中,政府与商人组织之间并非简单的"二分法"式权力替代关系,二者之间存在着某种界限,而强制力在这种界限的划分中起着决定性作用。在强制力缺失的情况下,作为行业共同利益代表者行业组织并不总是能有效地推进制度塑造,其在制度塑造中的作用最终取决于理性个体之间的博弈。

关键词:商人组织 弱政府 制度塑造 检查准备金案

引 言

经济学、政治学和社会学的学者们由于研究视角的不同,对"制度"的定义也不同。其中,经济学中最广泛使用的定义来自诺斯,即"正式规则或非正式约束及其实施机制"。[①] 格雷夫则在诺斯的基础上,将遵守规则的激励以及随之而来的信念和规范置于分析的中心,并从制度产生行为秩序的角度出发,融会了以往关于"制度"定义的要素,提出了一个综合的

---

① Douglass C. North, "Institutions", *The Journal of Economic Perspectives*, Vol. 5, No. 1. (Winter, 1991), pp. 97 – 112.

制度观，即"规则、信念、规范和组织共同作用并导致（社会）行为秩序产生的一个系统"。① 在制度起源上，我们可以将制度分为两种：一是社会系统内部自发演化的结果；二是制度移植的结果。但二者至少有一点是共通的，即制度是一个促使行为规则形成的系统，规则、信念、规范和组织只有在导致行为产生时，才作为一项制度的组成部分。在这里，我们所着重关注的是移植性制度，其最初的形式是正式规则的引进或模仿（与非正式约束相联系的规范、信念是无法移植的）。根据制度产生行为逻辑，移植的正式规则本身并不成为制度，而只有在其与移植方的非正式约束互动后，并逐渐形成可产生行为秩序的制度系统时，移植性的制度才算最终形成。为研究问题的简便起见，我们将这一从正式规则的移植到行为秩序产生的过程称为制度塑造。

在市场经济中，企业是重要的市场主体，而作为一种基于共同市场利益的企业联合体，行业协会、商会等商人组织既是政府进行经济管理的中介组织，也在市场制度的塑造方面发挥不可或缺的作用。商人组织在制度塑造中的作用是行业协会、商会史探讨的重要问题之一，曾有学者从社会网络的角度，强调商人组织在制度塑造中的积极作用。② 本文将通过1920~1930年代天津检查准备金案，③ 探讨商人组织在制度塑造中起作用的内在机制，并借此透视近代中国政府、商人组织④在制度塑造过程中的复杂而微妙的关系。

一 检查准备金案的背景：弱政府下移植性 制度的执行效果

金属货币流通条件下的多发行制，是北洋军阀时期中国货币金融体制

---

① 〔美〕阿夫纳·格雷夫：《大裂变：中世纪贸易制度比较和西方的兴起》，郑江淮等译，中信出版社，2008，第26~32页。
② 参见郑成林《从双向桥梁到多边网络——上海银行公会与银行业（1918~1936）》，华中师范大学博士学位论文，2003。
③ 所谓检查准备金案是指20世纪二三十年代，在缺乏政府权威强制力的背景下，天津商会从稳定金融市场商界的整体利益出发，要求天津拥有纸币发行权的银行实行发行准备公开、定期检查等措施，从而倒逼其严格遵照政府制定的与货币准备相关法规律令的一系列努力，以及由此而引发的天津银行公会各会员围绕此事件展开的一系列行动。
④ 若非特别说明，本文涉及的商人组织主要是指天津银行公会和天津总商会。

的一个显著特征。① 货币银行学的研究表明，在金属货币流通的前提下，纸币（兑换券）是贵金属货币的代表，其信用的维持在于公众对其可兑现的信心，而可兑现依赖于准备金的充足；若准备金充足可靠，则纸币无异于现金，若准备金不足就会造成纸币贬值、物价上涨，有时甚至会引发挤兑风潮。② 因此，相对完善的纸币发行准备制度，③ 就成为金属货币流通条件下纸币稳定流通的必要条件。"纸币之流通全恃兑换以维信用，倘听其肆意发行，毫无准备，万一发生不测，市面恐慌，兑现者纷至沓来，危险殊难言状。查各国纸币条例，规定綦详，而于准备金尤为最严之监察，中国发行纸币，事属创图，万不可稍涉空虚，致失国家信用。"④

鉴于此，自晚清开始，历届政府对货币发行准备问题都非常重视，并开始以移植相关法规律令的形式，开始了纸币发行准备制度的创造过程。早在1909年，由清政府度支部拟定的《通用银钱票暂行章程》中就对纸币发行准备问题做了相对严密的规定。⑤ 后来，经过1910年5月的《兑换纸币则例》⑥ 和1913年4月的《中国银行监理官服务章程》⑦ 以及1913年12月的《各省官银钱号监理官》⑧ 的补充，到1915年10月12日，中华民

---

① 以天津金融市场为例，法币改革前，天津具有纸币发行权的银行，除中中交三行外，还有中南等九家银行。《接收中南等九银行钞票及准备金办法》（1935年11月25日），天津市档案馆藏，档案号：J0129 - 3 - 5023。这些银行的纸币发行权除由历届中央政府授予外，还有地方政府授予的，即河北省银行（成立于1928年，其前身为直隶省银行）。

② 兑现对于纸币信用的重要性在近代天津的金融市场上表现得尤为明显，有时甚至会因为拒绝假币兑现而引起纸币流通窒碍。例如，1933年，"河北省银行发现五元假钞，拒绝兑付，各同业惊疑。银行公会开会，商量对策并约王佐才来一谈，嘱其设法，以免发生风潮，但市上河北省钞流通已生障碍"。参见中国人民政治协商会议天津市委员会文史资料委员会编《卞白眉日记》第2卷，天津古籍出版社，2008。

③ 所谓纸币发行准备制度是指"纸币发行人按照法律所规定的办法，用价值相等的货币或其他有价值的东西存放在发行机关内，以备持有人随时来兑"。历史上，按照准备标的不同，曾出现过固定保证发行制、最高发行制、比例准备制等不同类型的准备制度。其中，比例准备制1875年创始于德国，自实行以来就成为金属货币流通条件下最流行的准备制度，也是近代中国试图构建的准备制度（参见杨端六《货币与银行》，武汉大学出版社，2007，第32~36页）。

④ 魏建猷：《中国近代货币史》，台北，文海出版社，1985，第161页。

⑤ 中国人民银行总行参事室金融史料组编《中国近代货币史资料》，中华书局，1964，第1075~1077页。

⑥ 《中国近代货币史资料》，第1052~1053页。

⑦ 周葆鉴：《中华银行史》，台北，文海出版社，1985，第79页。

⑧ 周葆鉴：《中华银行史》，第12~14页。

国财政部公布了以"注重准备,用杜弊端为宗旨"的《取消纸币则例》①;再到1920年6月,财政部公布修正的《取缔纸币条例》。至此,纸币发行准备既包括了准备规则,"各银钱行号遵照本条例第三条发行之纸币,至少须有五成现款准备兑现,其余五成准以公债票及确实之商业证券作为保证准备。其有特别情形,暂时未能依照前项规定者,须禀请财政部核办",又规定了检查办法和惩戒条例,"发行纸币之银钱行号,应每月制成发行数目报告表,现款及保证准备报告表,详报财政部,或禀由该官厅转报财政部","发行纸币之银钱行号违反第五条之规定,并不遵照报告,或报告不实者,应科以五十元以上五百元以下之罚金。违反第六条之规定,拒绝检查者,应科以一百元以上一千元以下之罚金"。此时,中国政府已建立起相对完善的关于纸币发行准备的法规律令。南京国民政府成立后,继承了北洋政府时期关于纸币发行准备的政策,并一直沿用到1935年法币改革。

经济学中有个普遍的假设,即政府是暴力的垄断者,它可以通过公正的司法来维持市场秩序。由此就会产生一个问题:既然纸币发行准备问题对于金融市场的稳定如此重要,并且政府也制定有相对完善的法规律令,为什么政府不去强制执行?要理解这一点,我们就必须承认,当时的政府并不总是那么强而有力。政府实际是在两个相互交错的舞台运转,第一个是国际舞台;第二个是社会舞台。判断政府权力程度的标准在于,国际舞台背景下,政府能在多大程度上使公众遵循其所制定的法规律令,其政策能在多大程度上达到预期的效果。② 与此同时,若我们把政府看作一个理性人组成的集团,则追求集团最大化利益就会成为其第一目标。因此,政府的权力程度和政府的理性选择就将成为影响政府执行这些法令的两个重要因素。前者关系到其强制执行法令的能力,后者则关系到其强制执行法令的激励措施。

北洋政府和南京国民政府在天津金融市场的权力较弱,它不仅受到各国租界政治的掣肘,③ 还遭到频繁的战争威胁。自1918年至1937年抗日

---

① 周葆鉴:《中华银行史》,第14~17页。
② 〔美〕米格代尔:《社会中的国家:国家与社会如何相互改变与相互构成》,李杨、郭一聪等译,江苏人民出版社,2013,第60~97页。
③ 不仅各外商银行受租界的庇护,就连华商银行也多落户于租界。据统计,1936年天津共计有银行47家,其中,46家行址设在租界。参见《天津市各银行行名地址清册》(1936年10月31日),天津市档案馆藏,档案号:J0025-3-000247-015。

弱政府背景下的商人组织与制度塑造：以天津检查准备金案为中心

战争全面爆发的近20年间，天津始终笼罩在战争的阴影之下。战争的背后是权力的更迭，频繁的战争意味着政府的可替代性增强，同时也意味着政府权力的削弱，即其政策强制执行力的削弱。频繁的战争更意味着掠夺性的财政政策。为了使自己的统治地位稳固或进一步扩大统治权，无论是中央政府，还是军阀控制下的地方政府都在参与一场关于财政资源的争夺战。① 他们获得财政收入的来源除了传统税收外，如关余、盐余和土地税等，还包括一些特殊的手段。这些特殊手段，除举借外债外，还包括发行国内公债和库券、要求银行垫款或向银行短期借款、操纵通货等。② 并且政府债券发行条例一般都规定，公债可以"随意买卖、抵押，其他公务上须交纳保证金时，得作为担保品"，并"得为银行之保证准备金"。③ 这样一来，近代天津纸币发行银行发生挤兑、停兑风潮的原因往往不在于准备不足，而在于其发行准备中现金准备太少，政府债券等有价证券比例太高。因此，可以说，政府掠夺性的财政政策正是其纸币发行准备相关法令不能推行的深层次原因。

既没有强制执行法令的能力，又缺乏强制执行法令的激励措施，虽然近代中国政府关于纸币发行准备问题的法规律令在正式条例或章程中也有所体现，甚至可以说比较完备，④ 但在实际施行中，这些法令对于天津纸币发行银行（简称发行行）来讲，只能是一纸空文。"津埠银行众多，发行钞票者类皆准备空虚，以故自直隶省银行倒闭之后，继之以丝茶、汇业、华威、农商、劝业等行，最近中南之风潮方度平息，乃蒙藏又已停兑，鄙人等皆系受害份子，每闻钞票挤兑有如魂魄惊飞，虽已倒闭者固皆有其倒闭之原因，然滥为发行，准备空虚，实为银行业普通之大病，往者不论，即如本埠最著名之某某大银行均号称资本五百万，实际尚未收足，乃其钞票发行数目，或与资本相等，或已超过资本原额，及一究其准备，其所谓信用素著者，现金不足三成，递降则不足二成者有之。"⑤

---

① 〔美〕齐锡生：《中国的军阀政治（1916~1928）》，中国人民大学出版社，2010，第125~137页。
② 来新夏：《北洋军阀对内搜刮的几种方式》，《史学月刊》1957年第3期。
③ 千家驹：《旧中国公债史资料（1894~1949年）》，中华书局，1984，第37~232页。
④ 张秀莉：《币信悖论：南京国民政府纸币发行准备政策研究》，上海远东出版社，2012，第22~49页。
⑤ 转引自张秀莉《币信悖论：南京国民政府纸币发行准备政策研究》，第17页。

当然，确有政府提出检查银行发行准备金的例子。例如，1927年9月15日，津海道公署致函天津银行公会检查各家银行的发行准备，但最终证明官方的这次行动只是为了获取向银行界借款的筹码。当时天津著名银行家，天津银行公会董事长卞白眉先生在9月17日的日记中这样写道："张影香来谈，谓张干青意在以二五附加税续借二百万元，以备省行自行兑现之用，且对于检查准备一节，可设法疏解。余答以银行甚愿政府检验，似无事疏解"，① 最终也只是由各银行象征性地具报了事。

政治学中国家与社会关系的理论强调，政府与社会组织之间关系的实质是权力的分配关系，并符合如下"二分法"：国家强则社会弱，国家弱则社会强。当政府失灵时，社会组织就会以积极行动来填补政府留下的权力空缺。鉴于切实进行发行准备对巩固钞票信用和稳定金融市场的重要性，当政府在政策执行中缺位时，"职司商界之中枢"的商人组织——商会就行动起来，积极推进纸币发行准备制度的实施。于是，就有了1920~1930年代的检查准备金案。

二 检查准备金案的经过

由于当时天津主要的发行行大多为天津银行公会的会员，② 因此，商会的行动必然与银行公会联系在一起。1922年，因受中法实业银行倒闭及中交两行挤兑的影响，天津市面震动，钞票信用大受打击。天津总商会从巩固钞票信用、维护金融全局稳定着眼，于1922年1月12日致函银行公会，其内容节略节如下：

> 查银行握财界之枢，操纵经济，百业所系。社会金融盈虚调剂，胥为利赖公益，所关国法，故加限制。……然银行之责大任巨，稍一不慎，牵动全市，影响所及，各处同受其累，最近如中法实业银行之

---

① 《卞白眉日记》第1卷，第459页。
② 截止到1923年底，天津拥有纸币发行权的华商银行有中国银行、中南银行、农商银行、边业银行、交通银行、劝业银行、保商银行、懋业银行、中国实业银行、热河兴业银行、察哈尔兴业银行、直省银行等12家。其中，除边业银行、热河兴业银行、察哈尔兴业银行等3家银行外，其余皆为银行公会会员。

弱政府背景下的商人组织与制度塑造：以天津检查准备金案为中心

倒闭及中交两行之挤兑可为殷鉴。敝会职司商界之中枢，夙夜未安，恒多警惕。今虽中交恢复，固系其筹划綦详，然终负未能预防之咎。是钞票之信用经此打击，则不能不求根本上解除忧虑，必须时求准备充足，以崇信用。故敝会再四筹议，拟对于发出兑换券各银行之准备，各依其条例随时报告敝会，然后由敝会推举董事检查公布于市；提高信用，解除疑惑，巩固金融，预防危险，实银行界最有利益之举，想以贵会之忠诚对世，当表赞同。关于此事之进行，拟先自我国银行入手办理，凡发出兑换券之银行，每年将库存准备金另行存储，报告到会，以便推举董事随时检查。①

这封信函主要表达了以下两层意思：第一，商会从社会金融整体利益着眼，认为准备充足对于维持钞票信用非常重要，是恢复钞票信用、巩固金融的根本途径。第二，为达到促使各行依法准备的目的，商会要求各行依其条例切实进行发行准备，并随时报告；由商会"推举董事检查公布于市"。

但是，天津银行公会的表现却并不那么积极，在上函发出的几天后，银行公会召开了会员会议，并复函搪塞曰："当经敝会开会讨论会商，贵会此项办法系为预防经济危险，巩固钞券信用起见……敝会现正筹议办法，一俟议妥，即行奉达，先此函复，即希查照为荷。"②

由于久未函复，商会于3月30日再次函催："查此事关系钞券信用，准备金之检查公布，自应早日着手进行，事隔多日谅贵会必有成议，相应函询。"③ 鉴于此，4月8日银行公会会员会议议决，"于商会检查库存准备事，群谓宜由各行自酌托办。不能稍涉干预情形，俟拟复稿后，再征众议洽妥缮复"，④ 并明确"由本会有发行权之各银行会商办法"。⑤ 根据会

---

① 《为库存准备金每月报告等事与天津银行公会来往公函》（1922年1月12日），天津市档案馆藏，档案号：J0128-3-005420-001。
② 《一月二十一日会员会议记录》（1922年1月21日），天津市档案馆藏，档案号：J0129-2-1015-003。
③ 《为巩固钞券信用筹议办法等事致天津银行公会函》（1922年3月30日），天津市档案馆藏，档案号：J0128-3-005420-002。
④ 《卞白眉日记》第1卷，第193页。
⑤ 《四月八日会员会议记录》（1922年4月8日），天津市档案馆藏，档案号：J0129-2-1015-010。

议精神，公会在其 4 月 12 日复函中婉拒了商会的提议，并代表各发行会员行表明了立场："查此事迭经敝会开会讨论，佥以检查准备，本所以巩固钞券信用之法，宜由发行银行自酌情形邀请外界办理，以坚信实而安人心，前经议定由敝会选举精于检查之委员数人，嗣后遇有敝会在会有发行钞券权之银行自身认为有公布准备之必要，来会请求检查时即由该委员前往检查，并请贵会亦查照办理，选举检查委员数人，以便遇有发行银行前赴贵会请求检查时，会同敝会委员前往检查公布。"①

鉴于"除天津交通银行设立公库，业于去岁十月间逐月报由本会实行检查外，其余各行现均尚无表示，亦未接准贵会函复"。② 1923 年 5 月，商会再次致函银行公会重申其原案，银行公会复函，仍坚持其上一年所议。③ 对此，商会再次致函诘问："兹阅来函所开各节，似于敝会愿意未尽谅解，况发行钞票各行准备倘不充足，方筹掩盖之不暇，更何自身请求检查之有。且来函所谓自身认为必要者，究竟何时为必要。……或每月定期检查一次，或按期公布随时抽查之处，务望核议，从速办理。"④ 并于 10 月 5 日，直接致函各发行银行："中交两行钞票准备金额早经本会从事检察，屡经致函银行公会，其他各行亦拟一律办理，不期时以故推，未获实行。……当经提出常会公决，调查各行所出钞票数目，定期检查准备金额，分别开送到会，以便从事检察，俾昭核实而崇信用。"⑤

由于未见到银行公会的复函，我们不敢断言其面对此诘问的态度。但从后来各发行行的行为中我们可以看到，商会提出的关于发行准备公开的措施从未施行过。需要指出的是，在商会向银行公会发出检查发行准备的倡议之后，有两家银行（交通银行与中国银行）确实先后实行了准备公开，但基本可以断定的是，它们采取行动并不是为了响应商会号召，而是

---

① 《为检查准备金派委员参加等事致天津总商会》（1922 年 4 月 12 日），天津市档案馆藏，档案号：J0128-3-005420-006。
② 天津市档案馆、天津社会科学院编《天津商会档案汇编：1912~1928》，天津人民出版社，1992，第 1087 页。
③ 《为检查库存准备金等事与天津银行公会往来函》（1923 年 5 月 28 日），天津市档案馆藏，档案号：J0128-3-005420-011。
④ 《为每月定期检查准备金事致天津银行公会函》（1923 年 6 月 9 日），天津市档案馆藏，档案号：J0128-3-005420-013。
⑤ 《天津商会档案汇编：1912~1928》，第 1088 页。

因为1921年中、交两行发生挤兑风潮以后，中、交钞票信用极度受损。为昭示其钞票发行准备充足，恢复钞票信用，它们"自身认为有公布准备之必要"。先是中国银行邀请官商各界和商会代表检查其所有库存现金及有价证券，并自1921年12月1日起每月将发行报告登报公布一次；接着，交通银行也于1922年10月1日起实行了与中国银行同样的做法。① 但需要指出的是，后来二者在实际中推行的准备公开，只是定期象征性地登报公布其准备情况，而并未完全依照商会所提的那样：各银行"各依其条例随时报告敝会，然后由敝会推举董事检查公布于市"。除中、交两行外，直隶省银行也曾向商会表示要按交通银行办法公开发行准备，② 但直到其倒闭也未实行，而只是象征性地自行公布了其1923年6月的发行准备情形。③ 中南银行也复函曰："……贵会及银行公会均可随时到库检察……其他各界持有贵会及银行公会介绍公函愿到该会检查者亦可随时检查"，只是要求"彼此无拘定期，免生疑惑"。④ 其余各发行银行则都未对商会的提议进行直接回应，公会的议决案代表了他们的立场，即"自身认为没有公布之必要"。

尽管如此，每逢挤兑风潮，商会还是总不忘提醒发行行切实进行发行准备，但各银行依然各行其是。例如，1928年，天津丝茶银行钞票停兑，商会即致函银行公会曰："当经提出评议会讨论，金谓银行发行钞票，依法应有六成现款，四成有价证券为准备金，并应随时公开，以昭信用。该行钞票既已演成停兑，则其平日基金并未依法准备，实属无可讳言。……并一面函达银行公会，对于发行钞票各行务应依法准备基金，以免再蹈覆辙等情，一致可决，除分别呈请外，相应函达贵会，即希查照转知发行钞票各行务必依法准备基金，以免再蹈前辙。"⑤ 1932年初，中国实业银行发生挤兑风潮，商会再次主张检查各发行行准备情况，银行公会也并未赞同。《卞白眉日记》有如此记载："王晓岩（时任钱商公会会长兼天津市商会常

---

① 《关于交行请求检查准备金事函》（1922年10月3日），天津市档案馆藏，档案号：J0129-3-5375-024。
② 《直隶省银行为检查准备事复天津银行公会函》（1923年7月9日），天津市档案馆藏，档案号：J0129-3-005438。
③ 龚关：《1920年代中后期天津银行挤兑风潮》，《历史教学（高校版）》2007年第6期。
④ 黑广菊、夏秀丽：《中南银行档案史料选编》，天津人民出版社，2013，第257~258页。
⑤ 《为丝茶银行钞票停兑事致天津银行公会函》（1928年8月2日），天津市档案馆藏，档案号：J0128-3-006176-004。

务董事——引者注）主张检查发行银行之准备，余表示中、交等行自欢迎办理，但其余之银行，是否能不因此发生问题。问题发生以后官厅及商会有无力量维持，此中利害，在目前时局似宜郑重。"①

三 检查准备金案中天津银行公会的行为逻辑

从对检查准备金案的叙述中，我们看到在弱政府的背景下，即政府权威缺失的情况下，商会从社会金融整体稳定的大局出发，试图代替政府推进纸币发行准备政策的施行，但并未取得预期的效果。在此过程中，银行公会扮演着一个很微妙的角色，作为华资银行行业共同利益的代表，它并未响应商会的号召。制度塑造过程起始于商会，而受挫于银行公会。难道是因为银行公会未能认识到商会提议的好处？不是的。作为一个由新式银行家组成的组织，他们在这一点上是很清楚的。

1922年10月14日，银行公会会员会议记录里这样写道："准交通银行来函，嘱本会推举代表检查该行库存准备等因，并由潘君履园报告交行之不得不公开发行之原因有二：一因交行钞票发生风潮已非一次，于信用不无影响，非公开发行无以恢复社会之信用。此为交行本身计者一。又发行钞票银行非交行一家，市面每因一行发生挤兑风潮，使他行受连带关系，嗣后交行苟能因公开发行而恢复信用，不再生挤兑风潮，亦可使他行免受其累。此为社会金融计者二。"②

既然发行准备公开是"既为本身信用计，又为社会金融计"的好事，那么，为什么银行公会不和商会一起推进纸币发行准备公开，进而完成纸币发行准备制度的塑造？我们知道，银行公会是由一个一个理性的会员行联合而成，虽然它们拥有共同利益一样，但作为个体每个银行都有着自身的利益，而公会的最终行为决策是由会员们共同决定的，因此，其决策过程就体现为理性会员行之间的博弈，而决策结果无非是经过博弈后达到的均衡状态。鉴于此，我们可以通过一个简单的博弈模型来理解银行公会对商会检查准备金案的态度。

---

① 《卞白眉日记》第2卷，第174页。
② 《十月十四日会员会议议决录》（1922年10月14日），天津市档案馆藏，档案号：J0211-1-0255。

我们假定：（1）由政府出面移植一项制度，即颁布关于纸币发行准备的法规律令，但政府并不运用强制力推行，而是由个体银行理性选择：执行或不执行。这个假定的结果是显而易见的，它不过是本文第二部分的简要表述。需要说明的是，在个体理性选择的过程中，我们并未考虑商会的影响力，原因在于，在本文第三部分我们已经看到，商会对银行公会并没有丝毫的强制力。

（2）个体银行在发行准备方面是同质的，即都没有良好的准备。个体银行"都没有良好的准备"是一个很强的假定，在实际情形中，尽管不同的银行对于纸币的发行准备是有差异的，但在遭遇风潮时它们又是无差别的，因为无论准备有多充足，在公众眼里都是不充足的。这也是上文所述"市面每因一行发生挤兑风潮，使他行受连带关系"的原因。再者，由于近代中国实行的比例准备制度，一旦挤兑风潮起，即使准备再充足也难免不支。这一点从1916年和1921年中交两次挤兑风潮以及1923年中南挤兑风潮中可以看出。

（3）每个有发行权的银行同时执行纸币发行准备相关法规律令的行为可以给银行带来的收益为 $q_o + q_s - c_o$，其中，q_o 为发行行遵守法令所带来的直接收益，如良好的声誉等；q_s 为所有发行行都遵守法令所带来的社会收益，如金融秩序的稳定等；c_o 为发行行遵守法令所需要付出的代价，如准备金确实的话，发行行就没有更多的现金开展其他盈利业务等。在有不执行者的情况下，执行者的净收益为 $q_o - c_o$，且 $q_o < c_o$，否则，都会选择执行法令；不执行者的收益为 q_n，且 $q_n > q_o + q_s - c_o$，这是由每个理性银行对于执行法令后的预期收益决定的。在都选择不执行的情况下，发行行可以通过宣称自己是守法的，并通过各种手段使得公众相信这一点，则其净收益皆为 $\frac{q_o}{2}$，且有 $q_o < 2c_o$，否则，都会选择公开发行准备。当然，显而易见的是，$q_o + q_s - c_o > \frac{q_o}{2}$，即每家银行都执行发行准备法令的总收益大于都不执行法令的总收益，这就是天津商会从金融市场总体利益出发要求发行行遵循政府法令的原因。当然，从上述银行公会的会议记录看，银行公会也认识到了这一点，即发行准备公开是"既为本身信用计，又为社会金融计"。

但是银行公会的最终决议却是在每个理性会员行的利益博弈中产生

的，每个理性的博弈参与者都是在最大化收益的考量中选择自己的行为。于是，我们可得出如下命题：在假定（1）~（3）满足的条件下，各发行行不遵守纸币发行准备相关的法规律令是占优策略，（不执行，不执行）将是这一博弈达到的均衡状态（如表1所示）。

表1 理性发行银行间的博弈矩阵

银行 E	银行 F	
	执 行	不执行
执 行	$q_o + q_s - c_o, q_o + q_s - c_o$	$q_o - c_o$，$\boxed{q_n}$
不执行	$\boxed{q_n}, q_o - c_o$	$\boxed{\dfrac{q_o}{2}}$，$\boxed{\dfrac{q_o}{2}}$

表1博弈模型抽象地再现了天津银行公会的行为逻辑，而其对于天津商会关于推进货币发行准备制度的暧昧态度，无非是理性发行行之间不断进行利益博弈达到均衡的结果。需要指出的是，在这个博弈模型里，我们并没有考虑非发行行在这一决策中所扮演的角色，主要原因在于即使是非发行行大多也通过领券制度在货币发行中获取利益，或者准确地说，在货币发行准备金问题上，他们是利益的共同体。因此，在检查准备金这一事件中，他们和发行行的行为将是一致的。我们也没有强调商会推进货币创造所起到的积极作用，事实上，商会的行为在一定程度上促使天津市场的发行行更加重视纸币发行准备问题，公开发行准备成了昭示银行信用的重要手段。例如，1934年，华义银行华帐房某职员经营的恩庆永银号倒闭，累及该行。为昭示信用起见，华义银行致函天津银行公会要求检查本行库存，并将检查情形公告。经银行公会开会议决，派一名会计师前往检查华义银行的准备情况，并函请天津银钱业合组公库派一助手协助检查。①

结　语

综上所述，在政府权威缺失的背景下，天津商会积极行动起来，推进

---

① 《为华义银行请检查准备昭示信用函银钱业合组公库》（1934年11月5日），天津市档案馆藏，档案号：J0129-3-005363。

制度塑造，这一点是符合传统的国家—社会关系模式的。但是，我们同时看到，由于缺乏相应的强制力，商会的行动并没有达到预期的效果；最终的制度均衡状态是在理性个体之间博弈中形成的，并体现在银行公会的意志中。因此，在制度塑造过程中，政府与商人组织之间并非简单的"二分法"式权力替代关系，二者之间似乎存在着某种界限，而强制力在这种界限的划分中起着决定性作用。在强制力缺失的情况下，作为行业共同利益代表者行业组织并不总是能有效地推进制度塑造，其在制度塑造中的作用最终取决于理性个体之间的博弈。在市场经济中，企业是重要的经济主体，作为基于行业共同利益的企业联合体——商会、行业协会既是政府进行经济管理的社会组织，也在市场秩序的塑造和维护方面发挥不可或缺的作用。

作者：张百顺，山西师范大学经济与管理学院

1935年的银行停业与存款清偿[*]
——以上海为中心的分析

徐 琳

内容提要：银行的内生脆弱性决定了银行停业危机的生成与发展，中国银行业在20世纪二三十年代出现了两次大规模的银行停业倒闭高潮。本文选取1935年上海停业银行进行群体研究，认为银行在资不抵债或资本与债务基本相等时进行的停业清算，一定程度上控制并锁定了银行流动性负缺口，是基于损失最小化的选择。在近代中国竞争性的银行体系中，普通银行股东的特殊加重责任以及储蓄银行重要股东的连带无限责任是维持中小银行清偿能力的重要支撑。在有限的存款偿还中，重点的保护对象是收入低且较分散的小额储蓄存款者，一定程度上体现了近代金融发展中的金融公平。

关键词：银行 停业清理 存款清偿

引 言

银行作为内生脆弱性和极具外部性的特殊企业，其经营风险始终存在。就中国银行发展史来看，中国银行业在20世纪二三十年代出现了两次大规模的停业、倒闭高潮。受国际金融危机的周期性与持续性影响，银行停业及金融危机等专题研究再次成为中国金融史研究的热点。近年来学界

---

[*] 本文为国家社科基金一般项目"银行停业与近代中国银行业稳定研究"（项目编号：16BJL016）、国家社科基金重大项目"中国近代企业制度的生成与演变研究"（项目编号：14ZDB046）的阶段性成果。

对银行停业的研究主要集中在以下方面。

一是对近代银行数量的重新统计涉及了停业银行的统计及整体性认识。其中，唐传泗与黄汉民、于彤、刘克祥的银行统计论著至今仍是权威之作；杜恂诚重新关注抗战前省市银行停业与改组的情况；朱荫贵通过计算银行停业率认为第二个银行发展高峰期（1928～1935）的稳定性好于第一个高峰期（1917～1923）。① 二是在银行停业清理个案史料整理及研究上的突破。海内外学者对相关报刊及档案资料进行了系统性的挖掘与整理，如叶世昌重新辑录了《申报》中关于信义银行倒闭后储户存款赔偿的报道；李玉翻译了美国国家档案馆珍藏的关于中华懋业银行停业清理的部分档案资料；美国学者蒲嘉锡（Noel H. Pugach）的《同床异梦：中华懋业银行的历史（1919～1937）》；李一翔以中法实业银行为例的研究等。② 三是基于开放经济视野下对中国近代银行危机的解读。海内外学者的研究不约而同地聚焦大萧条时期中国银行业的表现，代表性的观点主要有：管汉晖认为由于中国特殊的银行体系，货币供给始终没有减少，银行危机没有普遍发生。③

综上可见，上述相关研究尽管从经济学、历史学、社会学、法学等方

---

① 唐传泗、黄汉民：《试论1927年以前的中国银行业》，中国近代经济史丛书编委员会编《中国近代经济史研究资料》第4辑，上海社会科学院出版社，1985；于彤：《北洋时期全国金融机关一览》，《近代史资料》总第68号，中国社会科学出版社，1988，第102～174页；刘克祥：《1927～1937年中资银行再统计》，《中国经济史研究》2007年第1期；杜恂诚：《全面抗战前省市立银行的扩张》，《社会科学》2015年第1期；朱荫贵：《两次世界大战间的中国银行业》，《中国社会科学》2002年第6期；李一翔：《近代中国第二次银行停业倒闭高潮初探》，《上海档案史料研究》（8），三联书店，2010。

② 叶世昌：《〈申报〉中的信义银行资料选辑》，《上海档案史料研究》（13），三联书店，2012；叶世昌：《信义银行的设立和倒闭》，《中国经济史研究》2009年第4期；以清（李玉）：《美国驻南京总领事馆文献选译之一：懋业银行的清理》，《民国研究》秋季号，社会科学文献出版社，2011，第201～215页；李一翔：《中法实业银行停业风波述评》，《史林》2003年第3期；陈颖：《试论二十世纪三十年代上海美丰银行的倒闭》，《中山大学研究生学刊》（社会科学版）2011年第2期；潘健：《民国时期福州银行倒闭案及其启示》，《福建江夏学院学报》2014年6月；徐琳：《1934年中资银行之倒闭》，《银行博物》2014年10月等。

③ 管汉晖：《20世纪30年代大萧条中的中国宏观经济》，《经济研究》2007年第2期；城山智子：《大萧条时期的中国》，孟凡礼等译，江苏人民出版社，2010；刘冲等：《金融危机、政府担保与储户挤兑——来自中国"白银风潮"的历史证据》，《财经研究》2015年第8期。

面均有所涉及近代银行停业倒闭方面的问题，但鲜少对银行存款清偿及存款者权益保护的早期实现途径进行专门研究。银行停业清理与存款偿还是银行市场退出机制中极为重要的环节与程序，关系到银行业的长期稳定发展。本文意在抛砖引玉，试图从更为微观的角度探讨近代银行经营风险、银行危机的发生与扩散、存款者权益保护等具有核心历史价值的问题。

一 银行停业：基于损失最小化的选择

20世纪二三十年代，上海成为全国乃至远东的金融中心，其金融中心地位首先就体现在银行机构的集聚上。据《全国银行年鉴》（1936年）显示，截止到1936年6月，在上海设立总行的银行达58家，占当时银行总数的35%；分支行达124处，占全国分支行总数的9%。[①] 与此同时，上海也是金融风险集聚中心，尤其是在近代开放世界经济体系中。1929年始于美国经济大萧条，虽然没有立即波及并影响中国经济与金融，但在1934年美国实行白银收购政策后，中国金融业受到了一定冲击。表1所示，在工商企业大量倒闭的情况下，上海的部分金融机构，包括钱庄和银行，选择了停业、倒闭。

表1 1934~1935年上海工商金融等业倒闭、停业统计

年 份	工厂	商号	金融业	交通业	地产营造业	其他	未详	总计
1934	83	254	44	7	6	62	54	510
1935	218	469	104	27	12	103	132	1065

资料来源：《上海工商金融业倒闭停业统计》，上海社会科学院经济研究所藏，档案号：01-092。

据相关原始资料及统计研究显示，1935年停业的银行有：嘉华储蓄银行、厦门商业储蓄银行（简称厦门银行）、通易银行、明华商业储蓄银行（简称明华银行）、宁波实业银行、江南商业储蓄银行（简称江南银行）、世界商业储蓄银行、正大商业储蓄银行（简称正大银行）、广东银行、香港国民商业储蓄银行、信通商业储蓄银行、大沪商业储蓄银行（简称大沪银

---

① 中国银行总管理处经济研究室编印《全国银行年鉴》（1936年），第A16~17页。

行)、华业银行、福建东南银行、龙游地方银行、大兴实业银行、通益商业储蓄银行、绍兴县农工银行、湘西农村银行、四川西北银行,共20家。①

从地域分布来看,停业银行中总行在上海或分行、办事处在上海的有11家;② 总行在香港的有4家,分别是:嘉华储蓄银行、广东银行、香港国民商业储蓄银行、华业银行;总行在常熟的有2家:大兴实业银行、通益商业储蓄银行。可见,上海是银行停业最集中的城市。

上述停业银行中,总行在香港的嘉华储蓄银行、广东银行、香港国民商业储蓄银行3家银行在停业后不久均进行了复业或改组复业,宁波实业银行也于1937年进行了复业。其中嘉华储蓄银行、广东银行、香港国民商业储蓄银行的短暂停业具有较强的内在关联性,这3家银行都受到1934年香港华资银行的挤提风潮影响,被迫宣布暂时停业。③ 而其他停业银行则经过停业清算后,分别以解散、破产等方式退出了近代银行业。其中通易银行最后选择的是主动解散的方式,明华银行、厦门银行④是破产的方式。

受资料所限,本文主要对总行在上海或分行、办事处在上海的停业银

---

① 原始资料散见于《全国银行年鉴》(1937年)和1935年的《申报》《银行周报》《中行月刊》《中央银行月报》等;相关统计研究见刘克祥《1927~1937年中资银行再统计》,《中国经济史研究》2007年第1期;于彤:《北洋时期全国金融机关一览》,《近代史资料》总第68号,第102~174页;李一翔:《近代中国第二次银行停业倒闭高潮初探》,《上海档案史料研究》(8),第65~66页。刘克祥与李一翔的论文中对于1935年停业银行统计的分歧在于:李一翔论文中统计了龙游地方银行,但刘克祥未统计;李一翔论文中华东商业储蓄银行是1934年11月停业,而刘氏论文中是1935年。笔者此次重新进行了核对,认为1935年停业银行包括龙游地方银行,而华东商业储蓄银行于1934年11月停业。参见《全国银行年鉴》(1937年),第A22页;余寿松等:《关于龙游地方银行的情况》,政协龙游县委员会文史资料委员会印《文史通讯》第1辑,1985,第49页;中国社会科学院近代史研究所中华民国史研究室编《中华民国史资料丛稿·大事记》第20辑,中华书局,1986,第240页;《华东商业银行宣告清理》,《银行周报》第18卷第46期,1934年。会理县垦边银行停业关闭时间为1936年,参见会理县地方志编纂委员会《会理县志》,四川辞书出版社,1994,第615页。此处不包括刘氏论文中统计的改组银行四川地方银行(于1935年底改组为四川省银行),以及金堂县地方银行,于1935年更名为金堂县农民银行,1943年12月散伙。参见金堂县地方志编纂委员会《金堂县志》,四川人民出版社,1994,第484页。故1935年停业银行为20家。
② 分别为明华商业储蓄银行、信通商业储蓄银行、江南商业储蓄银行、通易银行、华业银行、正大商业储蓄银行、世界商业储蓄银行、厦门商业储蓄银行上海分行、宁波实业银行、嘉华储蓄银行上海分行、大沪商业储蓄银行。参见洪葭管《上海金融志》,上海社会科学院出版社,2003,第120页。笔者未统计中鲁银行办事处,故为11家。
③ 冯邦彦:《香港金融业百年》,东方出版中心,2007,第42~43页。
④ 《厦门银行破产后 明日起补发沪甬债款》,《申报》1936年5月5日,第12版。

行进行了梳理与分析。笔者此次主要利用《申报》、民国金融期刊，并结合部分银行档案，尝试对部分银行停业时的财务状况进行评估，如表2所示。

就银行停业的具体过程而言，笔者选取了其中具有代表性的银行，分述如下。

嘉华储蓄银行于1935年1月4日停业。该行于1922年在广州创立，后来扩充为法定资本港币200万元，先收足100万元。名义上由嘉南堂和南华公司创办，这两家公司都长期投资地产业。后考虑时局变化，又在香港注册，初期港总行并未有实际业务，1929年粤港汇兑业务增多，才成为真正的总行，广州作为分行。1931年又在上海成立分行。1926～1933年，该银行业务较好，每年派发股息，并有公积金。[①] 后受嘉南堂倒闭的牵累，被迫宣告停业。据该股东会宣布，港行资产232万元，与负债相等；粤行尚溢101万元；沪行资产37万元，与负债相等。[②]

厦门银行总行因发生提存风潮，于1935年1月12日被迫暂停营业。该行上海分行及宁波办事处，于当月15日宣告暂停营业15天，并召开股东会解决相关事宜。厦门银行创立于1920年6月1日，1926年向政府注册，年限为30年，系股份有限公司，资本总额120万元，实收资本66万元。该行上海分行，原无固定资本，后因经营者手腕稳健，营业尚可。据称，押款30余万元，存款仅三四万元。[③] 厦门银行于1935年11月28日经厦门地方法院宣告破产。[④]

通易银行于1935年1月21日停业。停业前召集股东临时会议，委托上海的徐永祚会计师代表银行宣告暂行停业、清查账目、催收欠款。据称，该行的停业主要是因为贷款无法按时收回，存户提现无法应付，周转不灵。停业时存款160万～170万元，放款160万～170万元，相抵不亏。通易银行以江、浙两省的盐商为主要经营对象，存放各款中浙省盐商占3/4、苏省盐商占1/4，其余存款极少。因盐务不振，银行业务有所搁浅，

---

① 林金枝、庄为玑编《近代华侨投资国内企业史资料选辑·广东卷》，福建人民出版社，1989，第728～729页。
② 《阴历年开三银行停业》，《中央银行月报》第4卷第2号，1935年2月。
③ 《阴历年开三银行停业》，《中央银行月报》第4卷第2号，1935年2月。
④ 《前厦门商业银行清理委员会工作报告》（1950年11月），出版信息不详，第2页。

表2 1935年部分停业银行一览

银行名称	停业时间(1935年)	设立时间	总行所在地	资本额	其他分支机构	停业时财务状况
嘉华储蓄银行	1月4日	1922年	香港	港币100万元	上海分行于1935年1月6日停业	港行资产232万元,与负债相等;粤行尚溢101万元;沪行资产37万元,与负债相等①
厦门银行	1月12日	1920年	厦门	66万元	上海分行及宁波办事处于1935年1月15日停业	
通易银行	1月21日	1921年	上海	75万元		存放款相抵不亏
明华银行	5月24日	1920年	上海	275万元		负债达319万元,②储蓄存款发还,可能性极小
江南银行	6月4日	1922年	上海	50万元	苏州分行,同里、南浔办事处先启停业	账面资产总额基本可清偿储蓄存款
宁波实业银行	6月4日	1931年	上海	50万元		
世界商业储蓄银行	7月4日	1930年	上海	20万元		资产负债相抵有余③
正大商业储蓄银行	9月1日	1925年	上海	25万元		
广东银行	9月4日	1912年	香港	港币1100万元	所属分行同时停业	总行以港币875万元的资产比对港币3220万元的负债,④上海分行至总行停业时仍有盈余

续表

银行名称	停业时间（1935年）	设立时间	总行所在地	资本额	其他分支机构	停业时财务状况
香港国民商业储蓄银行	9月16日	1921年	香港	港币500万元		
信通商业储蓄银行	9月21日	1921年	上海	50万元		
大沪商业储蓄银行	10月11日	1933年	上海	50万元		
福建东南银行	11月14日	1928年	福州	25万元		

注：①《阴历年开三银行停业》,《中央银行月报》第4卷第2号, 1935年2月。
②《半年来停业各银行之清理概况》,《中央银行月报》第4卷第9号, 1935年9月。
③《世界银行与济丰钱庄相继停业》,《中央银行月报》第4卷第8号, 1935年8月。
④林金枝、庄为玑编《近代华侨投资国内企业史资料选辑·上海卷》, 厦门大学出版社, 1994, 第417页。
资料来源：根据1935~1937年的《申报》《中央银行月报》《银行周报》及《全国银行年鉴》(1937年)等资料整理。

停业前董事长张澹如①已私人垫出七八十万元，但仍不足应付。② 1935 年 3 月召集第二次临时股东会议，仍议决暂维持原状，积极催收欠款，发还存户。③ 通易银行停业时对外负债高达 323 万元，经过一年多清理，1936 年 10 月对外负债 70 余万元，经股东会议后决定解散。④ 继续委托徐氏为清算人，办理解散清算，并呈报法院。⑤

明华银行于 1935 年 5 月 24 日停业。该行 1920 年 6 月开办，1923 年核准发行钞票，实收资本 275 万元。⑥ 除办理商业银行业务外，该行还兼营普通储蓄和有奖储蓄业务，分设商业、储蓄两部，故称明华商业储蓄银行。该行总行后迁上海，在天津、济南、青岛等地设有分行。董事长为童金辉，总经理为张絅伯，青岛分行开设于 1922 年 10 月，为该行经营重心，由张絅伯兼任经理，拥有储蓄存款户万余人，各项存款 300 多万元。⑦ 1935 年 5 月中旬，青岛因受中鲁银行挤兑而引发金融风潮，该行青岛分行受其影响也引起存户大量挤提，被迫停业，同时北京、天津分行也停业。

江南银行因地产价格下跌、周转不灵，经董事会议决于 1935 年 6 月 4 日停业。委托江一平律师等清算。江南银行放款中的地产抵押贷款，追索无着，以致其无法应付、周转不灵，董事会召集会议议决停业清算。同时苏州分行、吴江办事处，均奉令宣告停业，并聘请会计师、律师办理登记及清算。该行停业前夕储蓄部存款总计约 80 万元，放款总额 100 万元。⑧ 但就在停业前的 4 月 30 日，江南银行举行了第 13 届股东常会，仍决定于 5 月 15 日起发放 7 厘股息，后又决定以息作股。⑨ 江南银行 1934 年底的借贷对照表显示，收支相抵后，该行盈余为 11912.41 元，其储蓄部盈余为

---

① 张静江之弟。
② 《通易银行昨晨宣告停业》，《申报》1935 年 1 月 22 日，第 11 版。
③ 《通易银行股东会议决暂维现状》，《申报》1935 年 3 月 13 日，第 13 版。
④ 《通易银行股东会议决即行解散》，《申报》1936 年 10 月 13 日，第 11 版。
⑤ 《徐永祚会计师事务所关于通易银行注册公司等文件》，上海市档案馆藏，档案号：Q92－1－53－3。
⑥ 于彤：《北洋时期全国金融机关一览》，《近代史资料》总第 68 号，第 135~136 页。
⑦ 张蓉、何品：《明华银行停业倒闭事件档案资料选编》，《上海档案史料研究》（7），三联书店，2009，第 167 页。
⑧ 《江南银行清算》，《申报》1935 年 6 月 5 日，第 9 版。
⑨ 《江南银行股东常会纪》，《申报》1935 年 4 月 30 日，第 11 版。

19613.05元。① 1935年前5个月的存放款中,"互有收付,人欠欠人尚有相抵"。但其中一部分以道契作为抵押的放款,受地价下跌的影响,押款不能如数收回。储蓄部1934年底的借贷对照表显示,负债部分中储蓄部基本金是10万元,公积金8700元,定期存款589703.57元,活期存款111929.57元。该行清理后,所收账款"约百五十万元",加上存于财政部的储蓄保证1/4,其总额已可清偿储蓄存款,将优先偿还;而商业部分,则需视账款收取之结果而定。② 江南银行不是上海银行公会会员及票据交换所委员,因此与上海其他银行的业务联系不如会员银行紧密。从其停业前夕的资产负债情况来看,江南银行是具有一定清偿能力的,关键是资产的变现能力。

正大银行经临时股东大会议决于1935年9月1日停业清算,同时指定总经理、副经理、律师为清算人,发出公告催领存款及清偿欠款。该行成立于1925年,初期发展较好,储蓄部自1925年秋使用信用支票,1926年活期存款户达到1200余户。③ 1932年春,因押款及淞沪抗战影响,该行曾宣告停业清理。后于1934年7月,召集股东大会,决定旧股折为5万元,重召新股20万元,并改选董、监事正式复业。1934年8月迁入新址后,总存款曾达300余万元。④ 但终因市面不景气,放款不易收回,各股东均无意继续经营,经1935年8月25日临时股东大会一致议决,准许解散、宣告清算,登报公告。其中,存款部分中,储蓄部约3万元,往来存款约4万元,总数7万余元。放款部分中,抵押及信用贷款等总数30余万元,即日办理清算。⑤

广东银行于1935年9月4日停业。该行于1912年成立,创办人为陆蓬山、李煜堂等粤港富商及华侨,总行设在香港,资本额初为港币200万元,1921年改为英金120万镑,1926年复改为港币,定为1100万元。⑥ 该行在海内外有较多分支机构,如在上海、广州、汉口、旧金山、纽约、伦

---

① 《江南银行清算》,《申报》1935年6月5日,第9版。
② 《沪埠宁波实业上海江南二银行暨福泰钱庄相继停业》,《中央银行月报》第4卷第7号,1935年7月。
③ 《正大银行储蓄部近况》,《申报》1926年5月12日,第22版。
④ 《正大银行开幕志盛》,《申报》1934年8月25日,第15版。
⑤ 《正大银行股东会议决 昨起停业清算》,《申报》1935年9月2日,第12版。
⑥ 于彤:《北洋时期全国金融机关一览》,《近代史资料》总第68号,第113~114页。

敦等地设有分行。成立初期，营业进展顺利，但受 20 世纪 30 年代世界经济大萧条及白银风潮的影响，香港总行周转不灵，不得已宣告总行及所属分行同时停业。该行上海分行于 1916 年设立，业务经营较稳健，至总行停业时尚有盈余。① 1936 年广东银行进行了改组复业，董事长为宋子文，董事为霍芝庭、陈鉴波等，总行经理是欧伟国，复业后的资本规定为港币 800 万元，其中第一优先股（即新招之股）200 万元，第二优先股（债权人股）450 万元，第三优先股（即旧股拆合股）港币 150 万元。广州分行亦复业，经理梁定蓟，② 梁氏此前为华业银行③的董事兼经理。

香港国民商业储蓄银行于 1935 年 9 月 16 日停业。该行 1921 年 12 月开办，总行设在香港。初定资本为港币 200 万元，1924 年增资至 500 万元。主要负责人为王国施、陈永辉，以先施公司为最大股东。广州、上海、汉口、天津等地均开设分行。1935 年 9 月广东银行停业，受其影响，规定限制提存，后因周转不灵而停业。1936 年 3 月总、分行先后复业。④

二 银行停业清偿的相关法律规定

近代银行的停业清算与存款清偿是一个非常复杂的过程，相关的法律可以追溯至清末。如 1908 年《储蓄银行则例》第 6 条规定，"储蓄银行之理事人，所有行中一切债务，均负无限责任。遇更换时，有经手关系之债务，须二年后方能将一切责任交卸"。因此，其后设立的储蓄银行及普通银行的储蓄部或储蓄处所订章程均有类似规定，以保障储金的本息。但该规定 1930 年始被切实关注。停业各行的储蓄部存款由理事人负连带无限责任，如数清偿。该则例对储蓄存款的安全保障并未有详细规定。第 7 条规定，此项银行应于每年结账之时，核算存款总额 1/4，将现银或国债票、

---

① 《广东银行停业》，《银行周报》第 19 卷第 35 期，1935 年。
② 《港广东银行复业》，《中行月刊》第 13 卷第 6 期，1936 年 12 月。
③ 华业银行 1935 年 10 月停业，该行由港沪股商张澹如、陈焕之、陈秉祥、梁定蓟等发起，在香港注册，1933 年开始筹备，1934 年 1 月 10 日正式开幕营业。资本总额银元 100 万元。董事长：陈焕之；常务董事：黄季严；董事：张澹如、陈秉祥、潘珍宝、郭伯良、梁嵩龄、黄眷华、梁定蓟；经理：梁定蓟；分行所在地：上海；全行员工总数为 25 人。参见《全国银行年鉴》（1935 年），第 B298 页。
④ 于彤：《北洋时期全国金融机关一览》，《近代史资料》总第 68 号，第 148 页。

地方公债票及确实可靠之各种公司股票，存于就近大清银行或其他殷实银行，以为付还储蓄银行之担保，并取具存据呈报度支部或该地方官核验。第 8 条规定了储蓄银行清偿的先后顺序，"行中存款之人，于上条所载各种票据、现款有先得之权，如银行有歇业、倒闭之事，应先将上条存案之款摊还存款之人，不敷时再将行中所有存款，与其余债主一律摊还"。①

1915 年北洋政府制定的《储蓄银行法草案》沿用了清末对银行股东责任的规定。该法第 12 条规定，储蓄银行执行业务之董事及经理对于各种存款，应负连带清偿之责，且退任后满两年，始得解除。储蓄银行的董事、经理、监察人若违反代理店的设置、撤销，经营本法未规定之业务，违反存款保证准备金的储蓄等项规定，则财政部得处其十元至千元的罚金。②

1927 年南京国民政府成立后，相关法律条文被重新商议，其中《公司法》(1929)、《银行法》(1931)、《储蓄银行法》(1934)、《破产法》(1935) 尽管未在全国完全实施，但对 1935 年的银行停业清算与存款清偿均具有实质性影响。

1931 年 3 月南京国民政府公布的《银行法》明确了银行股东等的特殊加重责任，其中第 5 条规定"股份有限公司之股东及两合公司、股份两合公司之有限责任股东，应负所认股额加倍之责任"。同时第 14 条规定，无限责任组织的银行，应于其出资总额外，照实收资本缴纳 20% 现金为保证金，存储中央银行。存款人权益保护则在第 42 条中得以充分体现，该条款明确规定："银行清算时，其清偿债务次序为：一、银行发行兑换券者其兑换券。二、有储蓄存款者其储蓄存款。三、一千元未满之存款。四、一千元以上之存款。"民国时期的存储户一般为中产以下的贫民，受各方面的局限无法辨别储蓄机关的优劣，在银行倒闭、欺诈事件中，储户利益往往难以得到保障。因此，社会各界更加关注政府对储蓄业的立法。③

1934 年 4 月南京国民政府立法院商法委员会拟订了《储蓄银行法草案》，试图将董事、监察人的责任改为双倍责任，即股东对储户应负缴足所认购股份加倍之责任。但是，此草案通过时，股东责任仍是：储蓄银行

---

① 中国第二历史档案馆等编《中华民国金融法规档案资料选编》(上)，档案出版社，1991，第 149 页。
② 《中华民国金融法规档案资料选编》(上)，第 308～310 页。
③ 唐寿民：《储蓄银行立法之意见》，《银行周报》第 15 卷第 11 期，1931 年。

之财产不足偿还各储户债务时，董事、监察人应负连带无限责任，非卸职登记两年后，不得解除。且对兼营储蓄银行业务的普通银行，其全体股东、董事、监察人都视为储蓄部之股东、董事、监察人，皆要负连带责任。储蓄部与银行部之资产负债应划分独立，储蓄部之资产，不得因银行部之破产而受影响。

《储蓄银行法》于1934年7月正式公布施行后，立即遭到上海银行界的反对，特别是关于缴纳保证金的条款。后经调和，中央银行与上海银行公会合作，改交由官商各界组成的储蓄存款保证准备保管委员会。该委员会由7人组成，财政部指派1人、中央银行指派2人、银行公会推举2人，[①] 会员银行以外各行及储蓄会由财政部指定2人。1935年8月财政部又批准"确有收益及手续办妥"道契及土地执业证可以作为储蓄存款保证准备金。[②] 至此，储蓄存款保证准备金又受土地价格的影响。

1931年的《银行法》、1934年的《储蓄银行法》均不同程度地规定了董事、监察人、经理的特殊加重责任，充分体现了银行立法"保护存款人及公共利益、防范金融风险"的目的。马寅初在制定《银行法》时，将社会本位思想具体化为7个方面，即营业范围的确定；银行资本的充实；助长稳健的经营；保护存户的利益；监督调剂银行业；防遏不当竞争；谋取银行的改善和进步。

三　存款清偿的基本程序与实践

依《公司法》规定，银行作为向财政部呈请注册成立的股份有限公司，停业银行的清算须经股东会议决议。鉴于银行及钱庄停业对经济金融与社会的影响较大，南京国民政府财政部于1935年6月规定了银行、钱庄停业清理的基本办法和程序：（1）停业银行与钱庄，除经法院宣告清理者外，均由财政部指派专员，会同该同业公会清理。其经法院宣告清理之银行钱庄，亦应指派专员调查清理情形，随时报部备查。（2）清理期限，自停业之日起，以3个月为限，非有相当特殊事由，不得呈请延展。但在该

[①] 银行公会推举国华银行瞿季刚、新华银行王志莘担任委员。
[②] 《财政部准地契折缴储蓄保证准备金》，《中央银行月报》第4卷第8号，1935年8月。

办法令行以前停业者，自该办法令行之日起算。（3）清理期内，如查有经理或董事、监察人，有违法舞弊情事，即行看管，依法惩办。（4）资产折实后，存欠不能十足相抵时，股份有限公司组织之银行，应即依法申请宣告破产。其余银行或兼营储蓄之股份无限公司组织之银行或钱庄，依法经理人、董事监察人及股东人等负连带无限责任，限期清理。（5）清理时期，经理人、董事、监察人及无限责任股东人等，不得离开其住居地。如有意图逃亡，或隐匿毁减财产之行为时，得加以看管，其已逃亡者，并得由本部所派专员呈请通缉。（6）专员监督清理一切手续，得准照《商人债务清理暂行条例》办理。① 截止到1935年7月，已停业的各银行及钱庄，均已由财政部派监督清理专员。②

就存款偿还而言，虽然要遵循重要股东对储蓄存款负无限责任的原则，但实际偿还情况各异。表3梳理了1935年部分停业银行存款清偿的过程，可以看出，在有限的存款偿还中，重点的保护对象是小额储蓄存款户，一定程度上体现了近代金融发展中的金融公平。

表3　1935年部分停业银行存款清偿概况

银行名称	存款清偿
通易银行（1月21日停业）	1935年6月一债权人向上海第一特区地方法院以刑事罪控告董事长（张澹如），并附带民诉追偿存款本利。③ 当庭未和解 1936年10月，股东会议决解散清算④
明华银行（5月24日停业）	1935年7月青岛明华银行分行办理清算手续，经财政部核定，将储蓄部分90万元先行发还⑤ 1936年9月13日起青岛明华银行债权团拨发存款，500元以上者，每100元发现金3元，共706户；500元以下而前次拨付未领取者，可以补发，共176户⑥

---

① 《停业各银行钱庄监督清理办法》，《中华民国金融法规档案资料选编》（上），第589页。
② 《财政部规定监督银钱业清理办法》，《中央银行月报》第4卷第7号，1935年7月。
③ 《通易银行复业无期限　张澹如被控》，《申报》1935年6月21日，第11版。
④ 潘恒敏：《一年内金融杂记》，《中央银行月报》第5卷第10号，1936年10月。
⑤ 《各倒闭银行近讯》，《申报》1935年7月15日，第9版。
⑥ 《中行月刊》第13卷第4期，1936年10月；潘恒敏：《一年内金融杂记》，《中央银行月报》第5卷第10号，1936年10月。

续表

银行名称	存款清偿
宁波实业银行（6月4日停业）	截止到1936年6月，按照契约，发还500元以下储蓄存款现金20%① 1937年经财政部核准4项偿还办法：（1）未满40元的储蓄存款，核发4成现金、6成定期两年存单；（2）40元以上未满1000元的储蓄存款，核发2成现金、3成定期两年存单、5成股票；（3）1000元以上的储蓄存款，核发1成现金、4成定期两年存单、5成股票；（4）商业存款及特种往来存款未满40元者，核发2成货物、8成定期两年存单②
江南银行（6月4日停业）	1935年6月该行遵照财政部通令，以储蓄存款总数1/4之公债库券，存入中央银行，因此偿还债务时，储户损失可较轻③ 1935年6月9日吴江县商会提议，呈请财政部予以救济④ 1935年7月优先偿还储蓄存款，商业部存款视账款收取结果而定⑤ 1935年8月10日起，先派发储蓄部债款15%，10元以下者，一次付清⑥ 1935年10月19日起，续发储蓄部债款40%，仍以储蓄部债款为限⑦
世界银行（7月4日停业）	1936年1月6日起，派发储蓄存款30%，50元以下债款全数发还，其余储蓄部未偿部分及商业部欠款，正催收债款，以备偿付⑧ 截止到1936年6月，共派发储蓄存款55%，50元以下存户，已一次还清⑨
大沪银行（10月11日停业）	1935年11月1日起发还活期存款，12月1日起发还千元以下定期储蓄存款；1936年1月1日起发还千元以上定期储蓄存款，2月1日起发还商业部往来及定期存款，预计3个月内还清各项存款⑩

---

① 《财政部批答银钱业清理专员职责》，《申报》1936年6月27日，第12版。
② 《银行周报》第21卷第1期，1937年。
③ 《筹商稳定金融办法》，《申报》1935年6月6日，第9版。
④ 《昆山全省商会联席会议》，《申报》1935年6月9日，第9版。
⑤ 《沪埠宁波实业上海江南二银行暨福泰钱庄相继停业》，《中央银行月报》第4卷第7号，1935年7月。
⑥ 《半年来停业各银行之清理概况》，《中央银行月报》第4卷第9号，1935年9月。
⑦ 《江南银行续发债款四成》，《申报》1935年10月18日，第10版。
⑧ 《世界银行清算处定期派发三成储款》，《申报》1936年1月1日，第25版。
⑨ 《财政部批答银钱业清理专员职责》，《申报》1936年6月27日，第12版。
⑩ 《最近停业之三银行》，《中央银行月报》第4卷第11号，1935年11月。

对于有分支行或办事处的银行，总分行及办事处的债务处理方式也是有差异的。如江南银行苏州分行停业后，该行债权人依法组织债权团。江南银行的代表会计师与债权人代表律师会商清理办法，达成了以总行为主要清理负责人的 7 项内容：(1) 总行对于苏分行债权负责依法清理；(2) 在苏添设清算处；(3) 同里债权并入苏州清理处清理；(4) 总行常任会计师报告总行资产负债额足以相抵；(5) 关于储蓄部分依法有十足收回之望；(6) 苏分行中尚有抵押品可资抵补；(7) 苏分行簿册留交相关律师事务所，并派 1 会计师常驻苏州，着手清理。① 同里办事处停业后，经理潜逃，引起存户恐慌，区公所、商分所出来维持局面，才未发生其他事故，随后存款者组织债权团，以便依法追偿。② 同里办事处的存款偿还以存款数额大的储户优先，作为办事处经理虽然应承担无限责任，但最后只是用个人财产进行了部分偿还。③ 江南银行至 1937 年都未全部偿还储蓄存款。1937 年 5 月，部分储户在获得五成半的存款偿还后，就剩余的四成半储蓄存款，对其中两位经理提起了民事诉讼，要求清还余欠四成半存款及约定利息，并请求判令该行全体董事负连带偿还责任。但最后的和解结果是，上诉储户在自愿舍弃余款追偿权以及对于该行全体董事的任何追索权后，两位经理以个人名义再偿还了 10% 的储款。④ 就江南银行来看，这部分储蓄存款的最高偿还比例仅为原金额的 65%。

嘉华储蓄银行广州分行的清理与总行不同。1935 年受嘉南堂和南华公司倒闭牵累，嘉华储蓄银行停业后宣布破产，由法院清理。所有在广州不动产仍归广州行所有，不归总行。后由债权组织"董事会"，与总行脱离关系，所有债务 200 元以下的分期摊还，200 元以上的三成拨作附股，七成发债券继续营业。⑤

1935 年 8 月停业的龙游地方银行由浙江地方银行接收，其清理结果较好。由于龙游地方银行开业后历年皆有盈余，开支较少，停业时，主要员

---

① 《江南银行着手清理》，《申报》1935 年 6 月 8 日，第 8 版。
② 《吴江江南银行倒闭追偿》，《申报》1935 年 6 月 9 日，第 9 版。
③ 孙君正：《上海江南银行倒闭殃及同里存户》，中国人民政治协商会议江苏省吴江县委员会文史资料研究委员会编印《吴江文史资料》第 4 辑，1985，第 57～60 页。
④ 《江南银行停业后债务讼案和解》，《申报》1937 年 5 月 6 日，第 13 版。
⑤ 《1952 年交通银行广州分行关于嘉华嘉南南华等银行清理报告》，林金枝、庄为玑编《近代华侨投资国内企业史资料选辑·广东卷》，第 647 页。

工工资支出并不多，该行并非亏蚀不能维持，主要是因周转不灵而停业。此外，由于龙游地方银行所建营业场所及堆存衣类的大面积库房，都由浙江地方银行折价接收，原有放款中的抵押品仍可变现。故对同行欠款及存户存款，很快就进行了清偿。①

小　结

1930年代是近代中国从自由银行时代向中央银行时代转型的重要历史时期，对比同时期大萧条后的美国，1930年代中国并未建立真正意义上的公共金融机构来应对金融风险。本文选取1935年停业的银行群体进行研究，认为银行在资不抵债或资本与债务基本相等时进行的停业清算，是有效控制银行风险的一种方式，一定程度上控制并锁定了银行流动性负缺口，是基于损失最小化的选择。

其中储蓄银行特殊治理的核心思想是股东中的董事、监察人对银行储蓄存款负连带无限责任，尽管该内容与相关公司法的规定有冲突，却一直延续至1947年《修正储蓄银行法草案》，近代银行股东始终未回归到真正意义上的有限责任制。理论上而言，连带无限责任是将银行风险设置在银行重要股东身上，是对存款人权益的最后保护。但具体实践表明，连带无限责任的执行受制于债务人的资产变现能力。在竞争性的银行体系中，普通银行股东的特殊加重责任以及储蓄银行重要股东的连带无限责任是维持中小银行清偿能力的重要支撑。

从《银行法》和《储蓄银行法》的立法博弈过程以及停业银行存款清偿的实践来看，当时的存款者权益保护对象，已严格区分储蓄存款者与非储蓄存款者，重点的保护对象是收入低且较分散的小额储蓄存款者。可见，近代金融发展中的公平与责任已提上议事日程。然而，银行风险由谁承担的制度设计，本身就具有强烈的价值取向，最终的实行又具有很强的操作性。事实上，存款保险制度的建立只是银行风险转移的一种公共方式，并非一劳永逸。美国20世纪80年代的储贷机构危机也使得联邦储蓄贷款保险公司陷入资不抵债的困境。

---

① 余寿松：《关于龙游地方银行的情况》，《文史通讯》第1辑，1985，第49页。

时至今日，中国金融业的发展已势不可当。随着中国互联网金融与中小金融机构的多样化发展，金融的内生脆弱性已日益显现。作为从计划经济向市场经济转型的大国及其民众，也已越来越接近金融的本质与核心。从此意义而言，虽然本文只是截取了1930年代中国银行史中的一个片段，但仍有可供借鉴的现实意义。

作者：徐琳，上海社会科学院经济研究所

·空间结构与环境变迁·

近代城乡关系二元化分离的特征及动因分析*
——基于海河流域的考察

张慧芝

内容提要：社会形态的更替"并非自然的恩赐"，但具体制度会受地理环境的影响，乡村与城市作为异质、互生的人类聚集空间，二者关系既是政治经济制度的产物，同时也受到自然环境力量的制约。对海河流域近代城乡关系的考察可以看到，城乡关系由传统一元化特征转向了二元化分离。究其原因，既有半殖民化的时代背景因素和京畿腹地的地理因素，也与海河流域的自然特征有关。

关键词：近代城乡关系　二元化分离　海河流域

乡村与城市作为异质、互生的人类聚集空间，二者关系既是政治经济制度的产物，同时也不同程度地受到自然环境力量的制约。海河流域面积的 91% 流经今京、津、冀三地，作为京畿重地，近代该流域内城乡关系的变迁主要受到半殖民化的时代背景、京畿腹地地理位置等因素的影响，同时以河流水力为主的自然力在该流域城乡关系的变迁中也起到了一定的作用。

城乡关系不仅是政治、经济问题，还是文化和生态问题，以海河流域为研究对象，兼顾其自然区域特征，把研究视角从"以人为本"转向"天

---

*　本文受教育部人文社科基金项目"海河水系航运与京津冀一体化"（项目编号：14YJA770019）的资助。

人合一",可以更多地关注自然力在城乡关系中的作用。

一 海河流域传统城乡关系的一元化特征

中央专制集权、重农抑商并垄断工商业等,是中国传统城乡关系不同于西方的根本原因。城市成为政治附庸,具有政治性、消费性、商业性"三种具有连带关系的性质",① 传统城市在政治上控制着乡村,而在经济上对乡村腹地的引领作用并不明显。

(一) 海河流域的城市体系服务于封建政治

在欧洲,城市逐步从封建领主的政治统治中分离出来,形成自治城市,有其独立的城市政治、经济体系。在中国,城市一直被封建政权严格控制,作为"人君之葆守",② 城市的修筑、空间规模等均由政府决定。故而城市具有鲜明的等级——与其治所行政等级一致,成为封建专制国家的一个重要构成部分。历史上城市经济、文化均有发展,甚至相当繁华,但受封建专制体制所限,独立的城市经济体系至清代一直没有形成,所以"中国封建经济结构始终是一元的,而不是二元的"。③ 在重农抑商、官营手工业、商榷专卖等工商业垄断下,城市经济职能也被纳入封建政治体系,成为政治职能的附庸。

海河流域处于京畿地区,其城市体系等级较之国内其他区域更完整,包括了"国都—省会—府—州—县"各级政治中心;同时,在流域内大运河最北段及终点处,还有经贸职能较为突出的运河城市;此外,在空间布局上也体现着鲜明的以京师为中心的政治性:大致呈"T字形",长城沿线城市带为"横",贯穿平原中部的城市带为"竖",前者多为北上水陆通道与长城关隘的交会处,后者则由沿南北陆路大道、运河沿岸城市组成,京师为横、竖两画的"交点"。④

---

① 王亚南:《中国半封建半殖民地经济形态研究》,人民出版社,1957,第275页。
② 《管子·度地第五十七》,管曙光:《诸子集成》第2册,长春出版社,1999,第157页。
③ 傅筑夫:《中国经济史论丛》,三联书店,1980,第374页。
④ 张慧芝:《地缘结构变化对清代直隶地区城市布局的影响》,《西南民族大学学报》(人文社会科学版) 2009年第11期。

(二) 流域城市职能的二重性

中国传统城市以政治、军事职能为主，但为满足城内庞大的官僚机构、军队及其他扈从人员的生活、文化娱乐等所需，就要求城市必须具有一定的经济职能和文化职能。特别是宋以降经贸职能突出的商业城镇不断增多，在一元化经济模式下，中国传统城市的职能也具有政治和经济的二重性：(1) 城市一直是封建国家统治广大农村的政治据点，在封建社会前期尤其突出；(2) 在发展趋势上，城市作为经济中心的职能随着商品货币经济的发展而日益重要，与乡村的内在经济联系不断密切。中国传统城市从来就不是一个脱离乡村而存在的封闭的孤岛，其经济职能在封建社会经济的宏观系统格局中体现。

以滹沱河流域的正定府城为例，其职能如光绪年间容丕华在《正定府》诗中所述："西抱恒岳千峰峭，南截滹沱百道湾。中国咽喉通九省，神京锁钥控三关。"① 因扼控京师南北驿道，顺治十三年（1656）设保定巡抚，治真定，② 康熙八年（1669）移驻保定。为减轻滹沱河水患对漕运及京津的威胁，雍正年间允详等奉旨勘察治理，乾隆皇帝三次视察滹沱河堤防，并为河神庙赐额"畿甸安澜"。同时，由于其便利的水陆交通，该城也是上游山区与下游平原之间的商贸中心，"种棉之地约居十之二三"，因其"郡近秦陇，地既宜棉，男女多事织作，晋贾集焉，故布甫脱机即并市去，值视他处亦昂"。③ 当地高价的棉布沿着滹沱河支流开辟的山路穿过太行陉隘，销往流域上游不擅棉纺的晋地。

(三) 流域传统城乡关系的隶属性

在政治上农村隶属于城市。封建国家范围内一切政治、经济、社会活动皆处于专制体制的管制下，"在这种传统势力控制之下，没有任何人或任何事能置身于这个约束之外，而各行其是。因此，社会经济结构必然是统一的，而不可能是二元的。城市较之农村虽然有稍行发达的工商业，然而城市不但不是一个独立的经济中心，而且是封建制度实施统制和干预的

---

① 容丕华：《正定府》，郑大进：《正定府志》卷49《艺文》，乾隆二十七年（1762）刻本。
② 雍正元年（1723），因避世宗胤禛讳，改真定府为正定府。
③ 方观承：《棉花图·收贩》，现存河北省博物馆。

神经中枢；换言之，农村不是与城市分离，而是为城市所控制"。① 由此，在经济上城市对乡村的带动作用较小，明清都城及各级政治中心城市的工商业虽呈现一派繁荣的景象，但是这种繁荣是基于政治特征的一种寄生性、消费性繁荣，因之"未能出现工业化趋势，城市对人口的容纳也就十分有限，经济繁荣也难以持久"。②

以承德市为例，它所在的滦河流域不大，像一条楔子插在华北、东北、内蒙古、渤海湾四地之间，成为连接四地枢纽；通过在分水岭地区开凿运河、水陆联运等形式，将这几个区域连接起来。为抵御俄国对中国北方的侵犯及强化北方民族关系，清前期承德由一个百余人的小村庄，迅速发展成为全国第二政治中心——陪都，或曰夏都。人口的迅速汇聚滋生出庞大的物质需求，为鼓励商贸，"沿边诸口皆有税，惟古北口无"。③ 在政治力量带来的聚集效应下，"热河自皇祖建立山庄以来，迄今六十余年，户口日滋，耕桑益辟，俨然一大都会"。④ 承德的迅速崛起与腹地资源禀赋、经济发展程度关联并不密切，而是对京师显示出了极大的依赖性；周边乡村的经济活动主要是为服务夏都而进行的。

二 近代殖民背景下海河流域城乡关系的二元化分离

近代政治经济半殖民化，城市经济出现畸形繁荣，腹地农村则进一步走向了贫困，加快了传统一元化城乡关系的解体。城市的畸形发展与农村的贫困纠缠在一起，使近代城乡关系出现了新的矛盾特征——二元化分离。

（一）近代海河流域城市的买办特征与畸形繁荣

中国城市近代化与1840年开始的半殖民化同步。西方殖民者以开埠城市为据点，利用逐步培植起来的买办阶层，将中国城市逐步演变为西方工业制品向中国农村腹地倾销的基地，及掠夺、输出农村廉价原材料的基

---

① 傅筑夫：《中国经济史论丛》，第374页。
② 何一民：《中国城市史纲》，四川大学出版社，1994，第223~224页。
③ 和珅、梁国治主编《钦定热河志》卷16，乾隆四十六年刻本，第1页。
④ 和珅、梁国治主编《钦定热河志》卷16，第3、4、9、10页。

地。近代城市性质如王亚南所言，成为"统办环球制品，广授各地物产"的买办性商业城市。① 海河流域和全国其他地方一样，在19世纪末期，城市经济职能、性质等开始发生质变。

（1）河海联运的港口城市出现，如天津。1860年被迫开埠后，西方各国相继设立租界，享受行政、司法权。在条约所赋予的政治特权庇护下，天津商业职能开始向买办性商业职能转变，开埠之前"国货通行，权利在握，津门固一国货商场也"；开埠之后，"外人运其轻巧之制造品，输运来津"，外国工业化产品大量涌入，逐步取代了传统产品，"卖货者不得不改为洋商，始犹华洋相抵，继则洋多于华，经则国货每年仅售十之一二，洋货反销十之八九"。② 进口货物以米粮、布匹、棉纱为大宗，其次为钢铁制品、卷烟、糖、煤油等，通过海河各水系便利的内河航运输入流域腹地，瓦解着传统经济结构。

（2）新兴的近代城市出现，如唐山、石家庄等。这是呼应洋务运动和资本主义工商业初步发展而出现的城市，可归为两类：一类是能源型城市，随着煤炭、铁矿现代开采技术的引进，出现了新兴工矿业城市，如唐山；另一类是随铁路修建而出现的近代交通枢纽城市，如石家庄。这些城市的出现和西方技术、资本进入中国密不可分，买办势力十分活跃。如唐山的启新洋灰公司，前身是1889年由官僚买办唐廷枢创办的唐山细绵土厂，1906年由同样是官僚买办的周学熙从英国人手中将其收回并改名。

（3）传统商贸城市向近代转型，如张家口、邢台等。近代流域腹地的城市开始分化发展，传统产业能满足西方市场需求的便得到进一步发展。近代中俄贸易主要是满足俄国资本主义发展的需要，在晋冀农村购买棉花等原材料后，由张家口输出；俄国工业产品也主要由张家口倾销内地。近代邢台因西方工业产品倾销，传统纺织、烟叶等产品"销路不畅"；③ 而国外市场对皮毛原料有巨大需求，于是借助与天津之间便利的水陆交通，张家口成为西方皮毛初级加工工厂。

---

① 王亚南：《中国半封建半殖民地经济形态研究》，第59页。
② 宋蕴璞：《天津志略》第10编《卷后语》，1931年铅印本。
③ 光绪《邢台县志》卷1《风俗》，台北，成文出版社，1993，第160页。

(二) 近代海河流域腹地乡村的半殖民化与贫困加剧

鸦片战争以后中国社会逐步进入了条约体系社会，仗恃不平等条约的特权保护，近代西方殖民势力对中国农村腹地进行着赤裸裸的经济侵略：一方面工业产品的倾销，加速了传统手工业的破产，加剧了传统农业经济模式的衰落，农村失业人口增加；另一方面原材料的掠夺，使农村腹地种植结构出现非常态的殖民化调整，粮食危机加重，人口承载力进一步下降。

为满足西方原材料的需求，在官僚买办阶级的引导、操控下，近代海河流域腹地农村种植结构进行着调整，棉花、茶叶、蚕丝、麻、油茶、大豆等种植面积增加很快，甚至种植鸦片。以1906年清政府禁烟上谕颁布为界，之前直隶省鸦片种植面积保持在10万亩左右，之后才锐减至四五万亩。① 因鸦片、烟草等作物对农田养分要求较高、破坏性较强，导致一些地区上等良田土壤肥力下降，加剧了农村土地资源的匮乏。

倾销工业产品是西方殖民势力对中国农村腹地掠夺的主要手段之一。借助天津港与腹地的便利水运，棉布、棉纱、药品、香料、糖、玻璃、火柴、煤油、五金、铁、鸦片等西方工业产品输入量不断增加。"西人之工于牟利者，接踵而来，操贸易之权，逐锥刀之利，民间生计，皆为其所夺"，② 农村家庭手工业"在外国的这种竞争之下受到很大危害，结果就使社会生活受到了相当大的破坏"。③ 如运河沿岸的南宫县，家庭手工棉线、棉布业在西方机纱、机织布的冲击下，"遂不出里门，惟集市间尚有零星售卖者，无工业之可言矣"。④ 洋纱、洋布倾销，极大地破坏了传统纺织业，农村剩余人口由此增加。棉花也作为原材料出口后，常被加工成棉纱后再倒销回中国的棉花产地，如清河等县棉农以低价出卖原棉，再以高价购买洋纱织布，其间的"剪刀差"使农民遭到西方资本严酷的剥削，贫困加剧。

---

① 李文治编《中国近代农业史资料》第1辑，三联书店，1957，第457页。
② 郑观应：《附录杨然青茂才论泰西善堂》，《盛世危言》第2卷，上海古籍出版社，2008，第58页。
③ 《马克思恩格斯选集》第2卷，人民出版社，1972，第3页。
④ 贾恩绂：《南宫县志》卷3《物产篇》，民国25年刻本，第18页。

一些贫困人口不得不向生态脆弱的流域上游地区迁徙，又引发了上游地区的生态问题、生态贫困，通过流域生态灾害转移性，演变为整个流域的生态经济问题，进一步加剧了贫困态势。

（三）殖民外力作用下近代海河流域城乡关系的二元化分离

在殖民势力干预下的中国近代化进程中，传统农耕结合的手工业生产方式遭到严重破坏、日渐解体，但同时，中国近代城市并没有形成资本主义机器大工业的生产方式，所以无法接纳破产的农民。农村自给自足经济模式逐步解体，被迫纳入国际市场，成为帝国主义经济链条中最低级的一环——工业产品倾销地、原材料输出地；城市则成为帝国主义资本侵略中国的"前沿阵地"，成为西方工业产品输入、中国原材料输出的"中枢""集散地"。所以，尽管近代传统乡村工业借助其与农业的充分混合有所发展，并通过城市的商业职能部分进入了流通领域，但被烙上半殖民化的印记。

19世纪末西方列强以资本输出的方式在海河流域腹地农村建立了一些农产品加工业，主要有皮毛业、草编业等，皆服务于西方殖民市场。海河流域腹地与天津港口之间有着相对便利的水运，所以上述诸业发展较快，如流域南部形成了以南乐县为中心的草编业，位于白沟河下游的固安县逐步形成了专门从事柳编交易的"柳市"，遗憾的是，"捆劳担负者踵相接……贩竖麇集，皆柳器也。筐箩尤工致，日中一哄，千万立尽。贫家夫妇昼夜编织，苦资糊口"。① 外国资本的侵入造成自然经济解体，这并不是要使乡村农业变为独立的资本主义农业，而是为了更有利于他们掠夺，使之愈来愈依赖其控制的市场。由此就出现了奇特的现象：乡村愈是走向市场，趋于开放，愈是走向衰退和崩溃，农业破产愈是加速。

天津港位于海河流域尾闾，流域腹地乡村因此水运交通较为便利，而天津自身的半殖民化、买办等特征，进一步加剧了流域腹地乡村经济的半殖民特征以及乡村的贫困。简而言之，近代海河流域城乡分离的过程是在殖民外力下发生的，并不是在生产力、生产关系作用下瓜熟蒂落，外力促成的突变必然带有畸形特征。与此同时，城市的殖民化发展不仅无法给农

---

① 固安县文史资料办公室编印《固安县文史资料选编》第1辑，1987，第124页。

村起到应有的带动作用，反而使城市的畸形繁荣与农村的贫困加剧联系在一起，呈现一种畸形的二元化分离。

三 京畿腹地的地理位置加剧了近代城乡关系的二元化

近代北京主要职能依然是政治职能及与之相关联的文化职能、消费职能，经济职能主要服务以上需求，"城市工商业最发达的部分，也是供这些人消费的奢侈品行业"。① 巨大的消费能力，特别是对奢侈品的消费，促成了城市的消费性繁荣，城市工业产品不仅很少销往农村，且以服务皇室贵族高级奢侈品需要的官府手工业为主。所以，近代北京作为全国政治中心与腹地乡村间的关系，依然是一种凭依政治特权的不平等关系。

（一）近代京师经济职能依然是消费性繁华

首先，由北京城内主要产业的构成可以直观地看出其消费性特征。

城市工商业更多是为了满足皇室贵族、官宦、富商等奢侈性消费，在日常用品中也形成了一些著名品牌，如六必居的酱菜、都一处的酒、李自实的笔、长安斋的靴子、启盛德的金顶等，都成为贵族追逐的消费时尚。晚清京城中著名的药铺有西鹤年堂、同仁堂、万全堂、益元堂、天汇号等。书籍、字画、古玩、笔墨纸砚诸业也颇为繁盛，琉璃厂一带成为京城官宦士绅附庸风雅的文化消费中心。宗教文化也形成了"度越唐、明远矣"的盛况，② 至20世纪50年代初仍存有800多座寺庙。奢侈性消费特征，还表现在一些物品上，如人造花行业，清代城内生产和经营花业者有1000多家，崇文门外花市一带的居民主要以造花为业，"家家妇孺皆参加工作"，汇聚了各地能工巧匠，制作工艺已达到"夺魁天下"的水平，品种有绢花、挑补花、绒花、铁花、玻璃花，"精巧绝伦，海内所无"。③

其次，消费性特征必然制约京师作为一个大城市该有的经济职能。

---

① 赵靖：《中华文化通志·经济学志》第6典《学术典》，上海人民出版社，1898，第15页。
② 赵尔巽：《清史稿》卷82《志五十七·礼一》，吉林人民出版社，1995，第1699页。
③ 齐大芝、任安泰：《北京商业纪事》，北京出版社，2000，第48页。

北京城市工商业繁荣的主要动力不是经济要素，而是依赖政治特权形成的资源优先聚集，所以随着中国近代化的演进，特别是一些近代经济职能城市的兴起，京师的经济地位开始下降，20世纪前期被上海、天津超越。北京庞大的消费能力，远非京畿腹地能够满足，粮食需要从南方大量漕运，手工业产品也大致如此，同时以奢侈性消费品为主，难以促进生产工具的技术革新。所以，京师巨大的需求，不仅没有带动腹地工商业的繁荣，反而使腹地无剩余物质可与其他区域交换，如清代南来的漕船多空船南返，就是例证。所以近代北京城市的繁华，不同于近现代意义上的城市发展，在社会总财富一定的前提下，其繁华意味着对供给地区的掠夺，海河流域作为京畿腹地，服务京师的政治职能对其社会经济发展具有一定的制约性。

（二）京师对海河流域腹地社会经济的"回浪效应"

现代大城市周围存在"大都市发展阴影区"现象：城市对周边地区的推动作用被称为"扩散效应"，对周边地区的阻碍作用被称为"回浪效应"。[1] 近代北京城市经济发展的半封建半殖民特征，对京畿腹地的影响也是二元的，既有带动也有制约。带动主要表现在京畿腹地的位置促进了流域交通近代化，京师消费能力拉动了海河流域腹地的经济等方面；"回浪效应"主要表现在劳役繁重及战乱频仍等方面。

首先，沉重赋役对京畿腹地社会经济的制约。

劳役征发等受时空因素制约，于是直隶地区便成为就近征发最便利的区域。如京师西郊的良乡县，由北京南下交通要道穿过邑内，接待工作不胜其烦，《良乡县志》记："我良为京西首站，昔年使节之往来供亿之烦劳，尝视他县为剧"，直到铁路通车，"车马之差徭亦遂为之减轻甚矣"。[2] 香河县毗邻水运枢纽通州，《香河县志》对邑内沉重的赋役描述甚详："若兵卫之稠〔绸〕缪，田赋之供亿，输蹄之繁紊乱，鲂赪之因仍，视外部不啻倍之。"[3] 流域内远离京师的阜城县，方圆不过40里，因"路当要冲"而"民疲财困"，县志对此奋笔疾呼："阜以蕞尔之疆域，萧然之厘廛，而当

---

[1] 张京祥等：《论都市圈地域空间的组织》，《城市规划》2001年总第25期。
[2] 周志中：《良乡县志》卷1《铁路》，民国13年（1924）刻本，第18页。
[3] 《香河县志·旧志序》，台北，成文出版社1993年据民国25年铅印本影印，第29页。

南北往来如纷如织之冲道，为之吏者不亦难呼？为之民者难呼？"①

其次，频仍战乱对京畿腹地社会经济的破坏。

无论外族入侵还是国内战乱，北京都是攻取的首要目标，京畿作为拱卫京师的前沿，因之成为中心战场。近代太平天国北伐，热河骑马军、捻军、白莲教等反抗战争，以及英军、八国联军对渤海湾、天津的入侵，这些战争以攻取北京为目标。光绪二十七年，流域大部处于八国联军控制之下，八国联军"往来巡梭，足迹殆遍。凡拳匪巢穴，无论官衙民居，遇则焚毁，往往全村遭劫"。②在京津线上，八国联军害怕遭到伏击，竟然把沿途村镇夷为平地，据瓦德西供认，从大沽至北京"沿途房屋未经被毁坏者极为罕见"，"至少当有五十万人变成无屋可居者"。③近代随着外国洋枪洋炮技术的传入，战争破坏了城乡建筑，人员伤亡急剧上升，在战后很长时间里，遭受战火焚毁的海河流域中下游地区的社会经济都难以恢复。

四 近代城乡关系二元化与海河流域发展

近代城市诸种职能的殖民化畸形发展，使其依然难以形成独立的城市政治、经济体系，难以起到区域经济中心对于腹地的带动、引领作用；同时，随着城市对农村的殖民化剥夺，城市与农村的二元化分离趋势强化，这些皆制约了流域社会经济的近代化进程。

（一）近代海河流域农村与城市经济之间的恶性循环

近代海河流域粮食问题加剧，除人口增加、生产技术滞后，最重要的因素就是殖民式种植结构的调整，一些上等耕地被用来满足原材料出口所需，大幅减少了粮食种植。腹地农村生产的粮食连满足自身所需都有困难，罕有剩余产品供给城市，农产品供给力的低下必然制约城市的发展。如位于大清河上游的望都县，上、中、下等土地"均匀计算，每亩得谷五六斗，须六亩可养一人。望邑额地一千七百余顷。现存男妇六万余名口，

---

① 《阜城县志》卷3《疆域·山川附》，台北，成文出版社1993年据光绪三十四年铅字本影印，第62页。
② 肖若瑟：《圣教史略》，献县天主教堂，1932，第62页。
③ 中国史学会主编《中国近代史资料丛刊·义和团（三）》，上海人民出版社，1951，第18~19页。

宜其地之所出不敷卒岁之用"；在此情形之下，望都县"上户饭粗粝，中户下户掺糠和菜以为食哉"。① 再如滹沱河下游相对富饶的正定府，由于很多粮地改成棉田，吃粮也难以自给，需仰仗他处供给，乾隆《正定县志·风俗志》记，邑内"丈夫力佃作，女子工针绣，仅取糊口而止"。近代海河中下游粮食贸易以境外输入为主，势必制约城乡发展。

19世纪前后，华北地区已出现"人满为患"之势。② 解决农村剩余人口的途径有两个：一是发展农村手工业、商业，如昌黎县"惟因人稠地狭，习商者三分之一"；③ 二是农村剩余劳动力进入城市，前提是城市必须能为农民提供转为产业工人的机会，否则就会引起城市人口恶性膨胀，带来了许多城市社会问题。清末该流域腹地农村剩余人口不断涌入京津等城市，流入北京的手工业者"约分两途：一曰食力，西人所谓工也；一曰食技，西人所谓艺也。食力之中，以当家人、车夫、水夫及瓦作、小工四项为大宗；食技之人，以木匠、瓦匠人数为最多"。④ 由于近代北京工业化水平偏低，流入城市的农民难以在近现代产业部门谋得合适的职业，难以转化为产业工人，这又加剧了城市人口职业结构的失衡状态，以致出现城市商业规模大于工业，消费大于生产的畸形现象。

国内其他地区也一样，近代海河流域资本主义经济始终没有占据主导地位，半封建半殖民的社会性质使农村贫困加剧、城市无法形成独立经济体系，城乡关系处于不能正向互补的恶性循环中，以致中国近代城市化进程"远远没有像欧美发达国家那样逐步实现'乡村城市化'，还只能说尚处于'乡村城市化'的过渡状态中"。⑤

(二) 农村与城市之间传统的文化认同逐步弱化

文化认同是指一种特殊的文化状态、心理状态，是人们文化身份的认同及其文化的归属意识，是民族形成、国家统一的社会心理基础，可以说，建立在文化认同基础上的区域才具有一体化发展的凝聚力、向心力。

---

① 路宝善：《望都县乡土图说》，光绪三十一年（1905）刻本，第3页。
② 乔志强：《近代华北农村社会变迁》，人民出版社，1998，第39页。
③ 陶宗奇：《昌黎县志》卷5《风土志》，民国22年刻本，第31页。
④ 彭泽益编《中国近代手工业史资料》，三联书店，1957，第518页。
⑤ 隗瀛涛：《近代重庆城市史》，四川大学出版社，1991，第18页。

在传统社会经济一元化模式下,城乡之间居民存在高度的身份认同,乡村的才俊多通过科举等人才选拔制度进入官僚体系住进城里,但是其间和乡村仍会密切联系,因而辞官之后又多会告老还乡,成为乡绅的重要力量。近代以来,城乡之间畸形的二元化分离,开始逐步出现"市民"与"村民"的身份差异,城乡之间的文化认同逐步弱化。

以目前大部划入"环京津贫困地区"的承德地区为例。清代前中期,承德市作为全国第二大中心城市迅速崛起,不仅经济依赖北京政治扶持,文化也基本复制京师,即"风俗多同京师",① 目前怀柔、承德依然是中国普通话标准音采集地。20 世纪 30 年代,日本侵略者"看中水上运输……强行把掠夺的中国黄金、钢铁、铜等贵重物质顺水运到偏凉汀和老河口,再装火车和轮船直运伪满和日本国内"。② 日军无秩序征发民船,正常水运遭到破坏,③ 水运由此一蹶不振。连接承德与北京的政治纽带、自然纽带近代后开始断裂,因此与京师的文化认同开始疏离,地域性特征不断增强,并影响至腹地。19 世纪末,金丹道、在理教、黄羊教、八卦教等民间宗教结社在当地不断壮大,④ 民国时期热河一带将土匪、大烟、鼠疫统称"三害","商业日渐倒闭……沉靡之气,污秽之状,向所未睹"。⑤ 近代承德地区与北京之间的文化认同疏离,社会风貌日渐粗鄙,城乡之间文化二元化特征日益凸显。

不仅是承德,近代以来整个京津冀地区,河北腹地与北京、天津两大都市之间,河北城市与乡村之间居民的文化身份差距在不断拉大,城乡文化二元化,在这一过程中殖民势力对内河航运的破坏、近代交通的发展,以及城乡之间自然纽带的断裂均是重要因素。

(三) 内河航运衰落城乡之间"生态关联"的疏离

乡村与城市作为异质、互生的人类聚集空间,二者之间的关系体现在

---

① 直隶省视学编纂《直隶风土调查录》,商务印书馆,1916,第 63 页。
② 郭文、李仲三:《迁安境内滦河水上航运》,迁安县文史资料研究委员会编印《迁安文史资料》第 7 辑,1991,第 143 页。
③ 南满洲铁道总局编印《热河诸铁道及背后地经济事情》,1940,第 40 页。
④ 中国第一历史档案馆编《清代档案史料丛编》第 12 辑,中华书局,1987,第 252 页。
⑤ 王振兴、邓一民:《热河匪患》,承德市政协文史资料委员会编《承德文史文库》第 4 卷,中国文史出版社,1998,第 72 页。

政治、经济、文化、生态等方面，所以对于二者关系的解读从不同的学科视角出发会有不同的侧重点。从某种程度上讲二者间的关系是决定区域能否协调、可持续发展的重要因素。近年城镇化进程的实践也反映出城乡之间不仅是政治问题、经济问题，更是文化问题和生态问题。

首先，近代交通的发展对内河航运的影响。

对于铁路兴起与区域近代化之间的关系，多位学者做过深刻阐述，①但流域的自然属性及留存的河运对区域发展依然发挥着作用，如20世纪初海河流域形成的三大产棉区：西河区（主要包括大清河、滹沱河、滏阳河流域地区）、御河区（津浦路沿线及南运河地区）和东北河区（京奉铁路沿线及滦河、北运河等流域），②从其名称、范围即可看到近代交通技术发展与流域自然属性叠加而产生的交互作用。

近代交通体系在空间分布上与内河航运空间体系有"质"的区别。以铁路、公路为主的近代交通体系，在近代技术力量的支持下，遇河架桥、逢山开洞，较之传统沿河流、河道分布的水陆运输线，已经显示出较大的"人为选择性"特征，随着航空运输的出现，"人为选择性"特征更为突出。由此，以城市为枢纽的近代交通体系，人们便可以从自己的利益出发选择抵达腹地的交通方式。与之相反，受到河流水系制约的内河航运体系则"自然性"特征显著：可以勾连整个流域；以分水岭来保证流域内的整体性、系统性，及其与外界的联系。所以近代交通技术的发展，人为地疏离了城乡之间由自然力量所形成的天然密切关系。

其次，乡村是城市的腹地，包含经济、生态多层意义。

现代城市与其周围地区在发展上的相互依赖性越来越大，并在此基础上形成发展上的共变关系，在组织关系上和空间上逐渐地结为一个整体，形成一个具有一定边界的地域单元。在这个地域单元内，城市是中心，它周围的地区称为腹地，以往更多关注腹地的经济价值，近年随着城市生态问题的加剧，开始提出"城市生态腹地"概念。

北京位于永定河下游，加之西北季风等特征，按照当前的行政区划，

---

① 参见熊亚平、王静《近代华北乡村社会变迁中的铁路因素》，《中国社会科学学报》2013年6月5日；梁卫东、徐永志：《近代河北的铁路建设与农村社会变迁》，《民族史研究》第6辑，中央民族大学出版社，2005，第329~355页。
② 董丛林等主编《河北经济史》第4卷，人民出版社，2003，第33页。

"张家口市全域、承德市丰宁县全域和北京市西部、北部各县区"是北京城市生态腹地。从流域来分析，与北京城紧密相连的生态腹地主要包括永定河流域和潮白河流域。永定河上游即桑干河，是中国仅次于黄河的大含沙量河流，历史上也称"小黄河"；因其直接危及北京，故定鼎北京后朝廷对永定河河道的治理投入较大。潮白河上游河床坡度大，加之季风气候的影响，在汛期极易发生决溢泛滥，河道没有西迁以前，北京正位于其下游，极易被灾，乾隆三十八年（1773）后潮白河逐渐西徙，对于京师及水运的危害变小，所以得到的关注远逊于永定河。具体到天津，海河上游的众多支流遍及河北平原、北京小平原，最终汇集在天津邑西的三岔河口再东流注入渤海，故喻之"九河下梢"，这一得天独厚的地理位置，就使天津成为海河流域城乡河、陆、海运输枢纽，及其外向型发展的门户，同时海河流域上游地区、环渤海湾大部地区，都成为关涉天津城市生态安全的"生态腹地"。

鉴于流域水患灾害的整体性特征，下游发生的灾害之根源往往在中上游，与中上游山区的林草覆盖率、水土流失情况等存在因果关系。因此除了存在直接因果关系的"生态腹地"，整个海河流域腹地的生态承载力同样会不同程度地影响京、津等中心城市的发展。近代以来，位于海河流域上游的太行山区、北部燕山山地及长城沿线、口北等生态脆弱地区的农业开发范围不断扩大，大片牧场、林草地变为农田；与此同时，这些区域的矿产资源开发范围也在不断扩大。所有这些都带来覆被减少、水土流失加剧等问题，而京、津等城市水患灾害、沙尘等气象灾害发生频率的大幅增高就是流域灾害转移的必然结果。

（四）腹地经济贫困引发的生态贫困加剧了城市问题

近代种植结构的殖民化，引发了海河流域的粮食安全问题，为解决粮食问题，人们活动空间开始向流域上游生态环境脆弱地区迁徙。近代农村经济凋敝，为解决柴薪、温饱等生计问题，人们不得不向生态脆弱的河源山地索取，这些地区又多为河流源头或上游地区，鉴于灾害的流域性特征，[①] 势必对流域中下游城市产生负面影响。

首先，乡村生存空间向流域生态脆弱区迁徙，加剧下游生态问题。

---

① 王尚义、张慧芝：《关于创建历史流域学的构想》，《新华文摘》2010年第4期。

近代海河水系各支流上游所在的太行山区、北部燕山山地，及长城沿线、口北等生态脆弱地区的农业开垦、矿产开采等有增无减，如发源于山西北部山地的滹沱河，"滹沱剽悍亦称浑水，西由繁峙入直隶之平山，达于正定，奔腾涌伏"，① 随着晋北地区马铃薯种植的普及，山地农业不断扩展，且因地广人稀，一直采用粗放型耕作方式，滹沱河泥沙含量不断增加，危及了滹沱河下游地区的生态安全。再如发源于口北坝上牧区的滦河，关于清代口北地区的农业开发程度、规模，口北三厅的设置就是最好的证明。上游的农业开发，河流生态系统受到干扰，弊多利少，据民国《卢龙县志》记载，"境内之水以滦河、青龙河二水为最大，收益少而被害多，利用水利者仅青龙河、撒河少数香磨而已。每遇夏季，河水泛滥，田庐人畜横遭湮没，两岸地多冲刷，夏者一片巨浸，冬者满目平沙"。②

其次，能源开采危及流域城乡生态。

海河流域煤炭开采主要集中在燕山、太行山一带，为维持生计，农民多以土法开采，"往往农闲即挖，农忙即止，水多即闭，水涸复开。甚至朝东暮西，并无定界"。③ 如井陉风山一带有民窑106处，④ 土法开采带来的生态变迁十分显著，披览光绪《续修井陉县志》祥异卷，可以看到旱、涝、蝗灾交替出现，时常"民大饥"，"饿死有众"，不得不背井离乡成为流民、难民，位于绵河河岸的县城也屡被水灾，如道光十三年"绵河大发，冲去西关街一半，所剩民居不过两三家"，紧接着道光十九年"绵河大涨，冲去人民无算。涌入南城门，淹没东关阁二门，阁里西北两街家家皆被水害。由东巷流入北关"。⑤ 清代滹沱河、滏阳河是水患发生频率相对较高的流域，井陉县境内的绵蔓、甘陶二水在平定县归入滹沱河，磁州则位于滏阳河上游。可见，土法采矿对于生态环境的影响绝不仅仅局限在矿区，由于这些矿区多位于山区，是河流上游所在地，因此土法开采对于植被覆盖率、地下水的破坏，往往会成为流域中下游水患灾害的诱因。再如

---

① 唐执玉、李卫：《畿辅通志》卷22《山川》，雍正十三年（1735）年刻本，第23页。
② 董天华：《卢龙县志》卷3《地理·河流》，民国20年（1931）铅印本，第75页。
③ 甘厚慈：《北洋公牍类纂续编（三）》卷18《矿务一》，台北，文海出版社，1967，第1288页。
④ 井陉县志编纂委员会编《井陉县志》，河北人民出版社，1986，第218页。
⑤ 常善：《续修井陉县志》卷3《祥异》，光绪元年（1875）刻本。

直隶南部重要城市邯郸位于滏阳河流域,直隶中部重要城市正定则位于滹沱河流域,皆不同程度地受到上游土法开采带来的生态问题的影响。

五 反思:城乡关系从"以人为本"到"天人合一"

社会形态的更替"并非自然的恩赐",① 其具体制度或多或少会受地理环境的影响。城乡关系既是政治经济制度的产物,同时也受到自然环境力量的制约,譬如城市选址对自然的适应性、② 城市体系空间布局与水系的耦合性③等。内河航运的"自然性"特征使流域各支流、源头彼此勾连,且将流域上、中、下游,城镇与腹地乡村等天然地连接在一起。近代铁路、汽车等"人为选择性"特征显著的交通方式,逐渐取代了传统的内河航运,加之对生态质量的忽略,海河流域的内河航运至 20 世纪 60 年代近乎消失,流域内城乡关系开始出现人为地、选择性地疏离。

(一) 水系与城市网络及城乡空间分布

"交相通达"是人类社会产生、发展的前提,河流是人类最早的迁徙通道,以远古"刳木为舟"为起点,以河流为中心构建的交通体系之便捷性、畅达性,是非流域自然区域难以企及的,利用河谷、山川作为交通通道,在世界交通史上具有普遍意义。此外,河流还提供了充足的水动力资源;河流的搬运作用,不仅使得流域内形成了平坦盆地,且使得中下游形成了辽阔的适宜农业发展的冲积平原;流域内的河流、湖泊有水产渔业之利;流域两侧的山地有森林、矿产资源等,并且还是天然屏障,具有军事、文化等保护功能。总之,流域可以从水源、土地、动力、动植物、矿产等资源层面,以及军事防御、文化独立性等层面来满足人类的诸种需求,由此也就成为从远古一直到今天,人类最为聚集、活动最为频繁的自

---

① 《资本论》第 1 卷,人民出版社,2004,第 554 页。
② 黄光宇、陈勇:《生态城市理论与规划设计方法》,科学出版社,2002,第 38 页。
③ Woldenberg MJ, Berry BJL, "Rivers and central places: analogous systems?", *Journal of Regional Science* 7 (1967): 129-139;陈彦光、刘继生:《中心地体系与水系分形结构的相似性分析——关于人地对称关系的一个理论探讨》,《地理科学进展》2001 年第 1 期;刘继生、陈彦光:《河南省城镇体系空间结构的多分形特征及其与水系分布的关系探讨》,《地理科学》2003 年第 6 期。

然区域。①

流域也就成为解读各种社会现象、探索社会发展规律的具有典型意义的区域，按照传统"山川形便"的原则，河流及其分水岭往往也是行政区划的边界，社会构成及运行、人与社会的关系、人与生存环境的关系等多以流域为单元发生、发展。中国古代的城乡聚落分布与河流水系密切相关，由此形成了黄河、长江等以河流为中心的流域文明。城市作为人类大规模聚居的聚落形式，更离不开水资源，所以水系被认为是古代城市的血脉，中国历代城市不管是各朝代的都城还是各州、府、县，都依江河或带湖海，城市网络就是由大小江河串联起来的。乡村同样离不开河流，只是更多分布在河流上游或城市周边。

（二）水力是连接城乡关系的自然纽带

这里水力主要指河水运输力，包括人口流动、物质运输、文化信息传播等，人类最便利获取的水力来自河流，由此便有了河流与文明之间的密切关系。

资源禀赋与经济空间的集聚，使流域成为一个具有巨大生产能力的自然区域，而河流廊道是流域产业布局的核心轴带。② 流域内人口按照不同的资源特征聚集，并形成不同的生产、生活方式，从而表现为乡村、城市等不同的聚落形式，所以城乡关系从地域空间来讲，同样具有流域整体性特征。流域是值得关注的文化空间。③ 早在原始社会，人类就开始逐水而居，沿着海岸线、沿着河流寻找适宜生存的区域，不同民族有着不同的思维方式、生产方式、生活习俗，他们沿着古代最便捷的交通线路（河流）迁徙、繁衍，孕育出了具有代表意义的古代文明（这些文明多为流域文明）。

具体到海河流域，传统时代的内河航运及沿河道开辟的陆路通道，促进了中央集权及重农抑商政治力量下城乡一体化；近代殖民外力侵略下内河航运的殖民化，亦加剧了城乡畸形的二元化分离；20 世纪中期后内河航运的逐步萎缩是与此后数十年优先发展重工业加重了城乡二元化分离同步

---

① 王尚义、张慧芝：《历史流域学论纲》，科学出版社，2014，第 9 页。
② 陆大道：《2000 年我国工业生产力布局总图的科学基础》，《地理学》1986 年第 2 期。
③ 朱士光：《论区域历史地理研究的一个重要领域——流域文化研究：以长江文化研究为例》，《历史地理》第 20 辑，上海人民出版社，2004，第 309~313 页。

的。现今随着城市化的推进，借助技术的力量，农业现代化程度不断提高，乡村与城市一体化已成为历史必然，但目前城镇化、城乡一体化带有政府主导特征，其推进举措必须符合区域自然生态的发展规律，那么如何有效地构建城乡经济一体化？对河流廊道两侧及上、下游之间城市与乡村以水系为纽带的天然关联应给予必要的关注。

（三）从流域视角关注京津冀的城乡问题

从地理学视角来看，城乡问题属人地关系范畴，也是一个地理区域问题。至于城乡关系的研究该放在一个什么区域范畴内？鉴于城市、乡村的国家行政建制身份，已有研究多放在行政区划范围之下。区域的划分可以依据政治、文化以及自然条件等标准，流域应该是可将三者最大限度结合在一起的区域。

侯仁之院士在1992年出版的《历史地理四论》一书中，就提出应选择"区域链"作为研究对象，即以河流为轴线，将沿途区域视为子系统，进行深入研究，并具体提出了"潮河链""滦河链"等具体研究设想。鲁西奇也曾论述按流域链来划分区域的合理性。[1] 1990年中国科学院地学部制订的"发展我国地学若干重大基础性课题"文件所列举的主要措施就是："选择区域链例如黄河链（青藏高原—黄土高原—华北平原—渤海—黄海）进行系统研究，争取在人与自然相互作用机理和人地系统调控模型方面有较大进展。"[2]

从某种程度上讲乡村与城市二者间的关系是决定区域能否协调、可持续发展的重要因素，近年城镇化进程的实践也反映出城乡关系不仅是政治问题、经济问题，更是文化问题和生态问题。目前京津冀地区城市化进程最大的阻力是城乡关系的巨大差异，鉴于三地91%位于海河流域，从内河航运这一"自然力"视角对其城乡关系展开研究，希冀城市化的思维从"以人文本"转向"天人合一"，以此助力近代以来城乡"二元化"问题的破解。

作者：张慧芝，河北工业大学马克思主义学院

---

[1] 鲁西奇：《区域历史地理研究：对象和方法——汉水流域的个案考察》，广西人民出版社，2000，第31页。

[2] 侯仁之：《再论历史地理学的理论和实践》，《北京大学学报》（历史地理学专刊），1992年。

理学文化空间扩张动因分析*
——以漳州府城为例

许哲娜

内容提要：本文以漳州府城为例，分析了宋代以降理学文化空间不断扩张的主要动因。地方政治权力为理学文化空间的形成提供了基本动力，而且为其不受佛教势力侵占提供了庇护。对理学领袖朱熹进行文化建构是提升理学文化空间权威性从而保障其进一步扩张的主要策略。宋以来蓬勃发展的庶民宗族组织构成了理学文化空间扩张的社会基础。

关键词：宋明理学　文化空间　漳州府城

城市空间已经成为城市文化研究的重要切入点。这是因为场地的建设、空间的建构往往是一种文化孕育发展的第一步。创办书院传播理学思想，设立祠堂褒扬理学先贤等，提高了理学文化空间在某个地区的占有率，也是理学传人扩大理学思想影响力的主要手段。自称不以"簿书、财计、狱讼"为职责的朱熹却在漳州府城理学文化空间的建置上颇为用心。而他最忠实的门徒陈淳为压制理学文化在漳州城内的最大对手——佛教势力，在征用佛寺、削弱佛教文化空间占有率方面颇费了一番心思。由此可见，空间的消长对于各种思想的影响力具有重要意义，这在古代社会就已经是一种普遍认识。

空间一旦被赋予了文化权威性，还会对人们的认知产生潜移默化的影

---

* 本文为国家社科基金后期资助项目"五色文化视野下的'天人合一'政治哲学"（项目编号：16FZS001）的阶段性成果。

响，从而对城市文化的发展取向产生一定的引导作用。作为漳州府城的最佳俯瞰点，临漳台在被赋予了深厚的理学文化内涵之后，对人们的视线焦点产生了某种不自觉的导向性。清代名臣蓝鼎元在临漳台上俯瞰漳州府城，引起他关注的人文景观除了圆山上久负盛名的康仙祠，还有理学文化的重要历史遗迹——"北溪安卿之屋"。这引发了他"思今吊古，设想噫嘻"，加深了他对临漳台理学文化内涵的理解以及对理学文化权威的认同："紫阳莅漳之日，吾道南来之期，则斯台也为讲学明礼之区。固与灵台重壁，互相等夷，而非一柱九层，敢共驱驰？"① 由此可见，空间的权威性既是思想权威性的重要表征，又是强化思想权威性的重要工具。

有不少学者对书院在争夺地方文化主导权过程中的重要作用做过研究。② 然而，这些研究都未能进一步探讨理学传人究竟是借助了何种机缘推动理学文化空间在城市中落地生根并最终成为一座城市的主要景观，采取了何种策略来获得民众对理学文化空间权威性的认同。本文尝试以漳州府城为个案，从政治、文化、社会等方面寻找理学文化空间得以建立并扩张的原因。

一 地方政治与理学文化空间在漳州府城的扩张

道学派地方官群体大小及其延续性是影响理学文化空间占有率的重要因素。有研究表明，地方官是理学思想传播的中坚力量。尤其是在理学尚未得到朝廷尊崇时，理学传人所主持的地方政府在尊崇与推广理学方面体现出一定的先行性。他们创办书院来传播理学思想，设立祠堂以纪念符合理学理想人格的乡贤名宦，从而在局部地域范围内促成讲求义理的学术风气和尊崇理学的社会风气，使得地方社会成为理学传播和发展的重要基地。③ 即便在理学官学化之后，在佛教文化氛围炽盛的漳州，理学文化空间的维系和扩张仍有赖于地方政治权力的庇护。

---

① 蓝鼎元：《临漳台赋》，《鹿洲初集》卷15，影印《文渊阁四库全书》第1327册，台湾商务印书馆，1986，第813页。
② 参见肖永明《书院的发展对地区文化地理格局的影响》，《湖南大学学报》2008年第5期；唐卫平：《石鼓书院对衡阳文化地理格局的影响》，《教育评论》2013年第5期。
③ 参见拙文《理学在宋代闽南地区的传播》，南开大学硕士学位论文，2004。

理学虽然源于儒学，但是作为一种新的思想文化现象，其"就经解经"、直求义理的特点与传统经传之学的学风格格不入。因而从创立之始，无论是在朝堂之上还是在江湖之远，理学思想都屡遭质疑。理学门徒不得不在党争的漩涡中挣扎，企图通过依附"相党"来获得在思想文化领域中的合法地位。宋宁宗时，在丞相赵汝愚的支持下，理学曾经显赫一时，包括朱熹在内的多名理学门人入主朝政，然而这也直接导致了理学最沉重的一次败退。由于赵汝愚野心过大，在与韩侂胄的党争失败后，理学也因此成为政治斗争的牺牲品。长达六年的"庆元党禁"，对理学险些造成毁灭性打击。朱熹在"党禁的阴冷中"离开人世。① 部分弟子被流放或下狱。而一些为理学鸣不平的官员也纷纷被下放边远之地。韩侂胄被杀后，史弥远当权，崇奉理学，为朱熹等人平反，然而他独揽朝纲、降金乞和的行为与理学传人的政治主张相去甚远，遭到诸多非议。因此，史弥远表面上拉拢理学门人，实则对包括著名理学家真德秀、魏了翁在内的异己分子多有排斥。很多人被迫远离朝廷。理学的浮浮沉沉，却为负海荒僻之地漳州带来了机遇。

漳州地处福建最南端，远离中原和国都，自建州以来一直被视为荒僻之地。在南宋政权定都杭州之后，漳州与国都的距离虽然已经大大拉近，但当时士人对漳州的描述仍不外乎"其地俭狭，故其民窭以啬，其为郡僻左，故吏至则鄙夷其人"，②"瓯闽一方，被山带海，其地狭隘险阻，其俗趋利剽轻"，③"惟是漳滨实穷闽境，其民鄙野而狱讼素简，其地僻左而宾客少过"。④ 无论是理学取得暂时的胜利，理学门徒入职朝廷前需要在地方过渡，还是理学遭到压制，理学门徒被逐出朝廷外补地方，"地广事简"的漳州都是朝廷安排"闲慢差遣"的理想之地。

朱熹是在前一种情况下来到漳州的。绍熙元年，正在进行激烈内斗的留正与王蔺都希冀争取朱熹这面"道学旗帜"的支持，最终留正的诚意打

---

① 参见束景南《朱子大传》，福建教育出版社，1992，第1044页。
② 程俱：《黎确龙图阁待制知漳州》，《北山集》卷24，影印《文渊阁四库全书》第1130册，第239页。
③ 刘一止：《李弥逊除徽猷阁直学士知漳州敕》，《苕溪集》卷37，影印《文渊阁四库全书》第1132册，第184页。
④ 廖刚：《漳州到任谢两府》，《高峰文集》卷8，影印《文渊阁四库全书》第1142册，第395页。

动了朱熹,作为入职朝廷前的过渡,朱熹被派往漳州担任知州。尽管从林宗臣授予陈淳的《近思录》推断,理学思想早在朱熹知漳之前就已经传入漳州地区,尽管朱熹知漳仅有短短的一年时间,且不说他最为看重的经界改革遭遇极大挫折,成为他离开漳州的主要原因,以及他所推行的其他措施如劝谕风俗、约束佛道势力等也都没有取得预期的效果,但是在历代府志的书写中,朱熹知漳仍被视为漳州文化史上一个里程碑式的事件。除了朱熹在理学发展史上的崇高地位之外,还有一个重要的原因,即朱熹是第一个采取切实措施在漳州全面推广理学思想的地方官。

朱熹用9个月的时间对漳州"人物贤否、风俗厚薄"进行了考察,在摸清了"学校底里"之后,决意对州县官学进行改革,试图使其成为传播理学思想的阵地。府学空间也为适应理学教育进行了改造。

(1) 开辟宾贤斋,以配合州学人事整顿。州学对学生道德素质的忽视,与理学对圣贤人格的尊崇和追求背道而驰。为了改变"州郡尊贤尚德之心有所未至"导致的"诸生无所熏陶涵养,以发其向道入德之趣"的情况,朱熹在对州学教学内容进行改革之后,随即对人事进行了整顿。他通过"采访乡评物论",延聘了一批有志于研习理学、符合理学理想人格的前辈后进入州学,既有"耆艾之年,进学不倦,强毅方正"的施允寿、石洪庆,也有"齿虽尚少,学已知方"的陈淳、杨士训,还有"究索精微或持循雅饬"的林易简、李唐咨等,并由"器资浑厚,操履端方,杜门读书,不交权利[力]"、"有恬退之节"的黄樵仲担任州学正录兼主管县学。①

宾贤斋的设立一方面是为了给新进学官提供办公场所,朱熹期望他们成为诸生在"藏修游息"之际的"良师畏友",使得邦人士子"识些向背,稍知为善之方,与一邦之人共趋士君子之域,以体朝廷教养作成之意";② 另一方面也为理学门徒提供一个交流互动的空间,从而有助于漳州理学门派的壮大。在朱熹的撮合下,陈淳成为李唐咨的女婿,由此,翁婿成为终身忘年学侣。陈淳还与林易简辩"动静"之理,与潘武为道义交,同石洪庆也有着很深的情谊。在《送徐杨二友序》中,他记述了和同门徐寓、杨士训的深厚友谊:"声臭不谋而合,自是相与往来于郡斋,疑之质,

---

① 朱熹:《晦庵集·别集》卷6,影印《文渊阁四库全书》第1146册,第638页。
② 黎靖德:《朱子语类》卷106,中华书局,1988,第2645页。

谬之正，蒙之释，或一二日，三四日，辰而入，酉而出，为月者几四，其所以从容共学之情密矣。"①

（2）在州学内营造"九丘八阵"的景观，以生动形象的方式向学生展示易学中"九畴八卦"之法。易学是朱子学说中非常重要的理论构成部分，"九畴八卦"作为易学的基本概念，在朱子学中占据着非常重要的地位。朱熹曾说："八卦仅只此数画，该尽天下万物之理"，并把"八卦"视为"万世文字之祖"。②据陈淳记载，朱熹把漳州府治射堂后面的小园子划分为形如"井"字的九个区域。中间区域用石头砌了一个高坛。在高坛后盖了一座有三个窗户的茅庵，各组窗户门扇分别用八卦来表示，左面为泰卦，右面为否卦，后面为复卦，前面为剥卦。庵前接出一个小屋。前区为小茅亭。左、中、右三区各种了数列桃李，桃李之间用梅树隔开。整个"井"字九区以竹树环绕。布置完成后，朱熹带着学生游走其间，笑称："上有九畴八卦之象，下有九丘八阵之法。"③

（3）严格管理祭祀空间。朱熹发现州学在举行释奠礼时，秩序混乱，在空间安排上无法"肃事神之仪"。一是观礼者与神位距离不够远，"子弟士人观礼者多入殿内两隅"，以致"迫近亵狎"；二是观礼人数众多，有时达到四五十人，"喧哗纷扰"，祭祀空间难以保持肃静；三是观礼者行为举止缺乏约束，以致祭祀空间秩序陷入混乱。有些人没等献官步出殿外，就争着"攫果攫烛"，结果烛光一下就熄灭了，有损祭祀的神圣氛围。还有军人趁机"攫肉攫酒"，也增加了殿内的混乱。因此，朱熹对出入大成殿的人员进行了严格的控制，即便是州学的学生，在观礼的时候也只能站在"戟门内庑右旁植碑之处"，禁止任何人"径造殿内"，以保证空间的神圣性与祭祀活动的严肃性。④

除此之外，朱熹对州学还有一个更为宏大的改造计划，即扩大斋舍空

---

① 陈淳：《送徐杨二友序》，《北溪大全集》卷10，影印《文渊阁四库全书》第1168册，第575页。
② 《朱子全书》卷6，影印《文渊阁四库全书》第720册，第162页。
③ 黎靖德：《朱子语类》卷106，第2653页。
④ 陈淳：《上傅寺丞论释奠五条》，《北溪大全集》卷48，影印《文渊阁四库全书》第1168册，第880页。

间，为"人物清讲磨思"提供"开广而明爽"的场所，① 为理学教育的开展提供更为开阔的空间条件。为此，朱熹计划将东面的贡院和西面的行衙全部拆除，分别改为东斋和西斋。这一计划在宋绍熙二年的春天成形，本打算秋天动工，却因朱熹突然离漳而被迫中止。

朱熹虽然离开了漳州，但是他作为理学领袖，对于继其之后守漳的理学传人具有一定的表率作用，使漳州奉行理学政治理念的风气得以延续。

傅伯成，字景初，晋江人，宋隆兴元年进士，因曾发表"不合时宜"的言论，如"吕祖俭不当以上书贬。朱熹大儒，不当以伪学目之"，此外，还批评庆元党禁，"朋党之弊，起于人主好恶之偏"② 等，于党禁第二年即庆元三年，被调往漳州任知府。

赵汝谠，字蹈中，出身宗室，少年时在水心学派领袖叶适的劝诫下勤学苦读，遂有所成。却因为议论韩侂胄驱逐赵汝愚之事，遭到韩的打击报复，十余年未能出仕。弛党禁后，赵汝谠于嘉定元年登进士科，不久又因与权相史弥远不合，被迫"补外"。虽然《宋史》中未提及赵曾知漳，但从时间上推断，史弥远于宋宁宗嘉定元年与金签订和议，并开始独揽朝政，而漳州方志记载赵汝谠知漳发生在嘉定四年，因此二者应该有一定关联。

危积，字逢吉，江西临川人，一生的起落与其对理学的坚定追随有着密不可分的关系。因为给拒绝承认理学为伪学而遭罢斥的柴中行送行，结果得罪了韩侂胄，出知潮州。后又因被发现与朱熹门人徐侨通信被罢，在长期担任提举鸿禧观的闲职之后，于嘉定十七年出知漳州。

正是这一批理学传人出于对理学领袖朱熹的敬仰，在漳州致力于延续朱熹的政治理念，设法完成朱熹的政治蓝图，从而奠定了漳州府城作为理学传承基地的空间格局。

其一，创办书院，为理学追随者的聚集、理学学说的传承提供必要的场所和空间。知州危积仿效白鹿洞规矩，在登高山山顶创办了第一座书院——龙江书院。白鹿洞书院是南宋时期最为著名的理学传播基地之一，朱熹订立的《白鹿洞书院揭示》成为各地书院办学的范本。可见，

---

① 陈淳：《拟上赵寺丞改学移贡院》，《北溪大全集》卷43，影印《文渊阁四库全书》第1168册，第847页。
② 《傅伯成传》，《宋史》卷415，中华书局，1977，第12441页。

危稹是将龙江书院当作漳州理学传播基地来经营的。他"横经自讲",引起了很大的社会轰动,①使得理学在漳州的影响力大为增强,也为理学在漳州的传承提供了实体空间。

其二,设立祠堂褒扬理学先贤。祠堂作为理学思想的物质载体与理学理念的物化象征,能够起到凝聚理学传人力量、引导社会崇尚理学的重要作用。赵汝谠在教授敖陶孙、推官黄桂、县尉郑斯立的建议下,在州学尊道堂两侧各辟一室,左面奉祀儒家先贤,右面奉祀周敦颐、二程以及朱熹等四位理学泰斗,并请朱熹的学生陈淳和李唐咨在舍菜之日担任执事。众人得以见识文公高弟"苍发布袍,容体肃衎"的超凡形象,而诸生也在井然有序的祭祀活动中"咸大感悦",饱受理学文化的熏陶。淳祐六年,太守方来在龙江书院西侧建道原堂,祭祀朱熹,以陈淳配享。"道原"二字来源于朱熹与陈淳初识时对他的教诲,这也成为陈淳此后治学的不二法门:"凡阅义理,必寻究其根原。"② 这也是理学有别于传统经学的重要标志,即通过探究儒家伦理原则的终极依据及终极意义,来论证其"天经地义"的价值属性。危稹办学与方来修祠的举措为理学在登高山文化圈内营造了第一个据点。

其三,改造人文景观,为府城自然人文景观注入理学文化内涵。除创办龙江书院外,危稹撤去登高山上的临漳台,改建为亭,题名"登高"。方来觉得犯了漳州乡贤高登的名讳,便借用前任太守廖刚吟咏登高山的名句,改名为"碧玉千峰",并与曾任吏部尚书的漳州名士颜颐仲互相唱和。方来颂扬朱熹在漳州的影响:"堂堂紫阳翁,棠阴遍南国。"以漳江"洋洋沧海通"譬喻理学从"武夷溯伊洛,源自无极翁"到"东莱得家传,南轩从五峰"的发展路径。颜颐仲也以"煌煌漳水珠,照耀昆山玉"比拟朱熹、黄榦思想与漳州人文相得益彰的历史情境。③ 二人的诗歌勾勒了理学发展的多个分支源流,包括师承周敦颐、二程的胡安国所创的武夷学派、吕祖谦所代表的吕氏家学以及师承五峰学派领袖胡宏的张栻所创的湖湘学

---

① 《危稹传》,《宋史》卷415,第12452页。
② 陈宓:《有宋北溪先生主簿陈公墓志铭》,《北溪大全集·北溪外集》,影印《文渊阁四库全书》第1168册,第898页。
③ 方来:《碧玉千峰》、颜颐仲:《和碧玉千峰》,光绪《漳州府志》卷41《艺文一》,漳州地方志编纂委员会,1994,第975页。

派,也表明了在登高山上孕育成长的漳州理学是对上述理学流派的接续,从而提升了漳州理学在理学发展史上的地位以及登高山理学文化景观的影响力。此后,登高山成为各地理学追随者来漳瞻仰理学文化景观的重要地标。

元明两代,理学获得统治集团的认可,逐渐走上了官学化的道路,这为理学文化空间的恢复和扩张提供了制度保障。但是在佛教文化氛围炽盛的漳州,理学文化空间仍然需要地方政治权力的有力庇护,才有可能与佛教势力角逐。

佛教势力在漳州有着比理学更为久远的历史渊源与更为深厚的社会基础。王审知建立闽国后对佛教尤为尊崇,在闽南地区培育了崇佛的社会土壤。宋时的漳州已有"闽南佛国"的声名,崇佛之风历千年而不绝如缕。五代至宋,漳州寺院依靠"统治者特赐""信徒捐赠""民田诡寄日久而成永业"等途径聚敛了巨额田产。① 可以说,在当时的漳州,大部分社会财富都掌握在寺僧手中,"举漳州之产而七分之,民户居其一,而僧户居其六"。②明初漳州甚至连府治的重修都有赖于寺僧来完成。据林弼所撰的《漳州新建府治记》称,明朝漳州首任知府潘琳在为计划修复府治却又不愿扰民而踌躇时,各大禅寺的僧众前来表态:"公幸垂念,边人之福也。吾教以慈悲悯世为事而吾徒从荷国之休,食土之入时,有升斗之赢,敢不心公之心,思所以佐官之费而代民之劳。府治幸责以成,无烦公虑也。"③潘琳有感于寺僧之深明大义,应允了他们的请求。而万历《漳州府志》则有不一样的记述,先是有人来告诉潘琳,"以全漳膏腴田地半入于僧寺,宋人有所营建,皆责之"。于是潘琳召集寺僧,告之以故,寺僧"唯唯以是",④ 被迫承担起重修府治的任务。现在已经很难判断到底是林弼有溢美之词,还是万历《漳州府志》作者故意抹黑,但可以肯定的是,府治重修的大工程确实仰仗了经济实力雄厚的寺僧才得以完成。

---

① 何万军:《漳州"佛国"之由来及走向》,《东南文化》1993年第2期。
② 陈淳:《拟上赵寺丞改学移贡院》,《北溪大全集》卷43,影印《文渊阁四库全书》第1168册,第850页。
③ 林弼:《漳州新建府治记》,《林登州集》卷15,影印《文渊阁四库全书》第1227册,第126页。
④ 万历《漳州府志》卷4《名宦》,厦门大学出版社,2012,第82页。

依恃其"握钱谷大权在手"的经济地位，漳州寺院尤其是府城周边寺院在地方上成为极强的社会权势。根据陈淳的描述，漳州各大禅寺一向骄纵狡黠且"出头好闹"。常常"聚奸凶大众在院"，不但"侵虐平民"，甚至敢"陵抗士夫"，还募集浮浪之人充当打手，护送寺僧"出入践履公庭"。这些描述或许是出于抑制佛教势力的需要而有意对其过度的"污名化"，但是也从一个侧面反映了佛教在地方上政治权势之大。宋代漳州南桥的修建缘于"庸僧"的建议，恰恰说明了寺僧在地方事务中拥有一定的发言权。

寺僧在"土居尊官"的庇护下，建立了严密的体系来管控和保护寺院的土地田产。他们常常将举院界址托名为"土居尊官坟林"，以进行严格监管。附近村民偶然捡拾了界内的柴薪，就会被冠以砍伐坟林之罪名，吊起来毒打。有牛马羊猪偶尔吃了界内的草，就以践踏坟庭为名没收。①

明代以降，佛教与政治的关系有所变动。朝廷一方面继续推行崇佛政策；另一方面也采取一些措施如颁发僧牒等，将佛教发展纳入政治体制的有效控制中。另外，由于明代科举考试以理学思想为宗，选拔出来的官员多具有较为深厚的理学修养，在地方上尤以发掘理学历史遗存，重修书院祠堂为己任。这些都有利于理学文化空间在寺院林立的漳州府城中长久立足并持续扩张。

（1）理学文化空间在改朝换代战争中被佛教势力趁机侵占之后，其恢复过程中，地方政治权力的扶持起到了关键性作用。

危稹、方来先后修建的龙江书院、朱文公祠位于登高山山顶，而佛寺位于登高山山麓，彼此各据一方，互不相扰。然而很快宋末元初的战乱改变了这种相安无事的局面。登高山山顶属漳州府城的制高点，在这里可以俯瞰全城，是绝好的军事据点。此外，有研究表明，佛寺僧舍常被用作军队驻屯基地。② 宋末抗金名将文天祥就曾经在开元寺安营扎寨，还写下了《驻师漳州夜宿开元寺》。正因为此，登高山也屡遭兵燹。山上的寺院、书院、祠堂屡遭破坏。

---

① 陈淳：《上傅寺丞论民间利病六条》，《北溪大全集》卷47，影印《文渊阁四库全书》第1168册，第875页。
② 王菲菲：《方外与世俗之间——宋元明时期福建地区寺院公益活动研究》，厦门大学硕士学位论文，2012。

在理学官学化的制度尚未健全之前，兴建以传播理学思想为宗旨的书院和祠堂，大多出于地方官的个人学术偏好，仅在修建者在任期间有昙花一现的辉煌。如龙江书院也就只是在创办者危稹知漳期间有过"人用歆动"的繁荣景象。① 此后既无专门经费，又无固定司职人员加以维护。一旦遭到战争重创，其废墟遗址无人过问，就很容易落入周边寺院之手。龙江书院正是在宋末元初的战争中"毁于兵而地归浮屠氏"，后来更是因无人过问而"旷数十年"。② 属于朱文公祠的道原堂虽在宋末以及元末的多次战火中得以幸存，"岿然故处"，但是经历了"屡圮屡葺"，已是"规制陋隘，榱栋欹摧"，显然无法继续作为彰显理学文化权威的空间。

明成化四年，福建按察司佥事周谟到漳州后，前往拜谒朱子遗像。朱文公祠的破败景象令其慨然。他以"昔之思召伯者不忍拔其所茇之棠，思莱公者不忍伤其所植之柏"为譬喻，向陪同前往的知府王文、同知胡珉和推官江白严正指出朱文公祠作为"朱子之明灵攸栖"所在的重要性，并批评他们"弗亟图之，安所逭其责"。对此，王文等人自然是"皆应曰诺"，并捐薪俸，很快启动重建工程，"儝良匠，斩美材，礲坚础，卜日而兴役焉"。周谟本人也积极参与筹划和集资，"又为度其面势之宜，且节缩廪餐以助其费"。最终建成了一座兼具学舍功能的祠堂："为堂五间，其崇三寻有奇，旁为两斋以处游学者，前为三门以谨启闭。"③

朱文公祠的重建为龙江书院追回被周边寺院侵占的土地奠定了基础。据万历《漳州府志》称，成化四年王文重建朱文公祠之后，"余地仍为浮屠氏所据"。正德年间陈洪谟知漳，"又复之"。据说他某次到开元寺演习礼仪时，在寺院后面发现了再次"敝坏"的朱文公祠，而祠堂后面的山下是一座僧庐。于是，陈洪谟重新挂上书院的匾额，不但恢复对朱熹、陈淳、黄榦的祭祀，还遴选了数十名庠生在此就读。龙江书院由此得以恢复其教学功能。④

此外，这次重建还在漳州府城掀起了兴建理学先贤祠堂的热潮。成化

---

① 《危稹传》，《宋史》卷415，第12452页。
② 虞集：《漳州路新建龙江书院记》，光绪《漳州府志》卷43《艺文三》，第1035页。
③ 何乔新：《漳州重建道原堂碑》，《椒邱文集》卷28，影印《文渊阁四库全书》第1249册，第422～423页。
④ 万历《漳州府志》卷2《学校》，第32页。

年间，漳州布衣学派传人林雍提出擢升周敦颐、二程以及朱熹在孔庙中的地位以及给予陈淳以从祀两庑或者专祠祭祀的待遇："周敦颐、程颢、程颐、朱熹修德传道，比颜曾思孟果皆大中至正，纯粹至善，可以兴起斯文而当道统之传，合当并进而上之，以居配享之位，密迩圣人之侧而为八配，以时祭享。复取陈淳著述文集，另行稽考，观其德行道术，果若纯正无疵而有卫道之功，合并敢进从祀两庑，或令其本贯有司设立祠堂，春秋祭祀。"① 虽然林雍的建议没有得到朝廷的回应，但是不久之后提刑佥事林克贤还是下令同知蒋潛在光孝院旧址修建陈北溪祠，随后知府姜谅又塑像其中。弘治五年，担任户部左侍郎的郡人吴原为陈北溪祠申请"赐祠额，春秋奉祀"的待遇。其与权臣李东阳等交好，显然拥有林雍所无法比拟的话语权。这次申请最终获准，不但使陈北溪祠的维护有了经济上的保障，更为重要的是获得了官方的认定，具备了政治权威性。此后，又相继修建了黄勉斋、王东湖的专祠，也都参照陈北溪祠的规格，定于春、秋两季举行祭祀活动。这些祠堂的修建大大提升了理学文化空间在漳州府城的占有率。

（2）地方政治权力为理学文化空间在与佛教势力发生冲突和纠纷时提供庇护，改变了理学文化空间自宋以来受佛教压制的发展格局。

由于陈洪谟在正德年间的修复仍"未尽其址"，嘉靖三十五年，知县蔡亨嘉推行了更大规模的修复举措，对僧房或拆或改："拆毁僧房乃尽自东井以上辟为五经书院"，"左遗僧房数间以为书舍"。龙江书院呈现"规制弘敞"的景象。然而，这次拆改对寺僧的利益触动过大，"有僧讼于胡提学"。这次诉讼不但没有帮寺僧要回僧房，反而认定了"其地为龙江书院故址"，并由樊代巡做主"断入官"，结束了这场纷争。② 地方政府对土地属性的认定，确保了龙江书院在登高山景观中有一席之地，并作为象征理学道统在漳州延续的文化空间受到历代地方官的重视，不断获得重修和更新。

二　朱熹的神圣化与理学、佛教的空间权威之争

所谓的文化主导权竞争③，也就是文化权威竞争，它体现在空间上，

---

① 林雍：《崇真儒以升配享疏》，光绪《漳州府志》卷45《艺文五》，第1093页。
② 万历《漳州府志》卷2《学校》，第32页。
③ 参见肖永明《书院的发展对地区文化地理格局的影响》，《湖南大学学报》2008年第5期。

一是空间占有率的竞争；二是空间权威性的争夺。空间占有率或许可以通过政治权力的强行推广得以提高，空间的神圣性却需要广泛的社会认同才得以确立。在"佛国"漳州，理学文化空间的神圣性是在与佛教文化争夺权威认同感的过程中逐步确立的。

朱熹集宋代理学之大成，身后受到几乎等同于孔子的尊崇，被尊称为"朱子"。作为为数不多的朱子过化之地，漳州所拥有的与朱熹有关的各种历史文化资源，无论真伪，无论是坊间传言还是神话故事，都足以成为理学传人提升自身竞争力的重要源泉。为了更好地为自己的主张服务，历代理学传人通过各种方式对相关历史资源进行改造。在这一过程中，朱熹的思想主张被悄悄改写，朱熹的历史贡献被不断放大，甚至被蒙上了神秘主义的色彩。

（1）假托朱熹的名义，为将佛教文化排挤出登高山文化圈提供权威依据。

从宋代开始，很多理学传人对漳州佛教文化空间过度扩张提出过批评，并采取了严厉管控佛教活动场所、取缔佛教信俗活动等措施来限制佛教的发展。如朱熹在知漳期间就颁发了《劝女道还俗榜》《劝谕榜》等，禁止"停丧在家及攒寄寺院"，禁止"私创庵舍"，禁止寺院、民间"以礼佛传经为名，聚集男女，昼夜混杂"，禁止"以禳灾祈福为名，敛掠财物"。① 危稹在知漳期间不但兴建义冢，妥善安葬了寄存在"近城之五里"寺院内的"木瓦棺合二千三百有奇"，而且还对各家寺院将"廊庑间，率不置神若佛类"改造为"其入如窦，黯然无光"的土室，以此"诱愚俗以来殡"的行为进行告诫："必使尽改其室，以为僧房，不改则鞭其人而俗之，籍其田而公之。"试图以此来改变民众"举其柩而置之僧寺"的陋习。②

但是这些措施应该是针对一些小型的佛教活动场所，对于像开元寺这样的官方佛教活动场所，尚没有人敢公开提出过尖锐的批评。这是因为以开元寺为代表的五大禅寺不仅仅是一个宗教文化空间，还是漳州府城的文

---

① 朱熹：《劝女道还俗榜》《劝谕榜》，《晦庵集》卷100，影印《文渊阁四库全书》第1146册，第404～406页。
② 危稹：《漳州义冢记》，祝穆：《古今事文类聚前集》卷56，影印《文渊阁四库全书》第925册，第884～885页。

化权力中心。

首先，这几大寺院多数具有官方背景。唐玄宗开元年间敕令"每州各以郭下定形胜观寺改以开元为额"。① 漳州开元寺就是由唐嗣圣年间修建于当时漳州府治所在地漳浦县的一座寺院改名而来，后随着府治变更而迁到登高山山麓，由此可见其与政治的密切关系。净众寺为五代闽国的国王王审知之子、漳州刺史王延钊所建，为祝圣道场。入宋以后，闽国政权虽已不复存在，但是开元寺、净众寺仍为官方佛教活动的重要场所。

其次，佛寺一度被视为政治文化中心。由于开发较晚，闽国时期的福建儒家文化尚较为薄弱。相反佛门之中，高僧云集，而且其中不少高僧熟读儒家经典，有济世之才，受佛门与世俗两界的共同尊崇。王审知之所以如此崇佛，也与他千方百计地想从政治上对这些高僧加以利用有一定的关系。②

最后，漳州府城引以为傲的历代文物多与宗教文化有密切关系，如铜钟、佛牙、佛像等，多收藏在寺院。这不但彰显了这些寺院作为漳州府城文化中心的地位，更为重要的是其中不少文物为朝廷敕造或颁赐，是国家权力的象征。如开元寺珍藏的唐明皇铜像就得于唐天宝三年下令全国"各地开元观、开元寺以金铜铸玄宗等身天尊及佛各一躯"。③ 此外，开元寺、净众寺各藏有宋代帝王御书120卷。包括宋太宗御书《逍遥咏》、《青龙疏》、《皇宋皈依忏文》、八分书《圣教序》、双钩书、颠草书以及宋仁宗所赐的御书卷轴等。这些文物为佛寺烙上了深深的权力印迹，同时也成为它们的护身符。

陈淳是较早对开元寺权威发起挑战的理学传人。在《拟上赵寺丞改学移贡院》中，他提出了将开元寺迁出登高山，寺址用于修建贡院的建议。登高山位于城西北隅，明初因在山上发现灵芝，赐名紫芝山，后简称芝山。这里既毗邻城市繁华地带，又独擅溪山之胜，因此向来被视为风水宝地。陈淳曾盛赞其形制之美。从山脉走向来看，高高隆起的芝山是"此邦行龙自天宝山发脉而来，至欲结聚为州，则涌起昂头"的特殊节点，但是在"分枝而下"后却又呈现"宽平广厚"的地势，为郡治的建置提供了一

---

① 王溥：《唐会要》卷50，中华书局，1955，第849页。
② 方海洋：《闽政权与释道》，《东南文化》1990年第3期。
③ 王溥：《唐会要》卷50，第850页。

个平坦开阔的空间。从山形上来看，则"其形雄伟秀杰，为诸山之冠"。①山顶上构筑有临漳台，山腰有半漳台等名胜。廖刚、李弥逊、高登、朱熹、方来、蓝鼎元等乡贤名宦都曾经登临此山，吟诗作赋。陈淳提出将开元寺迁出芝山，有褫夺其风水庇护，削弱其文化权威之意。

为了促成上书被顺利采纳，陈淳对地方官敬仰朱熹之情加以利用，因此开篇首先详尽讲述了朱熹搬迁贡院计划的来龙去脉。

这一计划的确早在朱熹知漳期间就已经提出。陈淳在《郡斋录后序》中也曾经详细记录了老师的设想。但是将两份计划进行比照，却可以发现二者实际上存在着微妙的差别。陈淳在《后序》中对老师言行的记录应该更为接近朱熹原本的想法。朱熹原本的打算是将贡院迁到东市的兵营，并且已经差遣尉司前去丈量土地面积、估测建筑规模，规划修建一处"拟容万人之坐，以为后来百年之计"的考试场所，并未牵涉芝山和开元寺。

而《拟上赵寺丞改学移贡院》中，陈淳在对朱熹改造府学规划进行详尽介绍的过程中，却没有交代朱熹已经派人丈量东市兵营，仅仅含混提及"欲移贡院于他所"。这很有可能是陈淳有意隐瞒，是他的一种策略。陈淳应该是深知赵汝谠"乐问文公之行事，庶君子之遗风也。其纲目尚在，可为治郡法"②的政治志向。他在上书中一再强调贡院搬迁计划作为朱熹推行理学教育的一个组成部分，是一项足以证明赵汝谠"高明正大"之才以及"高明正大"之见的工程，显然希望对赵汝谠有所鼓动。③

然而，无论是赵汝谠身为"天潢源派"的政治权威，还是老师朱熹的思想权威，此时都还不足以撼动开元寺的文化权威。陈淳的建议没有得到采纳。

（2）杜撰、附会各种有关朱熹的传说，为理学文化空间在芝山的延续提供历史依据。

历代府志在介绍龙江书院的来龙去脉时都会提到一个说法，那就是修建龙江书院的计划最早是由朱熹提出来的。明万历府志、清光绪府志皆

---

① 陈淳：《拟上赵寺丞改学移贡院》，《北溪大全集》卷43，影印《文渊阁四库全书》第1168册，第848页。
② 赵汝谠：《四先生祠堂记》，光绪《漳州府志》卷43《艺文三》，第1029页。
③ 陈淳：《拟上赵寺丞改学移贡院》，《北溪大全集》卷43，影印《文渊阁四库全书》第1168册，第848页。

称："宋朱文公守漳，将筑室讲学未果。"① 但这一说法的真实性尚待考证。目前既无法在朱熹和陈淳的文集中追溯到这一说法的源头，与朱熹陈淳生活年代相距并不久远的徐明叔在记述芝山上第一座书院的修建情况时也完全没有提到朱熹有在芝山上创办书院的打算。② 龙江书院在战火中遭到破坏并被周边寺院侵占后，漳州学录黄元渊有感于漳州因"乡邦之寥寂"而龙江书院迟迟无人修复，理学传统几乎"迹熄于吾邦"，与其他地区"朱子之学，家诵人学，几遍天下"的情形形成鲜明对比，③ 决心担负起重建龙江书院，挽救漳州道统的重任。

为了阐明重建龙江书院的必要性，黄元渊特别提及龙江书院的修建是朱熹知漳期间的设想："守漳时爱其地高爽，将筑室讲学，未及有作而去。"或许是有元以来全国各地兴起了"建学立师"的潮流，由"贤士大夫好善乐道者"在先贤讲学故地遗址，或重建或新建书院，尤其是在朱熹讲学场所基础上创办书院的特别多，再加上黄元渊曾经负责陈淳《北溪大全集》的制版工作，可能读过陈淳假托朱熹名义而将贡院迁往芝山的上书，二者的结合给了黄元渊灵感，从而杜撰出朱熹曾打算在芝山创办书院的说法。这一难以考辨真伪的说法后来在明清两代的府志中相沿为文，为龙江书院回归芝山并长久立足提供了有力的支持。

尽管黄元渊未能促成龙江书院在芝山旧址的恢复，只能"节衣食之资"在漳州府城东北隅购地重建龙江书院，但是"书院成家已贫"的义举换来了官方对龙江书院的认可："后行者上其事，以龙江书院旧额列为学宫"。④ 这使得龙江书院进入了官办书院的编制，在人事、资金方面都有了保障，为明代以后理学文化在漳州的复兴、龙江书院回归芝山奠定了重要基础。

无独有偶，明代陈洪谟在修复龙江书院时，同样出现"郡父老"杜撰朱熹对联的情况。据《涌幢小品》记载，陈洪谟在将朱文公祠后面的僧庐恢复为龙江书院后，在府城父老中传言朱熹曾经留下一副对联："十二峰送青排闼，自天宝以飞来；五百年逃墨归儒，跨开元之顶上。"对联寄托

---

① 万历《漳州府志》卷 2《学校》，第 32 页。
② 徐明叔：《道原堂记》，光绪《漳州府志》卷 43《艺文三》，第 1030 页。
③ 虞集：《漳州路新建龙江书院记》，光绪《漳州府志》卷 43《艺文三》，第 1035 页。
④ 光绪《漳州府志》卷 28《黄元渊传》，第 578 页。

了朱熹对龙江书院修复的期待，"若有待云"。① 这个故事的流传很可能是为了以朱熹的权威来化解陈洪谟改造僧庐的舆论压力。

诸如此类的传说还有朱熹故意选择虔诚禅师卓锡所在的白云岩作为讲授《大学·诚意》的教学场所。恐怕也是出于增加白云岩紫阳书院号召力的目的。

（3）赋予理学思想传承的途径以神秘色彩，为改变理学文化空间在芝山的弱势地位争取社会舆论的支持。

明中叶以前，随着朱文公祠的重建以及陈北溪祠、黄勉斋祠、刘爱礼祠在芝山各处相继修成，理学文化空间在芝山的占有率不断提高，但是其文化权威性仍处于弱势地位。开元寺虽然也经历了战火的破坏，但是信徒"捐家业以为浮屠老子之宫、求福田利益者，何可胜数？"再加上在元朝政府尊崇佛教政策的扶持下，该寺不但很快得到修复，甚至西湖净慧院财产也被合并其中，并获得朝廷颁赐寺名"开元净慧万岁寺"。"万岁"二字明显有祝圣之意，透露出重建后的开元寺依然保有其官方背景。到了明代，管理地方佛教事务的机构僧纲司就设在开元寺。而且明代提倡"三教合一"，朝廷有不少礼仪活动都选择在佛寺举行。地方上也不得不效而行之。陈洪谟知漳期间就曾经"习仪开元寺"。这些都有利于从文化上持续地维系开元寺的权威地位。

明万历《漳州府志》的府城地图中，在西北隅的芝山山麓，横向书写的地名标注"开元寺僧纲司"，犹如门楣，而两个纵向书写的地名标注"净众寺"与"法济寺"，犹如两侧门柱，共同构成"门"字形，位于芝山山麓正中，俨然把守着此山的入口。从《漳州府志》中关于芝山的记载也可以证实，开元寺确被视为芝山的入口。在明朝洪武年间，开元寺门上曾经悬挂了一块匾额，匾名即为该山其时的名称："紫芝峰。"② 由此可见开元寺在芝山景观中的核心地位。而必须"穿开元寺曲廊而进"的朱文公祠很容易就被视为开元寺的附属。

明嘉靖三十年，孙裕到任漳州知府后，告职于群祀，发现了朱文公祠"自宋时已然"的入口问题。在与三山督学潘公讨论时，后者提到朱

---

① 朱国桢：《涌幢小品》，中华书局，1959，第544页。
② 万历《漳州府志》卷1《山川》，第26页。

熹之于漳州的政治文化意义相当于韩愈之于潮州，然而在潮州，当地人提到以韩氏命名的韩山、韩江，甚至都不敢用手指去指，这反衬出漳州朱文公祠"门出浮屠之下"，是一个极大的谬误。孙裕在花费了一年时间理顺政务之后，于到任的第二年正式开启了对朱文公祠入口的改造工程。

为了寻求最佳的解决方案，孙裕亲自带着僚佐到实地进行考察，经过艰难的勘察，"得隙地于蔽亏之东，于是剪荆棘，发蒙翳，削嶔崎而平之，循峰而麓，不里许豁然为通衢，而僧庐佛刹咸隔道外，若天秘而待者"。这一发现使他大喜过望，在向巡按御史、督学佥事、分巡佥事汇报获得首肯之后，立即着手对朱文公祠周边进行改造。首先在祠堂东面修建讲堂，题名"协梦"，以此标记改造祠道的缘起。其次，在东面山冈的山腰处修建"四达之亭"，题名"仰止"，以此引导学者"知所师也"。再次，在路首修建石坊，作为龙江书院的总入口，使得书院祠堂拥有了独立于开元寺的入口。最后，从朱文公祠所在的道原堂修出一条路，可直达拱辰街，并且对这条路进行了特殊的设计："甃道以石，卫道以垣"，对基垣进行了"以石广三尺弱，修一百五十丈强"的处理，以完全实现"文公祠与浮屠之居不相混"。

据孙裕自述，这一非同寻常的工程缘于他做过的一个梦。据说他在担任大理寺正时"尝梦文公属以遗事"，醒来后觉得很是讶异，就牢牢记住了这个梦，甚至清楚地记得做这个梦的时间是嘉靖十四年十一月十二日。不久孙裕果然被调往邵武。这里也曾是朱熹过化之地，于是他特地去拜访朱文公祠，但并没有验证当年的那个梦。直到第二年改知漳州，告职于群祀，发现了朱文公祠的入口问题，他才幡然醒悟，"梦，其征矣"，于是决心着手进行朱文公祠的入口改造工程。从而给这项工程蒙上了神秘主义的色彩。建祠道前先修协梦堂，实际上也是为这项工程的神秘性制造舆论声势，使当时人充分感受到孙裕与朱熹的"神交默缔"，充满着"无朕之始有，非人力所能及"的神秘性。这一策略极大地迎合了漳州士民"重鬼神，尚淫祀"的社会心理，从而有力地促进了漳州士民对理学文化空间权威性的认同。

正是有了前期"协梦"传说的铺垫，祠道修成之后引起了当地社会的极大反响："舍菜之日，郡人士奔走瞻对。"很多人都将之视为漳州理学发展史上一个"非寻常兴建可同日语"的重大事件。在他们看来，这个工程的告成在时间上同样具有某种神秘性："韩子没至宋南渡五百年，文公始仕。自文公守漳至于今五百年而祠道始通。"

祠道的开辟推动了"山川改观，儒墨异途"，这种文化空间的重构对当时社会大众的心理也产生了不小的冲击。① 门是古代建筑空间的重要节点，而路具有指引和导向的功能，二者在古代建筑以及空间规划中都有重要的风水意义和象征意义。朱文公祠的这一番"另辟蹊径"，比起与周边寺院争夺土地资源更具有特殊意义。因而才会令人产生"开元释氏甚盛，自凿山开道后教遂衰矣"的联想。如果说万历《漳州府志》中地图上的开元寺被置于芝山山麓的中心位置，象征了佛教文化在漳州府城文化中的核心地位，那么朱文公祠的"自立门户"则大大强化了其自身的权威性，意味着漳州理学原本在与佛教竞争中的弱势地位发生了根本性的改变，有助于提高朱子学在漳州士民心目中的地位。值得一提的是，龙溪知县蔡亨嘉拆毁僧房改建书院，是自宋末元初龙江书院被周边寺院侵占之后，龙江书院对佛教的第一次反击，这恰恰就发生在孙裕开辟祠道的五年之后，恐怕并非偶然。

自宋淳祐年间方来修建第一座朱文公祠道原堂始，四贤祠、陈北溪祠、黄勉斋祠、刘爱礼祠、东湖祠等一系列褒扬理学先贤的纪念场所在漳州府城次第落成，逐步奠定了漳州理学文化谱系的基础。虽然府志中没有更为详细的记载，但根据每年春秋祭朱文公祠后，再往陈北溪祠、黄勉斋祠致祭的祭祀流程推断，孙裕开辟的祠道应该是可以通往芝山山麓的陈北溪祠和黄勉斋祠的。也就是说，这条祠道的开辟，实际上是在芝山上开辟了一条前所未有的理学之路，也使得理学文化空间在漳州府城的延展脉络更为清晰、明朗。

三 宗族组织庶民化与理学名贤祠的发展

宗族是中国传统社会维系时间最长，基本形态最为稳定的社会组织。宗族在政治领域构成了传统"家国天下"政治体制的稳定基础；在经济领

---

① （明）林魁：《协梦堂记》，光绪《漳州府志》卷44《艺文四》，第1043页。

域则对田产管理、商业网络的形成起到了重要的组织作用；在文化领域，是诸多文化类型传承的主要载体。汉唐经学的延续很大程度就是依靠家学的传承，比较著名的有郑氏之学、毛氏之学等。

理学思想产生后，宗族又成为理学思想影响力得以扩张的重要渠道。在思想形态上，理学思想的传播有赖于家学的弘扬。王稼的族父王隽曾经"馆陈北溪于家"，笔录讲义，编成《北溪字义》。后来，因泉州郡摄博士叶君觉得郡庠所刊的《西山读书记》"条目浩穰，后进亡所从入也"，王稼便向他推荐了《北溪字义》这本"求道之指要"。[1] 这部被誉为理学"心法"的重要著作因此得以传承和推广。

在文化空间的扩张上，理学先贤祠从修建到维护都有意识地借助了宗族纽带的特殊作用。漳州对黄榦的奉祀从配享朱文公祠到建有专祠，正是得益于黄氏宗族数代人前仆后继的努力。

黄元渊以黄氏裔孙身份首开在漳州祭祀黄榦的传统。由其重建的龙江书院照例主祀朱文公，但是配享的弟子在陈淳之外却多了朱熹的另一位高徒黄榦（号勉斋）。黄榦本籍不在漳州，依据儒家"祭不越望"的传统，本来在漳州没有获祀的名分。但是黄元渊提出黄榦曾在漳州辅佐朱熹，可以"后人身份"来祭祀黄榦，这就使得这一祭祀活动合理化。或许漳州理学传人在龙江书院被佛寺侵占、斯文将坠之际，急切地渴望充实漳州的理学思想谱系，因此很快就认同了这一说法。在《北溪大全集》的再版序言中，漳州儒学教授王舜玉强调了黄元渊乃黄榦后裔的特殊身份："黄又勉斋先生之裔，故其奉承惟谨。"[2] 明洪武初年，黄元渊之弟的儿子黄昌吾为进一步证实漳州黄氏与黄榦的血缘关系，请李彦亨为家谱撰序，"谓元渊系勉斋七世孙"。

黄元渊以黄榦侑食朱熹，对于明代漳州黄勉斋专祠的修建起到了重要的引导作用。李彦亨撰写的《黄氏家谱序》也为漳州黄勉斋祠的合理性和合法性提供了支持："勉斋有家于漳者，虽专祠可也。"[3] 明正德五年，陈洪谟正是以黄榦曾经随侍朱熹知漳，与漳州有一定的渊源关系，而且据传

---

[1] 王稼：《陈北溪字义序》，《清源文献》卷10，《北京图书馆古籍珍本丛刊》第119册，书目文献出版社，1998，第589~590页。
[2] 王舜玉：《北溪大全集》原序，影印《文渊阁四库全书》第1168册，第503页。
[3] 光绪《漳州府志》卷8《祀典》，第148页。

有一支子嗣后来定居在漳州为由，向提学姚镆申请在漳州建黄勉斋祠。后来在提学副使杨子器的指示下，黄勉斋祠得以修成，按照陈北溪祠的规格，于春秋二仲（即农历二月和八月）次丁日，祭毕朱文公祠后致祭，所用祭品为"羊一，豕一，醢菹共五品，果五品"。并由"勉斋诸孙分居于漳者"管理黄勉斋祠。主要职责一是平常的看守，二是在每次祭祀仪式结束后"司其扃钥"。① 这可能是受到佛寺宗祠化的启发。据郑振满的研究，宋代的宗族为了突破不允许民间祭祀四代以上祖先的限制，常常在佛寺中建檀越祠，或在祖坟周边修建佛寺，并大量捐舍田产，构成佛寺发展强有力的经济基础。② 佛寺的族产化也为历史遗存空间的维护与保存提供了重要的保障。漳州净众寺就是一个典型的例子。净众寺因是王审知之子所建，寺中设有王审知祠。其子孙后裔"时修而致祠焉"，因此在净众寺废弃之后，祠堂却仍然得以保存。由此可见，宗族的延续性对于空间的稳定具有强有力的保障作用。这可能为理学先贤祠的管理模式提供了某种示范。

　　林魁的《勉斋祠记》也是应黄氏族人请求撰写的，目的就在于借助社会名流的威望及其文字的威信，进一步确保黄勉斋祠的合法性。黄勉斋祠修成后，由于与奉祀文天祥的文信公祠在空间上有冲突，再次遭遇了合法性的危机。明嘉靖七年，按察佥事谢汝仪以文天祥在芝山诛灭叛臣、光复府城的功勋为由，提议在芝山养正书院内修建文信公祠。讨论过程中，谢汝仪提出书院西侧已经修建了黄勉斋祠，如果再修文信公祠恐怕于礼制不符。虽然文中没有说明他打算如何处理此事，但是从知府陆金的回复来看，谢汝仪可能是打算将黄勉斋祠迁走。陆金用两个事例打消了谢汝仪的顾虑：一是孔子虽然生于周公之后数百年但仍享受同等规格的祭祀；二是孟子是子思的门生，但与子思同样配享于孔庙。黄勉斋祠因此得以保留在养正书院旁。虽然事情得以解决，但是黄榦的11世孙担心随着时间流逝，陆金的这番说辞有可能失传，因此他请求林魁撰文加以记录，以防黄勉斋祠再次面临危机。③

　　唐宋礼仪变革，推动了庶民宗族组织的蓬勃发展。以后裔身份为理学

---

① 林魁：《勉斋祠记》，光绪《漳州府志》卷44《艺文四》，第1042页。
② 郑振满：《莆田平原的宗族与宗教》，《历史人类学学刊》第4卷第1期，2006年4月。
③ 林魁：《勉斋祠记》，光绪《漳州府志》卷44《艺文四》，第1042页。

先贤修建祠堂，成为庶民宗族提升社会地位的重要手段。正是这股社会文化潮流为理学文化空间的扩张提供了坚实的社会基础。

结　语

理学官学化后的崇高地位，很容易让人忘记其曾经经历的困顿与坎坷，从而将理学文化空间视为理所当然且一成不变的存在。通过上述分析，可以看到宋以来理学文化空间的消长受到了政治、文化、社会等多重因素的影响。而且这些因素随着时代的推移，其作用大小也有所不同。由于理学文化空间是城市空间的一个有机组成部分，因此，对主导其变迁的各种力量进行历时性分析，有助于我们发现整个城市空间结构变迁的主要动力。如明代佛教势力的消减、宗族组织的增强对于城市中其他类型的空间是否产生类似的影响，是值得继续探讨的问题。而漳州府城地理位置与政治环境对理学文化空间的特殊影响，也从一个侧面反映了城市文化空间形成机制的复杂性，需要更多地从区域视角去进行分析和比较。

作者：许哲娜，天津社会科学院历史研究所

偃师商城西三城门研究

左 勇

内容提要：偃师商城的西三城门是大城西城墙的正式城门，而早先发现的西二城门只是西三城门的临时替代，服务于城市扩建，当大城建成，西二城门即被废止。西三城门的"凹"字形设计兼顾了军事防御和城市交通，体现出商初城门建筑技术的创新。西三城门门道中的烧土很可能是商代城门祭祀的遗存。

关键词：偃师商城 西三城门 烧土 西二城门

2008年中国社会科学院考古研究所河南第二工作队对偃师商城西城墙进行了复查和勘探，新发现一座城门，编为西三城门。西三城门的发掘意义重大，受此启发考古队在东城墙与它相对应的位置也发现了城门遗址，编为东三城门。目前学界关于西三城门的专门研究仅限于《河南偃师商城西城墙2007与2008年勘探发掘报告》（以下简称《报告》）[1]，《报告》的主旨在于提供详细发掘信息，但其中亦有很多科学性、启发性的见解，笔者深受裨益。

一 西三城门与城门设置

偃师商城城墙分有大城城墙和小城城墙，小城城墙为一期建筑，大城城墙则是基于小城城墙扩建的。大城西城墙在距其西北角150米处向东折，

---

[1] 中国社会科学院考古研究所河南第二工作队：《河南偃师商城西城墙2007与2008年勘探发掘报告》，《考古学报》2011年第3期。

南行一段后再西折，并形成了一段开口向西的"凹"字形城墙，西三城门就位于这段内凹城墙正中间。西三城门由东西走向的门道和南北两侧的木骨夯土墙构成。门道宽约3.3米，长约15.9米；木骨夯土墙保存良好，南、北宽约0.9米，长约16米，墙内发现有柱洞和暗石础。

到目前为止，大城城墙已发掘有东一、西一、西二、西三4座城门，东二、东三及北城门虽经过钻探，但具体情况尚不清楚。粗略观察已发掘的4座城门，西三城门明显有别于其余，它在平面上呈现"凹"字形，如图1所示。通过仔细比较，我们发现在平面形状上东一城门与西三城门是比较接近的，西一城门和西三城门也有共通之处。东一城门距大城东北角约955米，东城墙在经过该城门后折向西南，形成拐角。按常规，该城墙拐角本应凸出城外，但是它却突然收势，反而凹入了城内，东一城门就位于这段内凹短墙中部，呈现半"凹"字形。西一城门本是小城西墙城门，有学者已指出小城城墙修筑成曲折凹凸状，类似于后世城墙的"马面"，[①]观察小城西城墙，大致西一城门也是位于一段"凹"字形城墙中部，只不过这段内凹城墙长约700米，故不明显。此外，《报告》称，经勘探发现，东三城门向西凹入城内，和西三城门相似，也呈现"凹"字形。

关于西一、西三、东一、东三城门的"凹"字形设计，其军事防御意图非常明显。比较之下，只有西二城门显得另类，它在平面上呈"直线形"。对比其他已发掘城门，西二城门的使用时间也较短。西二城门有上、下两层城门遗迹，门道两端有黄色封堵夯土墙，门道内被填满松土，[②]说明它曾两建两废，《报告》称，"经过1996年大城东北隅和其他地点的发掘，将偃师商城大城城墙的建造年代确定在偃师商城商文化的第二期3段。而1983年发掘西二城门时发现的M3打破路土层的一组地层关系将西二城门废弃（封堵）时间限定在第二期3段"，加之较薄的路土层，说明西二城门使用时间非常短，大致在大城城墙建成前后即被废堵。最后，西二城门的位置也令人疑惑，作为大城城墙的"新城门"却紧贴小城的北城墙，其实用性值得怀疑。为何西二城门会如此特殊？笔者认为西二城门是兴

---

① 中国社会科学院考古研究所河南第二工作队：《河南偃师商城小城发掘简报》，《考古》1999年第2期。
② 中国社会科学院考古研究所河南第二工作队：《1983年秋季河南偃师商城发掘简报》，《考古》1984年第10期。

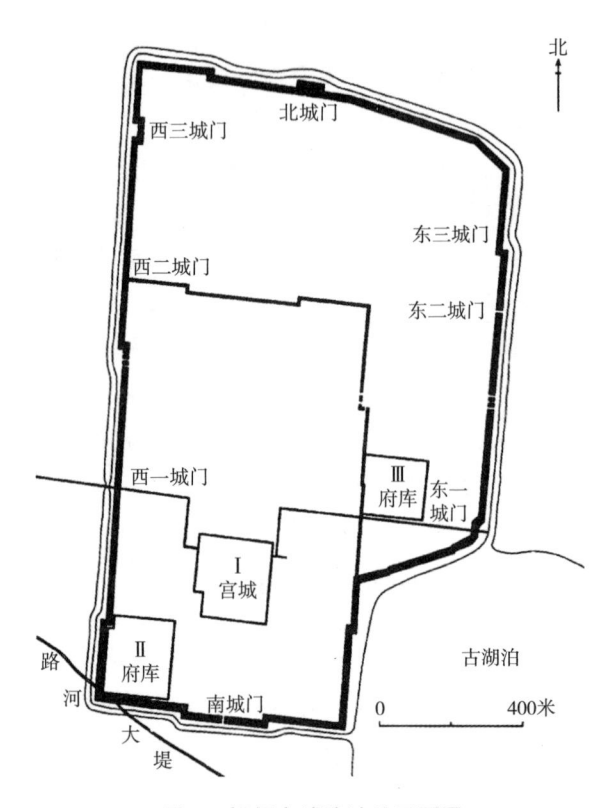

图 1　偃师商城遗址总平面图

资料来源：中国社会科学院考古研究所：《偃师商城》第 1 卷上册，科学出版社，2013，第 9 页。

建大城城墙时所设立的临时性城门，西三城门才是大城西城墙北段的正式城门。

西一、西二城门大致将大城西城墙平均分三段，① 而西三城门的位置无甚特殊，有学者因此提出最初规划西城墙时可能只有西一、西二两座城门，西三城门是最后增建的，②《报告》则将西城墙的三座城门同《考工记·匠人》所载"匠人营国，方九里，旁三门"联系起来。以上基本代表了学界的一般看法，确实各有疏通，但难以解释西二城门的使用寿命问题。笔者认为有一个情况值得注意：大城城墙建好之后，原小城北城墙和

---

① 王震中：《商代都邑》，中国社会科学出版社，2010，第 32 页。
② 张立东：《郑州商城城门探寻》，《江汉考古》2015 年第 4 期。

东城墙北段被包裹在大城城墙内部，不仅丧失了使用价值，反而它还妨碍了城内交通，应当废弃。1997年小城发掘报告中指出小城城墙的废弃时间始于偃师商城商文化第二期3段，最迟在第三期几乎被夷为平地。① 大城城墙的建造、西二城门和小城北城墙、西城墙北段的废弃都集中在第二期3段，这三者应当存有联系。

在小城北城墙外侧发现了大城、小城使用时期的路土层，前者叠压在后者之上，小城使用时期的路土当来自小城的环城路（城墙外侧），这条路在大城建设好之后依然被继续使用，笔者推测：大城城墙完工后，考虑到小城北部居民的出行，设计者特意在小城西北角外建立西二城门，并通过小城的环城路将它同小城北城门（尚未发现）连通起来，小城居民可以由小城北城门，经小城环城路，最后出西二城门，离开城市。同样的设计理念可以参考战国时期的赵王城，由西城扩建东城和北城时，设计者就在西城的西北角开设有城门，② 以此方便不同城区的居民活动。在偃师商城大城城墙建成之后，小城北城墙被逐渐破坏，小城与大城的界线消失，小城北部居民可以自由出入大城，配套的西二城门失去了原有价值。小城北城墙的毁坏经历过一段时间，在这段时间内西二城门经历了两废两弃，设计者对于西二城门的废存有过反复斟酌。关于西二城门上、下两层遗址，《报告》称，"下层城门遗迹的夯土墙基槽内柱洞底部有柱础石，位置较深，上层城门遗迹的夯土墙墙基槽较浅，没有柱础石"，可见再度设立的西二城门要比原先简陋得多，大概设计者只打算暂用，所以草草了事，此后便将其彻底封堵。西二城门因为太靠近小城西北角（仅距6米），难以将其修筑成"凹"字形。此外，大城西城墙是以小城西城墙一半的长度延长而成，西二城门在小城西墙的北端点，而西一城门位于小城西墙的正中间，故而西一、西二城门能将大城西城墙均分三段，并非是设计者故意为之。

反观西三城门，《报告》称它的废弃年代不晚于偃师商城商文化第三期6段，与城市废弃时间相当，可见它一直被使用。西三城门距离宫室较远，靠近大城西北角，位置较偏，服务于大城北部的居民。当小城北城墙

---

① 《河南偃师商城小城发掘简报》，《考古》1999年第2期。
② 段宏振：《赵都邯郸城研究》，文物出版社，2009，第93页。

被废弃之后,西二城门的使用价值降低,西三城门的作用则更加突出,原小城北部的居民可以通过该城门进出城市。由上可见,西二城门只是临时性城门,西三城门才是大城城墙上的正式城门。

二 西三城门与军事防御

目前来看,偃师商城是最早设计"凹"字形城门的古城遗址,笔者对商以前城市的城门道平面形状做了统计,如表1所示。

表1 商以前城市的城门道平面形状

时代	城市遗址	城门	城门道平面形状
仰韶时代	城头山	东门*、南门*	弧线形
	西山	北门	城门前有护门墙,近似"八"字形
龙山时代	王城岗	南门	直线形
	平粮台	南门、北门	直线形
	孟庄	东门	直线形
	古城寨	北门*、南门*	直线形
	徐堡	东门*、西门*	直线形
	西金城	南门*、西门*	直线形
	景阳冈	西门*、北门*、南门*	直线形
	边线王	北门、西门	直线形
	城子崖	北门、南门	直线形
	丹土龙山文化中期	北门、东门、西门	西门为弧线形,东门、北门为直线形
	藤花落	内城南门,外城南门	直线形
	垓下	东门*、西门*、北门*、南门*	直线形
	马家院	北门、南门	直线形
	门板湾	西门*	直线形
	陶家湖	西南门	弧线形
	莫角山遗址	东门、南门、西门	东门前有护门墙,近似"八"字形;南门、西门为直线形
	郫县	东门	直线形

续表

时代	城市遗址	城门	城门道平面形状
龙山时代	石峁	外城东门	城门包括两座相对的包石夯土墩台和"外瓮城"，呈曲尺形
	石摞摞山	西门	门道与城墙平行，呈曲尺形
	老虎山	小方城北部两座城门	直线形
	阿善	北门	直线形
	黑麻板	北门	直线形
	寨子塔	外门、内门	外门为直线形；内门为曲尺形

注：带＊者为城墙阙口，疑似城门。

城门是先秦城市防御的核心，攻城方往往选取城门作为突破点，如《左传》中"门"屡屡用作动词，而释为"攻击城门"，多达30余例。商以前的部分城门会在门道设置护门墙，因而城门道平面形状近似"八"字形；另有一些城门则会将城墙与门道平行，因此城门道平面形状则会近似曲尺形。以上两种设计的军事防御意图不言自明，其优点是使得敌人不能直接冲击城门，而缺点在于妨碍了交通出行和视野，特别是车辆，难以在曲折狭窄的门道顺利通行，建有这种城门的城市规模一般比较小，颇有军事据点的意味，甚至只是大型宫殿，如凤雏甲组宫殿基址，其宫门前就设有护门墙。"直线形"是最简单、常见的城门道平面设计，后世城门道多是如此，它的优点在于出行通畅和视野开阔，但对城门的保护、防御不如前者。

对比表1商以前的城门道平面形制，西三城门的"凹"字形设计确为首创，它采用了"直线形"城门道，然而却将城门内凹，兼顾了防御和交通功能。在军事防御上，城门内凹，形成了城墙转角，增加了城墙局部地点的战斗人数，强化杀伤能力。入侵者要突破城门，必须得穿越三面环墙的开阔地，而守城方则可以凭依城墙痛击来犯之敌。而就交通来说，偃师商城占地约190公顷，规模宏大，已发掘的府库、作坊、宫殿和品种繁多的生产工具说明当地存有大量的城市居民，宋镇豪先生估算偃师商城人口在55000人上下，[①] 大致给我们提供了一个参考。考古学者在大城东北角还发现了车辙

---

① 宋镇豪：《夏商社会生活史》，中国社会科学出版社，1994，第113页。

痕迹，很可能是牲畜拉车，① 说明当地已经采用了车舆。大型城市的交通需求要远高于表1中商代以前的小型城市。"凹"字形城门设计采用"直线形"门道，无须设置护门墙，亦无须将门道曲折，门道通畅，方便人员、车辆、货物进出，更贴合大城市的交通需求。

此外，考古队发掘了2010年新郑望京楼商城，于其东城墙发现两座城门，编为东一城门、东二城门，两者平面形状都呈"凹"字形，与西三城门极为相似，现以望京楼商城东一城门为例进行分析。望京楼商城东一城门与西三城门同属于二里岗下层文化，为商代早期，两处遗址相距不过120公里，前者门道宽3~3.3米，两侧木骨墙宽0.9~1米，② 后者门道宽3.3~3.35米，两侧木骨墙宽0.8~0.9米。两者木骨墙皆采用了暗础、暗柱技术，形制非常接近，已有学者指出望京楼商城东一城门与偃师商城西三城门的柱洞遗迹十分相似。③ 通过比对，我们发现西三城门与望京楼商城东一城门的设计理念非常接近，建筑技术相似，考虑到两者在空间和时间上都非常接近，笔者认为它们的修筑可能存在技术上的交流。"凹"字形城门是对此前城门建造技术的改进，可能发源于城墙"马面"技术（如偃师商城小城西城墙），为了提升城门防御，内凹城墙的长度被缩短，使得城门结构更加紧凑，其功用更近于后世的瓮城，尤其是望京楼商城东一城门还存在着护坡和类似门阙的附属建筑，明显优于偃师商城的城门防御功能，在技术上更加成熟。

从实用角度来看，西三城门与望京楼商城东一城门的"凹"字形设计反映出当时人对于城门防范意识的增强，并在长期战争中积累了军事防御技术。有学者推测，偃师商城小城城墙可能修建于成汤时期，大城城墙可能在商王太庚时期建成。④ 大致到修建大城城墙时，商朝已经立国50余载，应当稳定了政治统治，故而具备精力、财力来修建大城城墙，并对大城的城墙和城门防御进行改进，西三、东三、东一城门正是在这

---

① 中国社会科学院考古研究所河南第二工作队：《河南偃师商城东北隅发掘简报》，《考古》1998年第6期。
② 郑州市文物考古研究院：《河南新郑望京楼二里岗文化城址东一城门发掘报告》，《文物》2012年第9期。
③ 《河南新郑望京楼二里岗文化城址东一城门发掘报告》，《文物》2012年第9期。
④ 王震中：《商代都邑》，第35页。

种背景下修建的,杜正胜先生指出,"城墙实标识着资源集中、人力控制和行政组织之复杂化,而且是成正比的"。① 大城城墙的建造除了需要大量工人和建筑材料外,更需要掌握建造技术的设计人员,这些资源的集中都需要动用强大的国家力量,由此我们甚至可以管窥当时商王朝的强盛。

三 西三城门烧土遗迹探究

西三城门遗址中最引人发趣的当是在木骨夯土墙柱洞和门道发现的烧土遗迹,为了方便理解,先引述《报告》如下:

> 柱洞内填黄褐色土,杂有零星烧土颗粒,西部柱洞口部填大量碎烧土块(北墙7块、南墙6块)。H1西侧柱洞内填疏松红褐色土,内有大量烧土块。

> 位于门道西部,距墙头约3.5米处有南北向的烧土坑和长条状烧土遗迹。……北部的烧土遗迹呈椭圆形……内填烧土块和少量草木灰,下部为黄褐色土夹烧土颗粒,南部长条状烧土遗迹长约0.75、宽约0.15米,内填碎烧土和红烧土块及少量灰土,较松散。

木骨夯土墙柱洞和门道都发现了烧土遗迹,说明西三城门应当是发生了火灾。《报告》称从门道烧土块遗迹所处的位置和形状判断,疑是木门燃烧后留下的遗存,对此笔者较为认同,特别是中部约1.1米的长条状烧土遗迹,宽度均匀,其样式近似双扇门其中一扇的俯视图。值得注意的是,考古队在西二城门遗址的填土中,也发现了20余块烧土块和一只完整的猪头骨,② 有学者推测是城门偶然失火所致,因为发掘中可以看到木骨墙内的数根木柱周壁已被烧烤成砖红色。③ 无独有偶,考古队曾在洹北商城二号基址主殿西耳庑的一个门道中发现了门槛遗迹,其底部有

---

① 杜正胜:《从考古资料论中原国家的起源及其早期的发展》,《历史语言研究所集刊》第58本第1分册,1987年,第8页。
② 《1983年秋季河南偃师商城发掘简报》,《考古》1984年第10期。
③ 王震中:《商代都邑》,第35页。

四个柱洞，洞内残存着木桩焚烧后留下的木炭痕迹。在洹北商城一号基址南门二号门道中部也发现了大火之后遗存的门槛沟槽，① 应该亦是发生了火灾。

对于木门燃烧，笔者提出两种猜想：一是可能由于城门失火，古语有云，"城门失火，殃及池鱼"；二是可能由于战争引发城门着火。在先秦攻城战中，进攻方为了破坏城门，往往会采取焚烧的方法，《左传》桓公十四年载："宋人以诸侯伐郑，报宋之战也。焚渠门，入，及大逵。"《左传》襄公十八年载："范鞅门于雍门……己亥，焚雍门及西郭、南郭。"《墨子·备城门》更载："为烟矢射火城门上。"② 所说即攻城方以火箭燃烧城门。张惟捷先生指出商代时已经存在火攻战法，③ 但偃师商城似乎并没有经历过非常激烈的军事攻伐，城市遗址保存良好，此种可能性比较小，故备于一说。

偃师商城的西三城门和西二城门都遭遇了火灾，恐非巧合，为何商代城门、宫门会频频失火？这可能与商代祭门习俗有关。宋镇豪先生发现殷人有门神崇拜和祀门习俗，这些门包括宫室宗庙之门、城门、宅门等。④ 在门神崇拜影响下，商人往往选取门作为祭祀地点，卜辞中多见殷人于门处燃火，以行祭祀，试举例：

(1) 帝（禘）毛燎门。（《合集》22246）

(2) 其桒火门，又（侑）大雨。（《合集》30319）

(3) 己巳卜，王于囿辟门燎。

　己巳卜，王燎于东。（《合集》21085）

上述卜辞乃是商代晚期的材料，而且未直接说明"门"即"城门"，但通过考古发现，我们可以确信商代前期确实有于城门道处进行祭祀的习俗，

---

① 中国社会科学院考古研究所安阳工作队：《河南安阳市洹北商城宫殿区二号基址发掘简报》，《考古》2010年第1期。

② 孙诒让：《墨子间诂》（下），中华书局，2001，第509页。

③ 张惟捷：《略论我国火攻战法的上古渊源——以甲骨资料为例》，宋镇豪：《甲骨文与殷商史》新5辑，上海古籍出版社，2015，第38—48页。

④ 宋镇豪：《甲骨文所见的殷人祀门礼》，宋镇豪：《甲骨文与殷商史》新2辑，上海古籍出版社，2011，第5—28页。

如商代早期的垣曲城址，在其内城的西城门内侧4米当道处发现有被肢解的人牲和敲碎的陶片，上压着一堆鹅卵石，董琦先生认为这是城门磔人的遗迹。① 偃师商城西二城门填土中除了发现20余块烧土块外，还出土了一块完整的猪头骨，而在偃师商城宫城的王室祭祀B、C区中，发现了大量以猪为祭品的祭祀遗迹，这些猪分布于沟或坑的阳面，有的是全尸，有的头部被砍去，有的肢体剖为两半，有的则单独使用猪头，② 这说明在西二城门发掘出的猪头骨应该是祭祀用牲遗迹，进而说明在偃师商城西二城门的门道处确实进行过祭祀。

通过以上分析，商人大致一直有于门道处进行祭祀的习俗，其中就包括燃火祭祀。商代的门是木质结构，一旦在门道进行燃火祭祀，门道狭窄，甬道内风速加急，很容易点燃木门和木柱，这可能是商代城门、宫门火灾多发的主要原因。具体来看，西二城门和西三城门门道宽约3米，长则达16米左右，在这样狭长的门道点火祭祀，很可能在风力的影响下引发火灾。关于西二城门和西三城门失火的原因，祀门习俗只是可能的解释之一，并不排除有其他的可能，众所周知，殷墟早期的洹北商城就起大火，造成巨大毁损，而殷墟小屯宫殿则临河而建，利用多重水系，处处留心防火，③ 联系至偃师商城的城门火灾，这种共性似乎对商代城市消防问题有一定的解释作用，留待学界进一步探讨。

小　结

偃师商城的西三城门作为商代早期的"新式"城门，它可以与望京楼商城东一城门作为当时城门防御技术创新的典型，体现出当时人不断累积的战争经验。西三城门作为大城西城墙的新设城门而被长期使用，西二城门可能只是大城城墙的临时城门，故而其使用时间极短。西二城门的烧土遗迹可能是城门火灾之后留下的，部分烧土遗迹大致表现出木门的俯视轮

---

① 董琦：《城门磔人——垣曲商城遗址研究之二》，《文物季刊》1991年第1期。
② 中国社会科学院考古研究所：《河南偃师商城商代早期王室祭祀遗址》，《考古》2002年第7期。
③ 何毓灵、岳洪彬：《洹北商城十年之回顾》，《中国国家博物馆馆刊》2011年第12期。

廊，这提供给我们更为详细的商代城门信息，而西二、西三城门的火灾则可能是由商人的祭门习俗所致。总之，偃师商城的西三城门具有很高的学术价值，它的特点可以总结为新城门、新样式、新功用，值得学界对其长期保持关注。

作者：左勇，南开大学历史学院

·社会阶层与文化教育·

晚清天津城市书院述论

田 涛

内容提要：第二次鸦片战争后，天津旧有书院进行了整理、重修和扩大，并先后开设了数处新书院，成为传统书院在天津的鼎盛时期。在晚清文化变迁的背景下，天津书院知识与学术取向也发生了变动，由张佩纶、李慈铭、叶昌炽等人先后主持的问津书院学海堂经古课，倡导经史实学，影响渐次及于天津各书院。与此同时，西学也逐渐被纳入书院考课，并出现了专门的西学书院——中西书院。晚清天津书院的发展和变革，是天津城市文化变迁的重要象征。

关键词：书院 实学 西学 城市文化

书院作为传统教育机构，既是训练士子的场所，也是地方文化的象征。晚清时期，随着西学东渐的兴起，旧式书院变革渐成风气，学界对此已颇有考察与揭示。不过，此类研究对天津地区的书院尚少专门关注。第二次鸦片战争后，天津成长为北方最大的通商口岸和洋务事业的汇集之地，在这一特定的社会文化环境下，当地书院也发生了变革，对天津知识与学术风气产生了长久的影响。本文以天津城市地区书院为对象，就此做初步的考察，以有助于加深对晚清书院变革及天津城市文化演变的认识。

一

根据地方文献记述，天津最早的书院是1751年始建、次年春落成的问津书院，在时任盐运使、进士卢见曾推动下，盐商查为义等捐地集资，建房64间，讲舍由尚书钱陈群书写"学海"二字为额。此前的1719年，进士王又朴曾创办郁文学社，作为士子肄习之所，约在1760年改为三取书院。至道光年间，梅成栋、侯肇安等人又创办辅仁书院，"月课生童百余人"。① 1874年天津知府马绳武称，辅仁书院、问津书院、三取书院，"鼎峙为三，数十年来科第之胜甲于他邦"。② 可以说，到19世纪中期，天津书院教育已经成熟，成为天津文教的重要象征。

第二次鸦片战争期间，天津文教设施因英法联军入侵而遭到破坏。"咸丰庚申，海气不靖，郡城内外多被蹂躏，泮水芹香之地亦有不忍言者。"③ 战争结束后，从1862年开始的数年间，天津士绅和盐商修复了府学和县学。1873年天津知府马绳武等重修了天津试院。此后，地方官员和士绅对天津各书院进行了修缮和扩充。位于文昌宫西的辅仁书院，"地址湫隘，规制阔略"，天津道丁寿昌在1874年因丁忧去职前，在文昌宫以东择地，"筹款二千金为辅仁书院肄业生童添造文廨"。随后接任天津道的吴赞诚与津海关道孙士达等继续这一工程，增建了大门、讲堂、学舍，山长及执事者的憩息之所，以及斋庖用房多楹，"复为参考旧章，厘定新制，规模于是乎始备"。④ 由长芦盐商支持的三取书院也进行了两次重建和修缮。1868年该书院被洋人借住后，移至河东盐关厅后重建，到1887年该书院又进行了扩充，"数月竣工，美轮美奂，较前大扩规模"。⑤ 天津影响最大的问津书院在1877年旗人如山履任长芦盐运使后，也进行了整顿，"厘定章程，量才而激励裁抑之"，并在该书院开设了北学海堂经古课。⑥

在整理、扩大原有书院的同时，天津还新建了数处书院。"海禁大开以来，京师而外，天津除旧设书院名目不计外，复增设……集贤、稽古、

---

① 高凌雯纂《天津县新志》，来新夏、郭凤岐主编《天津通志》旧志点校卷（中），南开大学出版社，2001，第783页。
② 沈家本等修纂《重修天津府志》，来新夏、郭凤岐主编《天津通志》旧志点校卷（上），南开大学出版社，1999，第1134页。
③ 高凌雯纂《天津县新志》，来新夏、郭凤岐主编《天津通志》旧志点校卷（中），第1021页。
④ 高凌雯纂《天津县新志》，来新夏、郭凤岐主编《天津通志》旧志点校卷（中），第1026页。
⑤ 《丁沽寒汛》，《申报》1887年12月24日。
⑥ 高凌雯纂《天津县新志》，来新夏、郭凤岐主编《天津通志》旧志点校卷（中），第1031页。

学海、博文、中西各书院。"① 集贤书院 1886 年由籍隶外省的天津官员捐建，由盐运使季邦桢、津海关道周馥等筹备，先借问津书院开课，次年正式建成。② 该书院设于三岔河口水师营，是官员子弟和幕友侨寓者的肄业之所。稽古书院 1887 年由知县汪守正、县人杨云章等在城西稽古寺原址创建，该处原为天津文人的集会之所，因寺院僧人盗卖庙产，经天津士绅禀请改设为书院，"专试诗赋经解策论诸作，凡应试者均是举贡生监，而童生不与焉"。③ 学海堂即设于问津书院的北学海堂，甲午后该堂曾一度单独考课，到 1898 年又与问津书院并课。博文书院由津海关税务司德国人德璀琳 (Gustar Von Detring) 和津海关道周馥等创设，1886 年开始兴建，1889 年完工，"基址之宏昌，工程之巩固，洵津城居屋中首屈一指"。④ 但该书院并未真正投入使用，1895 年北洋大学堂即西学学堂亦创办后，博文书院成为该校头等学堂校舍。中西书院同样始于 1887 年。据美国传教士丁家立 (Charles Daniel Tenney) 的说法，其时丁家立负责博文书院事务，"在等待中国政府行动之时为中国青年人创办了一所私立学堂"，⑤ 即中西书院。这些书院都创办于 19 世纪 80 年代的十年间，表明天津城市文教在这一时期的发展迅速。

除了上述几处之外，1874 年由附贡生娄举信禀请，盐运使祝垲、天津知府马绳武创办的会文书院也是一个新设书院。该书院面向举人开办，设于"文庙后隙地，仿扬州孝廉堂成式"，由李鸿章于"盐课杂项下岁拨津蚨千缗为肄业膏火"。1879 年进行了扩建，"计得白金二千四百有奇，阅五月而工告成"。⑥ "每月司道府县，分府轮课，应课者计五六十人，会试年份，督宪宾兴，应课多至百余人。二十年来，造就人才不少。"⑦

19 世纪七八十年代天津书院系统的扩充，与开埠后天津城市人口特别

---

① 《书直省变通书院肄业章程事》，《直报》1896 年 6 月 20 日。
② 《津门杂志》，《申报》1887 年 10 月 12 日。
③ 《童子无言》，孔祥吉、〔日〕村田雄二郎整理《国闻报（外二种）》第 2 册，国家图书馆出版社，2013，第 36 页。
④ 《津沽秋汛》，《申报》1888 年 9 月 24 日。
⑤ 〔英〕派伦：《天津海关一八九二——一九〇一年十年调查报告书》，许逸凡译，天津社会科学院历史研究所编印《天津历史资料》第 4 期，1965。
⑥ 《会文书院课艺初编》，光绪七年刊本，马绳武序。
⑦ 徐士銮：《敬乡笔述》，张守谦点校，天津古籍出版社，1986，第 138 页。

是官绅数量的增长有关，但直接的因素则是李鸿章等人的倡导和推动。1870年李鸿章主政直隶后，以提倡文教、培养人才为要务，在兴办洋务学堂的同时，也致力于书院建设，使天津书院在这一时期得到了迅速发展。李鸿章等人还聘请名师主讲天津书院。在长芦盐运使提供经费支持的问津书院和三取书院，李鸿章首先聘请李嘉端出任山长。李嘉端为直隶大兴人，1829年进士，1853年以刑部左侍郎任安徽巡抚，但数月即遭罢免，此后开始书院生涯，"乙卯主讲陕西关中书院，同治四年移讲直隶莲池书院，庚午移讲天津问津、三取两书院，光绪六年十二月卒于天津"。自1870年至1880年去世，李嘉端主持问津书院长达十年，课士极为认真，"临终前夕，犹对客谈文，客去后书日记数行，遂无疾而逝"。① 此后两年，问津书院山长由张佩纶担任。张为直隶丰润人，1871年进士，学识渊博，有经济之才，颇受李鸿章器重。1883年，黄国瑾主问津讲席，黄为1876年进士，系张佩纶好友，其父黄彭年曾入李鸿章幕，并两度主讲保定莲池书院，以提倡经史之学而著称。到1884年，著名学者李慈铭开始主课北学海堂和问津、三取两书院，在李慈铭日记中，为天津书院命课题的最晚一条记录见于光绪十九年（1893）八月初六日。当年十月初九日后，李氏日记中断（仅见光绪二十年元旦日记），其间未见李慈铭辞去书院讲席的记载。据此推测，李慈铭主课北学海堂和问津、三取书院的活动，应该延续到其1894年去世之际。李慈铭的学识和声望，堪称晚清天津书院史上最著名者。此后的1897年秋，时为国史馆提调的叶昌炽受聘学海堂讲席。当年八月初三日叶氏日记云："得幼申函，转到季士周方伯一电，为定学海堂讲席，常熟师之力也。"② 文中的"幼申"，又作又申，即翁炯孙，为翁同龢侄孙，举人出身，时在京任职。季士周即曾任长芦盐运使的季邦桢，时为直隶按察使。当月二十二日叶昌炽日记又云："得士周方伯书，景月汀盐使关聘一函，延主天津学海堂讲席，岁修四百金，每节节敬八两。"③ 叶氏日记中

---

① 周家楣、缪荃孙等纂《光绪顺天府志》卷130人物志13，光绪十五年刊本，第32页。
② 叶昌炽：《缘督庐日记》，江苏古籍出版社2002年影印本，第2558页。叶氏以为北学海堂讲席系翁同龢代为谋定，但翁同龢当年八月初四（8月31日）日记云："季士周电致又申，云叶菊裳学海山长乞告我知，我何尝去电哉，可疑"，翁氏似不知此事。参见《翁同龢日记》，陈义杰点校，中华书局，1989，第3029页。
③ 叶昌炽：《缘督庐日记》，第2566—2567页。景星，字月汀，时为新任长芦盐运使。

为学海堂命题的最晚记录，见于光绪二十六年六月十四日（1900年7月10日），所录为该月学海堂课题。此后不久，八国联军侵占天津，包括学海堂在内的天津各书院因战争而废弃，故叶昌炽可被认为学海堂最后一位主持者。

这一时期的辅仁书院曾先后由天津士绅沈兆沄和杨光仪主持。沈兆沄为嘉庆进士，曾任浙江布政使，同治年间致仕回乡后即主讲该院。李鸿章称，"及来天津，沈兆沄适主讲席"，① 可知1870年前后沈氏仍主课该院。沈兆沄1876年去世，此后曾长期主持该书院的是杨光仪。杨为1852年举人，以诗歌和教读而著称于当地。地方文献称，杨光仪"主讲辅仁书院，一以先正法程规范后进，殷殷训课垂二十年，故一县之人无长幼贵贱，凡为操觚之士，莫不在门弟子之列"。② 杨担任辅仁书院讲席很可能延续到其去世的1900年。光绪二十四年（1898）三月《国闻报》有消息称，辅仁书院"定于三月初八日举行斋课，知照山长杨文广香吟，以便是日照章诣院命题开考"。③ 可知其时杨光仪仍主辅仁讲席。辅仁书院成立后，其斋课经费由津绅公捐，该书院讲席一直由津人担任，应与此有关。

集贤、会文、稽古三书院，经费主要来自捐集款项以及盐运使司和津海关道，这几处书院讲席多聘京官兼任。集贤书院成立后，讲席最初可能由天津进士王文锦兼任。严修光绪十三年（1887）日记中曾几次提到"云翁"嘱其代阅集贤书院课卷事。"云翁"即王文锦，字云舫，1871年进士，此时在京师翰林院任职。此后，1868年进士张人骏曾主集贤讲席。张佩纶光绪十三年十一月二日记称："得合肥书，延安圃主集贤书院讲席。致安圃书，告之。"④ 安圃即张佩纶堂侄张人骏。张佩纶在致李鸿章信中也曾谈及此事，称"舍侄讲席，足以疗贫，感感！"⑤ 1890年主集贤讲席者

---

① 李鸿章：《沈兆沄请谥折》（光绪二年九月初六日），吴汝纶编《李文忠公全集》奏稿卷28，台北，文海出版社1974年影印本，第7页。
② 高凌雯纂《天津县新志》，来新夏、郭凤岐主编《天津通志》旧志点校卷（中），第799页。
③ 孔祥吉、〔日〕村田雄二郎整理《国闻报（外二种）》第2册，第25页。杨光仪，字香吟，该报道写作"杨文广香吟"，应即杨光仪。
④ 张佩纶：《张佩纶日记》，谢海林整理，凤凰出版社，2015，第174页。
⑤ 张佩纶：《致李肃毅师相》，《涧于集》书牍4，上海古籍出版社1995年影印本，第52页。

则为张佩纶，其时张自张家口戍所归来后寓居天津。张佩纶在给李鸿藻的信中称："天津新设集贤书院，专考流寓士子，安圃尝主此席。今年山长无人，合肥属佩纶代阅一二课……因允一年之约。"① 另外，从片段资料看，会文书院、稽古书院的讲席曾一度由陆润庠主持。陆润庠，号凤石，1874年状元，甲午前曾任翰林院侍讲、国子监祭酒等职。1895年夏陆润庠为养亲开缺回籍，推荐与其关系密切的叶昌炽代为主持该两处书院。叶氏光绪二十一年（1895）闰五月初五日记："得凤石书，以津门会文、稽古两书院关道两席见让"，当月十八日，"得盛杏荪、李勉林两观察书，送稽古、会文两席关聘"。② 不过，叶氏日记仅在1895年下半年提到会文、稽古书院考课事，推测其仅短期主持两书院讲席。

书院的发展，促成了晚清天津科举功名的繁盛。1889年10月《申报》报道称："北方文学，向以大宛为最优，宁宝次之，至天津则等诸自郐以下。自津城诸当道币聘绩学名儒主问津、辅仁、三取各书院讲席，认真课士，文风为之丕变，不特驾宁宝而上之，即大宛亦复瞠乎在后。科名之盛，遂视文学为转移，多士揣摩风气，力争上游，历科登上第者，不下十余人或十数人。"③ 有记述称，天津在"同治末，士子应学政试者，不过四五百人，逐年增加至光绪中叶，乃近千人。其时应京兆试者多至四百余人，应礼部试者多至八九十人，可谓极盛"。④ 民国时期《天津县新志》也说，天津建卫四十三年始有举人，又十九年始有进士，一直到清初，功名数量都属"寥寥"。"改县以后，文运日启，获第渐多，迨至光绪庚子以前，登乙榜者几占全省中额十分之二，甲榜则占全省中额四分之一，科名之盛，亦云极矣。"⑤ 按照这部志书所列统计，光绪年间天津共有39人中进士，其中光绪三年（1877）、九年（1883）、十二年（1886），天津被授予的进士均达到5人，光绪二十四年（1898）更达到6人；这几个年份全国授予的进士人数分别为328、308、

---

① 张佩纶：《致李兰孙师相》，《涧于集》书牍5，第20页。
② 叶昌炽：《缘督庐日记》，第2320、2324页。
③ 《联翩登第》，《申报》1889年10月26日。
④ 高凌雯：《志余随笔》，来新夏、郭凤岐主编《天津通志》旧志点校卷（下），南开大学出版社，2001，第732页。
⑤ 高凌雯纂《天津县新志》，来新夏、郭凤岐主编《天津通志》旧志点校卷（中），第608页。

319、346，^① 天津一县在全国所占比例均在1.5%以上。尽管晚清的文化格局已因西学东渐而渐次改变，但功名数量仍然是衡量一个区域文教程度的重要标准。科举的鼎盛，可视为这一时期天津文化发展的重要表现。

二

与书院教育规模扩大、科举功名持续鼎盛相比，晚清天津书院知识与学术取向的变动，是更值得关注的一个方面。清代书院就知识内容而论，接近于官学，均以四书五经为主，注重理学研读和制艺训练，目的在于为士人进入科场做准备。天津此前的问津、三取、辅仁各书院大致均以此为旨，如进士出身的沈兆沄，"讲学壹守程朱……人有就而问道者，娓娓以礼义为勖，虽耄老不倦，耆德硕望，远近宗仰者数十年。"^② 1868年曾国藩任直隶总督后，曾著《劝学篇示直隶士子》，以义理经世相劝勉。李鸿章主政直隶后，更注重实用人才的培育，其洋务干才吴赞诚1875年在《增修辅仁书院记》中称，士子应"互相砥砺，以勉为国家有用之才，而不仅以区区文艺争长"，^③ 即有督促天津士子留心实学的意味。为了改变当地士风，李鸿章对天津书院的考课内容进行改革，最主要的举措，就是在问津书院创设北学海堂（亦称学海堂）经古课。

关于北学海堂经古课的创办，光绪《重修天津府志》称设于光绪二年即1876年；王守恂《天津政俗沿革记》则称设于光绪四年即1878年；高凌雯则称："问津于常课外，月课经古一次……其制始于光绪六年"，^④ 即1880年。1890年杨光仪撰学海堂碑记云："我赫舍里公冠九之都转来津也……阅二载……因于制艺试帖外，增设学海堂经古课"，^⑤ "赫

---

① 张仲礼：《中国绅士：关于其在十九世纪中国社会中作用的研究》，李荣昌译，上海社会科学院出版社，1991，第177页。
② 高凌雯纂《天津县新志》，来新夏、郭凤岐主编《天津通志》旧志点校卷（中），第771页。
③ 高凌雯纂《天津县新志》，来新夏、郭凤岐主编《天津通志》旧志点校卷（中），第1026页。
④ 高凌雯：《志余随笔》，来新夏、郭凤岐主编《天津通志》旧志点校卷（下），第734页。
⑤ 高凌雯纂《天津县新志》，来新夏、郭凤岐主编《天津通志》旧志点校卷（中），第1031页。

舍里公冠九"即如山。如山受任长芦盐运使的时间是光绪二年（1876）十月二十四日，但到任接印则是三年（1877）四月二十一日。① 据此推算，北学海堂经古课应创设于1879年前后。但准确地说，北学海堂经古课始于1881年张佩纶主讲问津书院之际。1879年初夏，张佩纶因生母去世依例丁忧，李鸿章邀其入北洋幕，张虽未接受，但两人此后联系频密。1879年冬张给李鸿章的信中提到，其母下葬日期定在"庚辰二三月间"，"俟明年负土后，再践升堂之约"。② 可见二人之间有所约定。可能是因为张佩纶不愿正式入幕，而李嘉端突然去世，李鸿章遂转请张佩纶接替问津山长。光绪七年初春，张佩纶在给好友顾肇熙（字皞民）的信中提到："望后须应问津之招，因合肥累书拳拳，谊难再却，得无近于冯妇乎。"③ 信中所说的应"问津之招"，即指入主问津书院事。严修自订年谱亦称："辛巳丰润张箦斋师来主问津书院，就所取前列诸生十人，往谒文忠（李鸿章），余与焉。"④ 可见张佩纶出任问津山长确为1881年初，时在李嘉端去世之后。稍后，张佩纶在给顾肇熙另一信中提到："问津已增经古，适与尊指合，然佩纶夙未治经，抗颜正复可愧。"⑤ 从上文张氏在信中所言推测，问津书院经古课此前已有筹划，但正式开设则在张氏出任问津讲席之际。

1883年，经张佩纶向李鸿章推荐，黄国瑾主讲问津书院一年。据李鸿章、张之洞等称，黄国瑾通籍后，专以"读书考古、讲求经济为事"，"为长芦盐运使如山延主问津书院。时其父方主讲莲池书院，以朴学振兴学者。该故编修遂推行于天津，仿广东学海堂章程，增设北学海堂经古课，手订规学，示诸生以研经考古之法。数年之间，人才辈出"。⑥ 黄彭年第二次主讲莲池书院始于1878年，当年在莲池书院创立学古堂，以经古课士。黄国瑾主问津讲席之际，黄彭年实则已出任湖北安襄郧荆道。黄国瑾借鉴莲池书院的做法，对北学海堂经古课有完善之功。之后的1884年，北学海

---

① 《光绪三年五月二十日京报接录》，《申报》1877年7月18日。
② 张佩纶：《致李肃毅师相》，《涧于集》书牍1，第17页。
③ 张佩纶：《致顾皞民观察》，《涧于集》书牍1，第55—56页。张氏信中有"入春唯即事多"及"俄约已定"等语，可知该信作于当年初春。"冯妇"之自喻，应指张此前已拒绝李鸿章的入幕之邀，此番应约入津，有出尔反尔之嫌。
④ 严修自订《严修年谱》，齐鲁书社，1990，第24页。
⑤ 张佩纶：《复顾皞民观察》，《涧于集》书牍1，第57页。
⑥ 《光绪十八年十月初二日京报全录》，《申报》1892年12月1日。

堂经古课开始由李慈铭长期主持。

　　经古课以学术经世为原则，将传统的经史实学纳入书院考课，体现了晚清书院变革的一个重要方向。清代书院多偏重理学，讲求心性，但经史实学之脉仍存。嘉庆道光时期，经世学风复兴，一代文宗阮元1801年在杭州立诂经精舍，1820年在广州创办学海堂，即以讲求经史致用之学为主。北学海堂经古课仿照广州学海堂章程设立，以经古课士，提倡经世致用，致力于振兴学术精神，与莲池书院的学古堂一样，都可视为晚清经世实学在北方兴起的重要标志。此后不久，19世纪80年代先后任江苏学政的黄体芳、王先谦也崇经术、倡实学，促使当地学风为之一变。黄体芳1882年在江阴创办南菁书院，即以经史词章之学为重。张正藩先生指出："清之季世著名之书院，浙则有诂经精舍；粤则有学海堂及广雅书院；直则有天津之学海堂，保定之莲池书院；苏则有江宁之钟山书院，江阴之南菁书院；蜀则有尊经书院；湘则有船山书院；闽则有致用书院，皆专课古学，人才蔚起。"① 天津学海堂得以与诂经精舍、广东学海堂等著名书院并列，实则是对其开风气地位的肯定。肄业问津书院、1898年进士王守恂后来称，此前"天津书院校试文艺，与聚徒讲学规制有异，循文守法，一时得士称彬彬焉。惟晨夕讲求者，功令文字而已。"北学海堂经古课设立后，月试经解、史论、古今体诗及赋、骈散杂文，该书院肄业生及会文书院举人均得应试，"以经义史论及诗古文词课士，于是津人士得渊懿博雅之材"。北学海堂与同一时期设立的官书局一起，促成了天津士人风气的转变，"于制举之外得以通达经史，讲求文艺，则北学海堂及官书局之设盖有力焉"。②

　　北学海堂经古课设立后，应课者以问津书院生、童为主，但并不仅限于问津一处。三取书院向与问津书院并课，"凡士子向居城外，不便就问津书院肄业者，则入三取书院"，③ 1884年李慈铭来津期间也提到三取书院为问津分设，故该书院也有应课者。王守恂称会文书院举人也可应北学海堂经古课，与李慈铭日记中数处提到"举贡生监"应试的情形也相吻

---

① 张正藩：《中国书院制度考略》，江苏教育出版社，1985，第34页。
② 王守恂：《天津政俗沿革记》，来新夏、郭凤岐主编《天津通志》旧志点校卷（下），第43、46页。
③ 《丁沽寒汛》，《申报》1887年12月24日。

合。此外，稍晚设立的稽古书院，课程则仿照北学海堂，专课经古。天津学者高凌雯称，问津书院设经古课，"后六、七年，稽古继之，但课经古"。① 面向客籍子弟的集贤书院，"系为广育人才，造就实学起见"，②每月两课制艺、试帖外，"兼课经文、经解、策论，并诗赋骈散杂文以及天文、算学、时务"，③天津《时报》《直报》中有关该书院的课试消息也可证明这一点，另外，1898年上海《申报》的一则报道也称该书院"向试经古"。④ 从上述情形可见，其时除辅仁书院外，问津、稽古、集贤三书院均设经古课，而三取、会文两书院肄业生则可参加北学海堂课试，经古课已推行于天津多家书院。

经古课以经史实学甄验、训练士子，除有助于士子应试外，对士子治学方法和求实精神的养成颇具意义。其时先后主课学海堂的张佩纶、黄国瑾、李慈铭、叶昌炽等均系学识优长者，对天津士人治学风气多有影响。有记严修事迹称："公尝应学海堂月课，丰润张幼樵时为山长，批公卷曰：五艺再求典实，可借书更作之，幸无以征逐之故，荒其本业也。公如命更作，并屡为人诵此批，谓后日幸获寸进，微名师督责之力不及此。"⑤ 严修的学术路径，亦得益于张佩纶的指导："先生通《说文》之学，其读许书，由于张幼樵、蒯礼卿两先生之怂恿。"⑥李慈铭日记中提到北学海堂和问津书院、三取书院肄业生、童有一百数十人，不少人其时或此后在学术上取得一定的成绩。如肄业学海堂的张大仕，是李慈铭最赏识的。从李慈铭日记中可见，至少在1884年至1892年间，张大仕都参与学海堂经古课试，两人除书信往来外，张还多次到京拜访李慈铭。张大仕1896年53岁时去世，肄业学海堂期间是其治学的重要阶段。张从事小学、音韵、训诂皆有根柢，李慈铭称其"长于解经，分肌擘理皆以声音通之，凡古今疑义、诸儒聚讼者，皆能折中一是，训诂明通，足解

---

① 高凌雯：《志余随笔》，来新夏、郭凤岐主编《天津通志》旧志点校卷（下），第734页。
② 《应课须知》，《时报》（天津）1886年8月30号。
③ 沈家本等修纂《重修天津府志》，来新夏、郭凤岐主编《天津通志》旧志点校卷（上），第995页。
④ 《复试八股》，《申报》1898年11月10日。
⑤ 陈诵洛辑《蟫香馆别记》，《陈诵洛集》，广陵书社，2011，第304~305页。
⑥ 严修自订《严修年谱》，第24页。蒯礼卿即晚清著名学者蒯光典，与严修为进士同年。

人賾"。① 所著《古礼释》一卷，被认为"涉猎群书，博引而慎取，凡所断制，皆谨守师法，以经诂经，不涉臆造也"。② 张大仕的其他著作还有《解经一粟集》《四书音补》《说文拾遗》《说文一贯》《古人姓名通假考》等，虽多未刊行，但亦可见其成绩。再如陶喆甡，李慈铭日记中首次提到其名在光绪十二年十一月，此后陶在学海堂和问津书院课试中常被李慈铭取为内课生。在肄业学海堂和问津书院期间，陶也多次拜访过李慈铭。1893年顺天乡试结束后，在京应试的陶喆甡在不到20天的时间里即拜见李慈铭4次，李在日记中曾誉其为"北人之秀"。③ 严修后来称："吾乡通敏识时之俊，予所最心折者，陈奉周、陶仲明并王寅皆而三"，④ 对陶氏评价颇高。问津生徒杨凤藻也颇得李慈铭的赏识，多次被李取为学海堂内课生，两人之间有不少私人交往。杨氏后致力于经世之学，1902年与友人甘韩选文560余篇，编成《皇朝经世文新编续集》，为晚清经世文编之一。

即以应试者的经古课作而论，也可见其治学成绩。1886年天津《时报》曾分两日刊载张大仕《先生长者考》一文，⑤ 即系1885年李慈铭为学海堂所命课题。张氏《小邹鲁居诗集》所收370余首诗作中，"光绪以来率皆书院课作"。⑥ 陶喆甡所著《抑斋诗文集》，也"以学海堂课作为多。"⑦ 陈宝泉早年曾应稽古书院、学海堂经古课试，其《退思斋诗文存》中收有论辩疏证策对12首，为其"二十岁前后之作"。《叔孙通论》一文在稽古书院课试中曾列第一名，时任天津知县吕秋樵批谓："波澜壮阔，神似大苏。"⑧ 《唐九节度围相州论》一文"作于甲午，为应学海堂考试

---

① 高凌雯纂《天津县新志》，来新夏、郭凤岐主编《天津通志》旧志点校卷（中），第961页。
② 高凌雯纂《天津县新志》，来新夏、郭凤岐主编《天津通志》旧志点校卷（中），第922页。
③ 李慈铭：《越缦堂日记》，广陵书社2004年影印本，第12999页。
④ 陈诵洛辑《蟫香馆别记》，《陈诵洛集》，第304页。
⑤ 张大仕：《先生长者考》，《时报》（天津）1886年9月30号、10月1号。
⑥ 高凌雯纂《天津县新志》，来新夏、郭凤岐主编《天津通志》旧志点校卷（中），第961页。
⑦ 高凌雯纂《天津县新志》，来新夏、郭凤岐主编《天津通志》旧志点校卷（中），第964页。
⑧ 陈宝泉：《退思斋诗文存》，台北，文海出版社1970年影印本，第346页。

者",① 此外还有《南宋四将优劣论》《直隶河防水利论》《治河从下口入手说》等，应均系其时应课之作。曾肄业学海堂的高凌雯后来评价说："光绪初开学海堂，以经古课士。设官书局，贱直以供士子取求，于是藏书者众，初不过翻阅钞袭，借博膏奖。迨涵濡二十年，好学深思之士，类能窥见门径，于是钉饳之学，渐入贯通之域，出所心得，即成著作。"又称："光绪以来，文风日盛，得书院观摩之力居多。至于士子知读书以研求古学，则以李越缦师主讲席，日久生徒受其裁成，故争自淬厉，而书院附设官书局，任人购取，功效尤大。"② 经古课的设立和推广，使天津书院不再只是八股文的训练所，也成为经史之学的扩散场，是晚清天津学术风气变化的重要象征。

三

晚清天津书院知识取向的另一个重要变动，是西学的引入。西学书院的设立，以来华外人为早。最著名者如上海的中西书院、格致书院等，前者系美国传教士林乐知（Young John Allen）创办，后者则成于傅兰雅（John Fryer）等人之手，影响颇大。19世纪80年代，在天津洋务学堂引入西学教育的同时，西学知识也成为当地书院的考课内容，以集贤书院为最早。如1886年10月，津海关道为集贤书院所命课题中，算学题为代数式，时务题则涉及圜法。③ 天津道所命课题则有"海防近时形势论"等。④ 当年11月天津道为集贤书院命题，算学题涉及方程运算："假如有银甲、丙，发商生息，每两一年之利率为乙，每年推还本利共银为丙，推至酉年，本利同清。今欲于酉年之内预知第几年放出之本银若干，推还之本银若干，并设甲乙丙酉四件中有一件为未知之数，其求法若何？"⑤ 甲午之后，集贤书院此类课题更为多见，如光绪二十一年（1895）六月官课中，

---

① 陈宝泉：《退思斋诗文存》，第348页。
② 高凌雯：《志余随笔》，来新夏、郭凤岐主编《天津通志》旧志点校卷（下），第728、734页。
③ 《集贤课题》，《时报》（天津）1886年10月12号。
④ 《集贤课题》，《时报》（天津）1886年10月27号。
⑤ 《集贤课题》，《时报》（天津）1886年11月10号。

赋题为《电线歌》，① 九月则有《地球一行星说》等题。② 光绪二十五年（1899）八月课题中有算学、电学等题，③ 九月算学题为几何计算，④ 十月算学题为勾股计算，格致题则涉及提炼金银等。⑤ 可见西学与时务始终是集贤书院的考课内容。

与集贤书院将西学纳入考课不同，博文书院则以高水平的专门西学教育机构为办学目标。按照德璀琳的说法，开办博文书院的设想是他在1885年提出的，其目的既是为中国培养西学人才，也作为李鸿章经营天津的一个永久性成就。"入院肄业者专习中国有益之西学，仍兼诵读中国诗文经史，学至六、七年，举凡根柢之学，如天文、地理、西国文武水陆军制、大小工程等，均可成就。"在得到李鸿章的同意后，"随向各处捐银三万零八百四十五两六十六分，择吉开工"。⑥ 包括总税务司赫德（Robert Hart）、其间任津海关道的刘汝翼等，都为书院提供了资助。李鸿章在奏报1886年北洋海防经费支出情形时，也列有"津海关建造博文书院工料银一万四千四百七十四两"。⑦ 1887年上海《申报》报道称："津海新关税务司德璀琳，奉李傅相之命，就梁家园营门外建造博文书院，教授中西各学。自去冬兴工，业今工已及半，核其基址，合一百一十余亩。所建西式楼房，南北长英尺二十一丈九尺二寸，东西二十二丈五尺二寸，地上垫高一尺五寸，平屋高十七尺，楼高十五尺，每日工匠约三百人，大约来春可讫事矣。"⑧ 1889年该院完工后，拟"聘请中西名宿为书院掌教，培植华人聪颖子弟，为将来樽俎折冲之用"。⑨ 但由于建造经费不足，只得向银行商借，"计亏银三万二千五百九十三两零三分"，加以李鸿章"目睹出洋回华

---

① 《官课题单》，《直报》1895年8月7日。
② 《集贤课题》，《直报》1895年11月12日。
③ 《书院课题》，孔祥吉、〔日〕村田雄二郎整理《国闻报（外二种）》第7册，第81页。
④ 《书院课题》，孔祥吉、〔日〕村田雄二郎整理《国闻报（外二种）》第7册，第203页。
⑤ 《集贤课题》，孔祥吉、〔日〕村田雄二郎整理《国闻报（外二种）》第7册，第458页。
⑥ 天津市档案馆、天津海关编译《津海关密档解译——天津近代历史记录》，中国海关出版社，2006，第213页。
⑦ 李鸿章：《海防用款立案折》（光绪十四年十二月初十日），吴汝纶编《李文忠公全集》奏稿卷63，页62。
⑧ 《天津纪实》，《申报》1887年8月8日。
⑨ 《培植人才》，《申报》1889年2月20日。

之学生无差可派,是以此事暂行缓图"。① 这所规模宏大的西学书院,实际并未招生。

　　天津以书院命名的西学教育机构,以丁家立的中西书院为最早。1886年冬天津《时报》刊称:"美国丁先生家立专授英文,月修仅收洋五元,现寓紫竹林海大道妇婴医馆院内,有愿来学者至馆面订可也。"② 可知该书院始办于1887年。1887年末1888年初,丁家立在《时报》刊登招生启事,称:"本馆主人今年在海大道西戒酒楼创设英文学馆,学者接踵而至,今已岁暮,博文书院仍未告竣。议以明正照旧开馆,所有本馆生徒俟博文书院告成时,均可一并移往肄业,抑且可列于上等,特以布闻。"同时刊出该馆章程:"一、本馆定以新正月初九日开馆;二、愿来学者定以正月为期,如逾二月初一日,初读英文者概不收录;三、每月修金原定英洋五元,今悉照旧,概不加增;四、本馆功课每日自早九点钟起读五点钟之久,永为常例;五、愿来学者其家属或先到本馆面订,或致信函均可。"③ 从上述内容看,中西书院以英文学习为主,其教读方式不同于书院的生徒自修,更接近于学堂体制,但仍借用了书院的考课制度。根据1892年丁家立在《时报》刊登的启事,丁氏曾与时任天津铁路公司总办杨谷山议定,以中西书院为"官铁路预储人才之基","所有本馆学生,每年由铁路总办考试一次,发给奖赏"。考试内容除英文外,还有算学,"英语须听说敏捷,句语通顺,字音玲珑","书写须笔画洁净,誊抄迅速,句读分明,字母之大小写亦要分别无讹。英文须浅白透澈,文法不差。考取第一名者,赏银二十两,第二名者赏银十两。考试算学必须敏捷有准,考取第一名者赏银二十两,第二名者赏银十两。"④ 其时天津各洋务学堂招生,往往需要一定的英文基础,天津本地缺乏此类学生,不得不到香港、上海等地挑选。中西书院专门教读英文,也有为洋务学堂提供生源的考虑。1893年李鸿章创设北洋医学堂,即拟从该书院挑选学生入读医学堂。⑤ 中西书院原本是博文书院正式开办前的一个临时性的西学教育机构,但后者迟迟未能

---

① 《津海关密档解译——天津近代历史记录》,第213页。
② 《教授英文》,《时报》(天津)1886年11月9号。
③ 《时报》(天津)1888年2月18号。
④ 《时报》(天津)1892年2月10号。
⑤ 《北洋创设西医学堂详文》,《申报》1894年3月6号。

投入使用，故一直办学到1895年北洋大学堂成立。直到1896年《申报》还有报道称："天津西学，向未盛行，除机器局东局设立水师学堂，教习兵船驾驶管轮、武备学堂教习兵法外，惟美国人丁君嘉立设塾一所，教聪颖子弟学习西国文字语言，造就人才，深堪嘉尚。"①

在开埠通商和西学东渐的影响下，甲午前天津书院师生中，已不乏研习西学者。严修1880年开始接触算学，其时尚在问津书院应课。李慈铭在光绪十二年十一月的日记中提到，问津生徒张大仕、陶喆甡"俱通算学"。② 李慈铭曾为学海堂出课题"今鲁方百里者五"，其日记称，陈鸿寿和赵士琛两人"皆能以算法和较数考鲁之方百里者五，陈生更为开方、长方两图以明之，极有心思"，③ 可知陈、赵二人也颇有算学修养。此外，曾主讲集贤书院的王文锦，以及出身问津书院的华学澜、陈骧、陶喆甡等人，对算学和西学也有涉猎和研习。

甲午战争失败后，在科举制度不断遭受批评，经济、时务成为士大夫热门话题的情形下，西学的社会影响迅速扩大，并进一步向天津书院渗透，成为这一时期天津书院变革的一个重要内容。1895年陈骧禀请津海关道设立时中书院，专课西学，但未能实现。1898年戊戌新政期间，谕令各地书院改为学堂，天津官绅数次集议，最终拟定的方案是将集贤书院改为北洋高等学堂，会文、稽古、三取三书院改为天津府中学堂、天津县小学堂各一所。问津、辅仁书院也改为学堂，但"变通办理，兼课中西各学。庶士子未经选入学堂肄业者，亦不致有向隅之叹"。④ 因为政变的关系，这些举措并未实行，但问津书院和学海堂的考课则就此纳入了西学。当年十月初四日盐运使告示云："所有问津、三取两书院每月官课，仍以四书文一篇、试帖一首；斋课则以经解史论各一道、西学一则，如算法格致天文舆地矿务铁路光学化学等类，分为数种命题，各专一门，如有余力或兼数门亦听其便。其不习西学者亦听。"关于学海堂，该告示称："问津书院近年另设学海堂，此后归并问津斋课，将杂出西学各题。"⑤ 此前的九月二十

---

① 《渔阳归雁》，《申报》1896年10月11日。
② 李慈铭：《越缦堂日记》，第11238页。
③ 李慈铭：《越缦堂日记》，第11322、11323页。
④ 《督辕批示》，孔祥吉、〔日〕村田雄二郎整理《国闻报（外二种）》第3册，第489页。
⑤ 《县示照录》，孔祥吉、〔日〕村田雄二郎整理《国闻报（外二种）》第4册，第379页。

五日，叶昌炽日记亦云："得方勉甫书，学海堂本系三取、问津两书院生童领卷应课，今并归问津斋课，另设西学一门，每课三四题不等，属鄙人承其乏。欧洲典籍，向未浏览，何敢忝颜抗席，然辞之则珠桂之资计无所出，不得不拟四题，明日寄之。"其所命课题包括"墨子二光夹一光说""抱朴子罡风世界广证""推广邮政议"等。①叶氏日记中还记有当年十月、十一月问津书院的西学课题。十月有题为"半圆内容相等，有相切二小圆，有大圆径甲，求小圆径若干"，另有题涉及化学知识。十一月则有"问京师同文馆、江南制造局译出化学各书原质名目异同"等题目。②光绪二十五年叶氏为学海堂所命经古课题中，也屡见西学内容。如四月题目涉及锡矿开采冶炼，五月有"书熊三拔泰西水法后""埃及古碑考"，以及有关中西医学的课题；六月有"中国轮船电线矿务利益归公议""以器盛水，旋转其器，水面必中凹，求其凹面成何曲线"等题。其他各月课题中还有彼得大帝和华盛顿论、日耳曼疆域考等内容。

西学进入书院，既是晚清书院知识变革的表现，又表明了西学社会影响不断扩大。晚清天津书院就课士规模而言，以辅仁居首，就影响来说，则以问津为著。问津书院和学海堂将西学纳入考课内容，可视为晚清天津书院知识转型的一个重要象征，与此同时，也表明传统书院已成为西学在天津传播和扩散的一个特定渠道。

戊戌政变后，天津各书院相继恢复课试，不过，在科举变革已成为社会议题的情境下，传统书院的生存空间已受到明显压缩。光绪二十五年九月十二日叶昌炽记称："阅学海堂卷毕，仅十九本，几不成军矣。"③1900年八国联军侵华战争爆发后，天津被联军占领，各书院限于停滞，实则已处于被废弃的状态。及至新政兴起后，天津各书院终为学堂取代。辅仁书院一度由袁世凯改为校士馆，"专课举贡生监，以策论及格致、算学分试之"，王守恂称其为"书院之余波，学堂之先导"，至科举废除后被裁撤。④稽古、问津、会文书院均于原址改设学堂，集贤书院改为北洋官报印刷

---

① 叶昌炽：《缘督庐日记》，第2772页。
② 叶昌炽：《缘督庐日记》，第2780、2800页。
③ 叶昌炽：《缘督庐日记》，第2970页。
④ 王守恂：《天津政俗沿革记》，来新夏、郭凤岐主编《天津通志》旧志点校卷（下），第47页。

局，三取书院则归于荒废。在此期间，天津还出现一处以书院命名的教育机构，即1902年赫立德（Lavington Hart）在法租界成立的新学书院。但这所书院已与学校教育体制无异，传统书院在天津的发展历史到1900年实际上已告结束。

总之，书院教育及科举事业的兴盛，为晚近天津成长为北方新兴的文教之邦提供了重要助力，其知识与学术取向的变革，特别是经史之学和西学的引入，更对天津本地士人产生了直接的引导作用。在某种意义上，书院教育的地域化特征，使之与本地文化的关联更为密切，从清末开始趋于活跃的天津新知识人士如严修等，大多即出身于当地书院，他们是近代天津城市文化变革的重要推动力量。就此而言，晚清天津书院的发展与变革，是天津城市文化演变的一个重要侧面。

作者：田涛，天津师范大学历史文化学院

近代东北城市化进程中城乡民俗文化的趋同与互动*

荆蕙兰 林 木

内容提要：近代东北城市化的推进冲击着原有的乡村文化生态，打破了乡村文化的封闭性，造成乡村社会秩序的重新组合，进而带来了深刻的城乡文化冲突和转型。城市和乡村在城市化运动浪潮的推动下，在文化层面的相互关系也更加复杂。城乡间文化认同与异质性并存，其表现是城乡间文化生活及风俗的二元性特点和城市文化的扩张对乡村文化的冲击。无论是生活方式、价值观念、民风习俗，还是娱乐生活，城乡之间都已发生改变且互相影响。

关键词：东北城乡 文化互动 民俗民风 集市

美国著名社会学家帕克认为："大城市从来都是各个民族、各种文化相互混合、相互作用的大熔炉，新的种族、新的文化、新的风俗与新的社会形态就是从这些相互作用中产生出来的。"[①] 在近代东北城市化的推动下，生产力水平的提高、社会的发展给人们的文化生活带来巨大冲击。无论是生活方式、价值观念、民风习俗，还是娱乐生活，城乡之间都已发生改变且互相影响，而这些变化是从近代化程度较深的城市转向农村的。先进的思想也为乡村人的思想和生活注入了活力，他们不再固守在自己的家乡，而是走向城市，寻求更为新鲜的事物。城乡间文化交流逐步走向多元化。

---

* 本文系2011年国家社科基金项目"近代东北城市化进程中城乡关系研究"（11BZS083）、2012年国家社科基金重点项目"中国城市化过程与区域协调发展问题研究"（12AGL010）的阶段性成果。

① 〔美〕R. E. 帕克：《城市社会学》，宋俊岭、郑也夫译，华夏出版社，1987，第5页。

一 城乡间文化生活及风俗的二元性特点

民俗,是一种特殊文化,是在漫长的历史中自然形成的。它一旦形成之后,便具有超时代的稳定性,从而成为相沿成习的社会现象。在急剧变革的 20 世纪前期,由于受到外力的冲击,东北的社会结构发生变化,突出表现在东北城乡居民生活观念的变化。城市居民的生活方式、社会习俗和心理受到的外来文化冲击有两种:一种是关内移民文化的冲击;另一种是西式风俗的冲击。传统生活观念的中心思想与价值观念在外来文化的冲击下逐渐解体。"崇尚西方生活的旨趣与试图保存中国传统生活方式的努力并存。"① 这样东北地区社会生活之文化特色呈现出传统与新式并存的二元性特点。

1. 城乡习俗文化的共性与差异

咸丰十一年(1861),"营口开港,促进了东北资本主义发展",② 城市化运动发展迅猛,随之外来文化进入东北地区。同时,近代以来的东北作为一个典型的移民地区,移民大量涌入后,东北的原住民与汉族杂居相处,各少数民族渐染华风。社会风尚在逐渐与汉族接轨的同时也保留着本民族的特色。东北地区人们的衣食住行也开启了近代化的转变历程。

(1) 服饰文化。服饰既是人类社会生活的要素,又是文明的一个标志,它除了满足人们物质生活需要外,还代表着一定时期的文化,是一种文化现象。近代以前,东北地区民风淳朴,崇尚朴素,城市男子平居常服为棉袍、马褂、白袜、青鞋。材质多用棉布。外出时着长衫,夏日多穿蓝布裤褂,材质也有用麻布、绸缎的。两侧开衩,长度过膝。农家多着短衣,以便于劳作。在寒冷的冬天,人们多穿毡鞋,老年人还会在毡鞋内套上羊皮袜子。中年人出远门的时候多穿乌拉。春秋两季大都穿夹鞋,夏天穿青色布鞋。黑龙江呼伦贝尔、布特哈、兴安岭地区的蒙古、达斡尔、鄂温克等部族多用鹿、麋等动物的皮毛缝制衣裤,而赫哲族人寒冬时节穿狍

---

① 何一民:《近代中国城市发展与社会变迁》,科学出版社,2004,第 469 页。
② 佟冬:《中国东北史》第 5 卷,吉林文史出版社,1998,第 47 页。

鹿皮制成的衣服，温暖时节则穿以鱼皮制成的衣服。东北的满族妇女不缠足，一年四季着长衫，只是两侧不开衩，梳京头，裤脚束起，穿平底鞋或底高寸许、前后微缺的"寸底鞋"。① 汉族妇女在服饰上效法满族，除平日穿着的衫、袍之外，根据时令不同，还会穿棉、夹、单棉布、丝绸等材质的坎肩，到天冷时头上戴耳包等。19世纪中叶后，随着东北开埠，移民增加，"光、宣之际，政尚维新，衣喜瘦狭，束身贴肤，曲臂维艰，领高可及耳际"。②东北民众的穿着打扮日趋新化、洋化，新式和展现个性的服饰逐渐成为主流，最明显的表现就是在穿着和饰物方面。大城市里中山装、西装、礼帽、皮鞋逐渐被人们接受，越来越多的人选择着西装、戴礼帽、蹬皮鞋出席各类宴会和高级社交场合。据记载，"民初都市中，新式工厂、商店之工人及学生则着学生服，各官厅服务员多着西洋服矣"。③ 而妇女的服饰则是花样繁多、变化较大。除旗袍外，女性还"打阳伞，穿印度绸，着高跟皮底鞋"，④ 穿大衣、西装、马甲、长裙，戴围巾等。

在城市里，近代化的服饰风气在社会生活中形成了一定的影响力，但是由于条件限制，这种服饰风气尚未深入广大的乡村社会，普通农民的日常服饰改变不大，如民国《西丰县志》记载："民国初期至若富者尚华美，贫者重朴素，此则为生活程度使然。"⑤ 城乡差别明显。

（2）饮食文化。饮食是人们生活的最基本需要，是维持人生存的决定性条件，在社会生活中占有十分重要的地位。它的来源、构成与人们所处的地域环境以及所采取的生产经营方式有直接联系。在东北社会中，饮食文化也发生了重要的变化。饮食结构也已经不再单一，地域性的差异在逐渐地缩小，趋同化的趋势逐渐加强。在近代之前的东北地区，除了南部地区因与中原接触较多而深受汉族饮食文化影响之外，其余地区的饮食习惯则以满族习俗为主。满族人喜欢吃猪肉，据《宁古塔纪略》记载，"将猪肉、头、足、肝、肠收拾干净，大肠以血灌满，一锅煮熟，自用小刀片

---

① 郎元智：《近代东北社会的衣食住行述论》，《社会科学辑刊》2012年第5期。
② 王树楠、吴廷燮、金毓黻等纂《奉天通志》，东北文史丛书编辑委员会，1982，第2287页。
③ 《吉林新志》第2编，丁世良、赵放主编《中国地方志民俗资料汇编·东北卷》，书目文献出版社，1989，第272页。
④ 《再说说重婚案》，《盛京时报》1930年7月8日。
⑤ 《西丰县志》卷24，丁世良、赵放主编《中国地方志民俗资料汇编·东北卷》，第131页。

食"。① 随着汉族移民大量涌入，满族人的饮食习惯也在慢慢改变。满族人不仅改变了传统的饮食方法，还逐步学会了煎、炒、烹、炸等烹调技艺，在饮食结构上也发生了变化，粮食逐步取代肉食占据主体地位。特殊的天气使得生活在这里的汉人和满人用腌制酸菜、咸菜，窖藏萝卜、白菜、土豆，晒菜干、水果干，制作蜜饯等方法来储存蔬菜及水果。冻豆腐、冻秋梨、蘑菇、木耳和金针菜等都是他们喜欢的食品。开埠后，"乡村有事多饮烧酒，城市多饮黄酒，至啤酒、汽水、白兰地等，尤为夏日宴饮之所尚"。② 日本和俄国的食品对东北人的饮食结构影响较大，其中日式食品对东北南部地区的影响突出，而俄式食品则在东北北部地区影响显著。例如，大连地区近代以前以玉米为主食，同时兼有地瓜、高粱米、小米、绿豆等粮薯豆类。春节时人们又习惯杀年猪、灌血肠、蒸年糕、吃团圆饺子等。这些也已成为人们喜爱的东北特色菜。随着殖民者的入侵，具有异国特色的饮食特别是俄式、日式饮食品引起了东北饮食习俗的较大变化。大连街头出现的汽水、啤酒、冰淇淋、面包等被人们普遍接受。日本侵占大连后，日式料理店鳞次栉比。至九一八事变前，大连全市就有日本吃茶店100余家。日本寿司、生鱼片等受到上层社会人士的青睐。时至今日，当地人也很喜欢日式料理。从日本输入的"味之素"，各种日式酒、奶糖，成为有钱人家生活的必需品。这些都对大连地区人们的饮食习惯产生了较大影响。据资料统计，1937年哈尔滨就有大小西餐馆260多家，仅中央大街就有37家之多。宣统元年（1909），在哈尔滨已有3家冰棍厂，到1938年黑龙江地区冰棍日产量已超过300万支。③

虽然异国饮食文化进入东北地区的社会生活中，在某种程度上冲击着东北人传统的饮食习惯，特别是在一些城市中，这种影响一直延续至今。但传统的食品品种和饮食风俗仍旧占据着主导地位。尤其是广大乡村的传统饮食习俗保持至今。

（3）居住习俗文化。近代东北的居住风俗先后受到关内的汉文化，英、法、俄等国的西方文化和日本文化的影响，形成了独具特色的东北居住风俗文化，城市建筑呈现出多样化、混合化的形态。在东北许多城市有

---

① 吴振臣：《宁古塔纪略》，黑龙江人民出版社，1985，第248页。
② 王介公修、于云峰纂《安东县志》卷7《礼俗·饮食》，1931年铅印本。
③ 马平安：《近代东北移民研究》，齐鲁书社，2009，第208页。

俄式建筑体、和式建筑体、法国古典学院派建筑体及哥特式建筑体。而在广大农村，主要是受汉文化的影响，形成了各地结合自己传统并吸收汉式建筑文化的民居风格。

近代以前的东北地区，散居着以满、蒙、朝鲜、鄂伦春、鄂温克、达斡尔、赫哲等少数民族为主体的土著居民。由于受自然环境和生存环境的制约，他们形成了各具特色的居住方式和居住风格。如"满族（女真）多分布于东满，由于地处森林地带，降雨量多，住房为人字形屋顶，有斜坡，多使用木材为了防寒保暖，在上面加土挂瓦或贴石"。① 这种建筑风格，实际上是汉满文化结合的结果。汉族多居住于南满及西部，由于雨量少，多住平房，用坯盖房，加上石头或砖，木材用量较少。用坯和少量木材建成"漫园形屋顶"，"中间开门，成三间"，中间是厨房兼工作间，两侧房间有炕，为寝室，这类结构被称为三间房，还有的在两侧增建成五间房子。但满族和汉族既住"人"字形屋顶的房子也住平房。朝鲜族住在有火炕的"人"字形屋顶房或平房中，窗户比满族民房开得大，烟囱的构造也不相同，有的烟囱顶端是木制的。在外观上也可看出和满族民房不同。

随着帝国主义侵略的加剧，俄、日以军事侵略为先导，在东北地区强行划分势力范围。在这种时代背景下，俄式、日式、欧美式建筑随之出现在东北各大中小城市中。从满洲里至大连，尤其是在哈尔滨、满洲里、沈阳、长春、大连等大中城市，这些风格各异的建筑随处可见。如大连这个昔日的殖民城市，俄日殖民者占据这里近半个世纪，因此大连居住习俗的变迁更多受到俄国和日本的影响。俄日占领前，大连地区的居民住房大体保持着传统的风格，城镇多为砖石结构的瓦房，农村近海地区主要是土石结构的海带草苫房或半截青瓦的"海青房"；北部山区多为用稻草、麦草苫盖的呈"人"字形草房；多数居民住在用盐碱土压顶的平房。俄国租借大连后，开发了许多住宅区，主要是低层庭院住宅，形成大连特有的洋风居住文化。日本侵占大连后，更多的日式建筑拔地而起，更广泛地出现具有日本风格的洋式住宅。受日俄建筑的影响，一些到大连的华人官员之新建住宅也采用中西合璧式或纯日式风格。这些住宅大都与街道环境搭配，

---

① 〔日〕"满史会"：《满洲开发四十年史》卷下，东北沦陷十四年史辽宁编写组译，1988，第610页。

与宅前的绿树、远处的山峦相互衬托,营造出自然、宁静、和谐的居住氛围。①

（4）交通出行。在大规模开发之前,东北地区交通条件相对落后,作为交通工具的有牛马,还有驯鹿和狗等。在冬天下过雪后,也有乡民乘坐爬犁出行,运货。马的使用十分普遍,尤其是在乡村,"乡人皆养马,出行则乘之"。②在邻近江河的地区,商户多用糟船装载粮食贩运各地。东北开埠后,随着城市化运动的推进,城市交通状况发生了明显变化。近代化的公路、铁路运输发展起来,给人们的出行带来方便。19世纪中期,在哈尔滨和营口出现了东北地区最早的马路,它用碎石子铺就而成,对东北地区城市道路的改造从此开始。③东北铁路以中东铁路为代表,形成密集的铁路网,公路网也随后出现,东北的航运业也发达起来。如辽宁的西丰县,"民初道路修筑渐平坦,间有雇用电车者,较前进化多矣"。④在一些大城市出现了有轨电车,"俄式马车、日式洋车在沈阳愈有增加,成为市内主要交通工具之一,连同中日合办的马车铁道,省城奉天的交通状况有所改观"。⑤1930年,大连地区有各种机动车1112辆,1935年有1984辆。⑥到1942年都市交通株式会社运营车辆达496辆,日平均客运量达35万余人次。⑦以电车为例,1909年9月25日,由大栈桥（今大连港码头）至电气游园（今动物园）的第1条有轨电车线路开始营业,长2.45公里。这期间,大连还有公共汽车、有轨马车、人力车等各种车辆。城市里的一些职员和年轻人,开始购买自行车作为出行工具。但在一些偏远地区和广大乡村,交通条件仍然很差,依旧是土街土路,因路不好行走,只能以骡马换乘,"县民对于运输多以大车,驾以牛马,四季均用之"。⑧城乡发展极不平衡。

---

① 荆蕙兰:《近代大连城市文化研究》,吉林人民出版社,2011,第227~228页。
② 《呼兰县志》,丁世良、赵放主编《中国地方志民俗资料汇编·东北卷》,第412页。
③ 郎元智:《近代东北社会的衣食住行述论》,《社会科学辑刊》2012年第5期。
④ 《西丰县志》卷24《礼仪风俗》,转引自段妍、唐光化《试析社会转型中区域社会风俗变迁的特点》,《东北师范大学学报》2012年第3期。
⑤ 张志强:《沈阳城市史》,东北财经大学出版社,1993,第161页。
⑥ 康积惠:《大连市情》,天津人民出版社,1988,第118页。
⑦ 顾明义:《大连近百年史》,辽宁人民出版社,1999,第1522~1523页。
⑧ 《桓仁县志》第8章,丁世良、赵放主编《中国地方志民俗资料汇编·东北卷》,第97页。

2. 城乡间休闲文化的共享与互动

东北的闲暇文化是在特定的历史环境和自然环境中形成的，与生产活动、生活方式密切关联，有其独特的风格和地域特色。东北的二人转与大秧歌是得到东北城乡认可并广泛流传的民间娱乐活动的代表。尤其是二人转是东北民间的歌舞演唱形式之一，在东北地区有着深厚的群众基础。二人转，早期称"蹦蹦"，亦称对口、棒子戏、双玩艺。"多在秋末冬初农暇之时，七八人或十数人组成之，于各大车店或乡村大户之家，夜间开演。每一次出场大概两人，一则抹粉戴花，身穿彩衣，乔装妇女，一则头戴毡帽，手持小棒，装为丑角，彼此轮唱，声调各异，杂以胡琴、檀板，并各种乐器。"① 二人转在东北的广大乡村和城市的居民中广受欢迎。

东北的大秧歌是东北人娱乐的另一种艺术形式，它是集舞蹈、杂技、小戏于一体的艺术形式。《开原县志》记载："初六日后，有演杂剧于城内街市者，如龙灯、高跷、狮子、旱船等类。沿街跳舞，或唱俚曲，逐户乞钱物，谓之'太平歌'，亦称'秧歌'。"② 《宝清县志》中有记载："……唱秧歌，扮男女古装，结队游行，按户歌唱；唱则酬以元宵或果品，亦有酬钱者。多用于正月十五及节庆日为之，下亦如之，高跷，其式一如秧歌，惟脚端缚二三尺长木棒，踏之以行耳。"③ 以上反映了东北人节庆的情景。此外，东北每年有近半年的时间处于寒冷天气中，冰雪给东北人的生活亦带来乐趣。儿童在冬日可以打"冰猴"，玩"打爬犁"等。

东北开埠后，外来文化给这片土地新增了许多新鲜的娱乐元素，令人目不暇接，西式艺术与娱乐形式逐渐进入民众的生活中，进而在东北社会形成潮流。一些交通枢纽城市建立了俱乐部、剧院、电影院、旅馆、茶楼、公园、保龄球馆、运动场、跑马场、高尔夫球场等，形成了比较完整的适应民众活动的社会公共娱乐体系，由此逐渐改变了市民传统的娱乐休闲方式。在奉天省城及其他城市，茶园、戏园兴建后，营业也异常发达。如"奉天驿内北街兴隆茶园营业非常发达，每夜可得票洋二三百元之巨"。④ 在吉林、长春等地，"自本年秋后商埠新筑戏园开幕后，每日观戏

---

① 《安达县志》卷12，丁世良、赵放主编《中国地方志民俗资料汇编·东北卷》，第467页。
② 《开原县志》卷8，丁世良、赵放主编《中国地方志民俗资料汇编·东北卷》，第124页。
③ 《宝清县志》卷23，丁世良、赵放主编《中国地方志民俗资料汇编·东北卷》，第486页。
④ 《奉天茶园兴盛》，《盛京时报》1924年6月30日。

者异常拥挤，至晚六点后园内即无驻足地"。① 1931年时，大连有5处高尔夫球场，13家跳舞场，7处射击场，45处撞球场。② 到1933年大连、旅顺地区已设有田径、游泳、相扑、射击等24个体育协会。③

电影这种与近代科学技术相结合的娱乐形式，让市民感到奇妙。19世纪末电影传入中国，首先在上海、北京等大城市上映。那时的电影是无声电影，无不引起国人的极大兴趣。20世纪初，电影院作为一种新式的娱乐场所在东北各大城市出现。1906年电影传入大连，1909年旅顺大观园开始放映美国影片，使大连成为国内继北京、上海之后最早接触电影的城市。④ 大连1906年"在旧戏园东京座开演'西洋妇人跳舞'、'日本凯旋力士相扑'、'西人君主乘车扈从'为内容的写真电戏（即电影）"。⑤ 到20世纪20年代大连的电影业已经很发达了，百姓也很喜爱电影。"大连小岗子南大龙街电影株式会社自成立以来营业颇行发达，该园专卖中国方面，坐客每日拥挤不堪，竟能赏金二百五十余元。"⑥ 据统计，20世纪30年代初哈尔滨共有光明、平安、亚洲、东北、马迭尔、巴拉斯、光陆、美国、凤翔等12家电影院。⑦ 其数量和上座率仅次于上海。同一时期安东当时的电影业亦非常发达，"安东新市街二道沟日商福岛创设活动电影馆，名曰文化茶园。开幕以来营业非常发达，由美国纽约、日本大阪、民国天津等处运来各种侦探滑稽等影片……每日往观者络绎不绝"。⑧ 与此同时，马戏、魔术、赛马表演在各铁路附属地亦很多，在一定程度上丰富了东北市民的娱乐生活。游泳也是百姓喜爱的运动，"大连市附近之老虎滩，星个浦等处山明水媚风景天然。每届夏日中外人士之海水浴者肩摩踵接。满铁水泳部特在星个浦之黑石礁设立水泳场，备有脱衣所、洗体所、疗伤所、贵重物品收存所，往返电车格外减价，近来加入练习者人数极多"。⑨

---

① 《戏园好生涯》，《吉长日报》1918年12月13日。
② 《盛京时报》1931年10月14日。
③ 焦润明等：《近代东北社会诸问题研究》，中国社会科学出版社，2004，第242页。
④ 李振远：《大连文化解读》，大连出版社，2008，第172页。
⑤ 《辽东新报》1906年11月14日。
⑥ 《电影发达》，《盛京时报》1922年2月10日。
⑦ 《盛京时报》1931年3月8日。
⑧ 《电影馆营业发达》，《盛京时报》1923年10月19日。
⑨ 《海浴盛行》，《盛京时报》1924年8月6日。

与热闹的城市相比，在一些边远乡村和城市中平民居住区，中国传统的戏园营业也非常发达，"官家屯近数日来天气和暖、微风不扬，附近各乡村农民赴官家屯观戏者人山人海。加以戏场宽大、风景清幽，车马排列数行。小贩环绕、红男绿女肩摩接踵，极形热闹"。① 这些当时报纸的描述，反映了当年的盛况。与此同时，旧有的庙会、戏园、茶园纷纷改良，如庙会除了保留原来的娱乐项目外，还常伴以奇珍异兽展览。戏园、茶园是本地百姓，特别是底层民众娱乐生活的重要场所，主要为京戏、评剧、说书、东北大鼓，以及话剧等提供舞台。此外，东北特有的秧歌也很盛行，旱船、跑驴、推车、灯官、腰鼓、龙灯舞等休闲娱乐节目在华人区仍很受欢迎。"西岗华人杂居之地颇觉繁盛，旧历新年锣鼓声中又发现一群秧歌会，曾其数八九人，男扮女装油头粉面披红挂绿，音乐齐奏绕行街市。"② 这种新旧闲暇娱乐形式并存的状态，体现了大连城市特有的文化现象。新式娱乐项目的传入和普及，悄无声息地改变着东北城乡民众的思维习惯、生活方式和消费观念，使城市与乡村在文化方面发生着近代化的改变。

3. 城乡集市文化的趋同与传动

集市是进行商品交易活动的公共场所，乡村集市贸易是商品流通的一种基本形式，在乡村社会中具有重要的地位。近代东北城市化的推进，促进了商品经济的发展，农产品市场化率得到提高，这就为集市的产生、发展提供了一个发展契机。东北早期的集市为不定期，随着集会人数的增加，后来发展为定期，最后逐渐形成集镇。集市可分为普通集市和庙会两种。

第一类：普通集市。定期集市有固定集场和固定集期，有的还有管理机构。例如近代东北的新民县大民屯镇就是以夏历每月三、六、九为集期，即初三、初六、初九、十三、十六、十九、二十三、二十六、二十九为集期，而它邻近的镇白旗堡镇就是以夏历每月一、四、七为集期。③ 一般而言，定期集市都在一天完成，高峰在上午，很受百姓欢迎。东北乡村集市按集市规模分为大集、小集。在东北大集一般也指在集市上有牲口市

---

① 《农安戏场热闹》，《盛京时报》1927年11月8日。
② 《扮演秧歌》，《盛京时报》1916年2月11日。
③ 王颖：《浅析近代东北乡村集市类型》，《黑龙江史志》2013年第14期。

出现或是有粮市出现的集市。"上市多粮油等农副产品和土产山货及工业品。一些较大集市还专辟粮市。"① 而小集则正相反，其一般规模和赶集人数不如大集。就功能来看，大多数定期集市都体现着基本集市的功能，在集市上进行交易的都是农副产品，参与交易的人都是集市附近的农民。随着生产力的发展，近代东北的一些基本集市开始转变，参与交易的卖主不单单是产品的生产者，在他们中间出现了一些商贩，他们主要从事流通服务，实现农村的农副产品与城际消费的结合。其结果是一些农副产品不仅在集市社区内销售，更扩至城市贩卖，进入中间集市或中心集市。

中心集市是农村集市中的高级形式，具有一些综合特征，中心集市一般位于各县的核心镇，其社会功能有时会超过县城，中心集市也是乡村城市化的突破口，更是连接城乡的纽带。如奉天在近代就是中心集市之一，奉天的北市场集市，非常繁盛，它是转发各种货物的中心集市。

第二类：庙会集市。在近代东北，寺庙的宗教节日和东北当地民俗活动是分不开的。在东北城乡地区寺庙除日常的祭祀活动外，还承担特定日期的集市活动，多数寺庙都有庙会，庙会逐渐演变成一种民间集会，经济性质愈加明显。表1显示的是1934年东北地区具有代表性的大型庙会的情况。

表1 1934年东北庙会情况

日期（旧历）	庙会名称	备 注
二月十九日	观音庙会	以是日为观世音菩萨生成
三月二十八日	天齐庙会	亦称东岳庙会
四月十八日	娘娘庙会	以盖平县大石桥娘娘庙为最盛
四月二十八日	药王庙会	以吉林省城北山药王庙为最盛
五月十三日	关公庙会	以是日为关公单刀赴会之日
六月十三日	龙王庙会	以是日为龙王生辰

资料来源：《东北要览》（1934年），转引自刘杨《近代东北寺庙景观与东北民间文化》，吉林大学硕士学位论文，2007，第35页。

每到庙会会期，都是商人发财的一个好时机，他们早早占据有利位置，"大南关娘娘庙会每月十八日为香火会期，历有年所，今岁离会期尚

---

① 榆树县地方志编纂委员会编《榆树县志》，吉林文史出版社，1993，第453页。

还而该庙前各地均被各商占满"。① 小本经营者也不会错过机会，"前往占领地基者大有争先恐后之势云"。② 寺庙的住持在庙会之前便开始准备寺庙的地皮出租事宜，"小东关东岳庙会，请准援例开放，已志大报，兹闻该庙住持已着手支配地皮出租与小贩摊床"。③ 东北地区的庙会是相当频繁的，且一般会持续三五天之久，庙会给百姓的生活带来了极大的便利，且热闹非凡。"邀来京腔大戏，并韩敬文武术戏法高脚会电光影各种花炮杂耍二十余样非常热闹，一般红男绿女往观者拥挤不堪云"。④ 北镇东岳庙，三月二十八日举行庙会，赴会者络绎不绝，"庙东为说书，卖艺之场，游人麇集，其东南为赛马场会期，好驰马者齐来驰骋赛，以争胜负……"⑤ 每到庙会，附近的农人妇女，甚至较近的城里人也都纷纷前来看戏赶集。东北民间戏曲、舞蹈、歌曲、杂技等都得到了发展，庙会成为一个民间文艺会演的大舞台。

近代东北乡村集市的规模不断扩大，它满足了人民生活和生产的需要，促进乡村商品经济的发展，城乡互动的加强，从而加快了乡村城市化进程。

二　城市文化扩张对乡村文化的冲击

近代东北城市化的推进为乡村社会带来了工业文明。与农业文明相比，工业文明具有自身的优越性和进步性。乡村社会是伴随着城市化的步伐而不断发展的，乡村的发展已经和城市牢牢地绑在一起。城市化的过程导致社会的分化与裂变，打乱了原有的社会阶层、生活方式、道德规范和价值认定，造成乡村社会秩序的重新组合，冲击着原有的乡村文化生态，打破了乡村文化的封闭性，进而带来了深刻的城乡文化转型。

1. 城市化进程中城市文化对乡村文化的强势改造

城市是人类最重要的生存载体，是人类文明的物化和象征，它记载了

---

① 《盛京时报》1907年4月13日。
② 《盛京时报》1920年6月8日。
③ 《盛京时报》1932年4月22日。
④ 《盛京时报》1929年5月17日。
⑤ 《北镇县志》卷6，丁世良、赵放主编《中国地方志民俗资料汇编·东北卷》，第220~221页。

人类改造自然、创建文明的历史。①"城市本身就是一件杰出的文化产品,是文化的最高表现。"②列宁曾经指出,"城市的发展要比乡村迅速得多,城市是经济、政治和人民精神生活的中心,是前进的主要动力"。③综合上述,本文将城市定义为:城市是人类文明进步的结晶,是人类文明发展的象征;城市是国家政治、经济、科学技术和文化教育的中心,是在国民经济和社会发展中起主导作用的区域,并随着人类文明的进步和社会生产力的发展而发展。当然,关于城市的定义和理解会随着人们对城市的认识和城市的发展而变化、发展。④

城市文化又是一个外延极广的概念,抽象来讲,它是指在城市里发生的与城市的建设与发展相关的文化现象,有广义和狭义之分。广义的城市文化一般可划分为三个层次,即城市的物质文化、城市的制度文化、城市的精神文化。城市的物质文化是文化的表层,它由可感知的、有形的各类基础设施构成,包括城市布局、城市建筑、城市道路、城市通信设施、公共住宅、水源及给排水设施、垃圾处理和市场上流通的各类商品,以及行道树、草地、花卉等,由人工环境构成城市物质文化的外壳。城市的制度文化是城市文化的中间结构,城市制度是城市文化的一种实体化的表现形式。城市文化的变迁必然通过城市各种制度的变迁表现出来。城市的制度文化以城市的物质文化为基础,但主要满足城市居民更深层次的需求,即由人的交往需求而产生的合理地处理人与人之间、个人与全体之间关系的需求。在城市的制度文化中,最主要的是家庭制度、经济制度和政治制度。城市的精神文化是城市文化的内核或深层结构。它包括一个城市的知识、信仰、艺术、道德、法律、习俗以及城市人所习得的一切能力和习惯。⑤狭义上的城市文化指的仅仅是城市里的文化生活。现在人们常涉及的城市文化更多的是广义上的概念。本文所论及的城市文化就是指广义上的文化。

---

① 曲晓范:《近代东北城市的历史变迁》,东北师范大学出版社,2001,序1,第1页。
② 朱铁臻:《认识城市本质 建设魅力城市》,《经济时报》2005年2月27日。
③ 转引自汤茂林《改革开放以来中国城市化研究概述》,《城市》2002年第3期。
④ 荆蕙兰:《近代大连城市文化研究》,第4页。
⑤ 潘永康:《城市社会学新论:城市人与区位的结合与互动》,天津社会科学院出版社,2003,第168页。

城市文化与乡村文化的地位是不平等的。城市文化具有比传统乡村文化更优越的特质，生活于城市的市民在思维方式、行为方式、生活方式等方面都体现着优越于乡村文化的城市文化，其作为主流文化的地位是无可争辩的。而乡村文化则是非主流的、边缘化的文化。城市文化通过各种形式不断向乡村灌输和贩卖自己的理念与精神，改变着乡村文化的生存现状和价值理念，农民原有的以血缘为纽带的人际关系、居住方式甚至语言习惯等都潜移默化地发生了变化。[1] 城市是新思想、新观念、新知识、新技术的摇篮。城市的现代文明不仅孕育着城市人，还辐射并带动周边地区和广大乡村社会。城市是一个精神、文化观念的集聚体。其所具有的文化优势是乡村社会根本无法比拟的。首先，城市是社会文化精英的"集聚地"，城市发展使得乡村精英流向城市。城市生活的集聚特征给城市的精神文化生活打上了深刻的烙印，吸引着广大农民尤其是乡村精英参与到城市社会文化活动中。而开放的城市社会空间形成了有利于文化精英成长的城市"优化机制"。其次，城市向人们传递着先进的文化理念。正是由于城市文化这种巨大的集聚力量，城市文化才得以不断繁荣、发展和壮大。再次，城市是各种文化资源的集聚地。先进的文化设施，以及图书馆、游乐园、影院、歌剧院等风格各异的建筑场所，为人们集中展示了丰富多样的文化艺术精品。例如，民国时期东北地区崇洋趋新的社会风气是以资本主义的商品经济为基础，在一些新兴阶层的提倡下发展起来的。这种崇洋趋新之风的盛行预示着传统农业社会的道德标准逐渐为近代工商社会的观念所取代。相应地，传统的道德观念也随之逐渐旁落。虽然民众的消费行为在某种程度上存在被迫性，但这的确是一种无人强制的自觉自愿行为，反映出城乡民众的选择趋向。

文化在城市的集聚和繁荣必然会导致文化向城市的边界蔓延，使城市成为辐射和扩散文化的中心。城市不仅是文化的生产和消费中心，还是文化的扩散中心。城市的辐射性功能不仅使处于城市边缘的乡村社会在经济、政治方面从属于城市，而且使处于城市边缘的乡村社会成为城市文化的输出地。城市精神、思想、观念的扩展吸引了乡村居民将注意力转移至

---

[1] 赵霞：《乡村文化的秩序转型与价值重建》，河北师范大学博士学位论文，2012，第69~70页。

城市生活与工业文明,其结果是削弱了他们对乡土语言、乡村生活方式、传统习俗、宗教信仰、道德观念等乡土性传统的拥护。①"西风"在城乡交流中不断由铁路沿线城市"吹向"东北各农村,农村商品经济的发展、价廉物美的机器制造消费品对市场的占领,更为农村居民物质消费的"崇洋"提供了内在的动力,从而带动了农村社会风气的变化。

中国传统的价值观念是"重农抑商",在社会上占有绝对的统治地位。随着民国时期东北商业机构的增多和商务活动的频繁,东北地区的商业气息亦越来越浓厚。这些不断涌入的商品逐渐导致他们的生活与观念发生倾斜,愈来愈多的民众从旧的自然经济意识中解放出来,商品经济观念增强,"重农抑商"的传统价值观念淡化。这在一定程度上促进人们思想的解放与观念的更新,对民族资本主义经济的发展进行文化思想的启蒙,为民族的心理特质注入了近代的商业意识、消费态度和竞争进取精神。

2. 乡村文化的断裂和边缘化

在传统社会中,由于物质生活的贫乏,生活水平的低下,简朴节约成为普遍的观念。城市化以来,日用洋货如洋布、洋火、洋油之类,很快就占据了城市市场,进而渗入乡村。洋货既物美价廉,又方便简捷,使人们渐渐改变对西洋事物的态度,进而促进市民生活习俗的改变。据《吉林新志》记载,"民国以前,(鞋)多家制……而夏季日本所制雨期适用之胶皮鞋,自民国十三年(1924)来即畅销于吉林全省,价廉而耐水。年销之数,当在百万双以上,盖此货下自劳工上至官吏,无不用之也……"②这种外来的竞争迫使近代东北社会生活发生改变,逐步向近代化过渡。东北社会风俗的变迁,既表现在外观的西化上,同时也内化为近现代生活态度以及价值观念而定型,进而逐渐影响着社会风气的变化。

城市化进程中,随着新闻媒介的出现,不断革新的文化传播媒介促使了乡村民众观念变化,它是城市文化对乡村文化进行价值颠覆的主要推动因素。东北各大报纸上的广告宣传直接刺激和引导了人们的购买欲望。翻阅当时的报刊,铺天盖地的广告这样写道:"特由德英美各国选购精巧无

---

① 参见赵霞《乡村文化的秩序转型与价值重建》,第69~71页。
② 《吉林新志》第2编,丁世良、赵放主编《中国地方志民俗资料汇编·东北卷》,第220~221页。

比之照相机器以及照相一切材料，从廉出售，以酬顾客……"① 特别是随着乡村知识精英的流失，农民作为社会中处于边缘的群体，传媒所展示的城市生活中的各式舒适、时尚感不断刺激着村民的物质欲望。这些报纸是人们获取信息的重要途径，通过报纸人们的视野逐渐开阔，加强了与外界的沟通。这时期许多报纸都有大量广告，例如《泰东日报》作为大连地区发行量最大的中文报纸，不仅关注政治，同时对涉及百姓日常生活的一些事情，如健康的生活方式等给予提倡和报道，对不健康的一些习俗也提出批评。如对十二月二十三日晚清旧俗送灶中通宵烧纸放炮污染环境等做法，提出改革的建议。②《泰东日报》为增加效益和利润，扩大读者群，也刊登一些广告，如正隆银行和龙口银行宣传广告、发售煤炭广告、三井物产株式会社大连支店广告等。③ 广播也是传播的重要载体。当时的《滨江时报》登载了一则关于东北女子的报道，"天其足，剪其发，放其胸。而更无穿耳带环之苦矣。幼即入校读书，长可自由恋爱，跳舞场、戏园子、电影院、大菜馆、公园、游戏场所等等娱乐场所，均可随时随地自相赏玩"。④ 当时东北各大报纸上这些报道与广告，涉及城市生活的方方面面，覆盖面极广。又如，随着道路交通状况的改善，各大中城市街头出现了一种新式的交通工具——公共汽车。这种公共汽车票价相对低廉，容易为广大民众所接受。为了扩大宣传，他们也在《盛京时报》上刊登了广告，如奉天自动车公司从奉天火车站至西塔（邮政局胡同）、西塔至十间房、十间房至小西边门，每区间车费仅收半角，自奉天火车站至小西边门七分钟即至。⑤ 赛马原是西方风俗，英法等国莫不以为盛事。随着侨民的大量移入，华商也开始组织赛马会，建造跑马厅。在洋商和华商的跑马厅，参加赛马博注的人越来越多。从上层社会的士女到底层社会的贩夫走卒，无不拿自己的金钱去"铺砌"跑马场那广阔的草坪。针对这一"盛况"，当时的一些报纸也纷纷以广告的形式进行宣传。⑥ 这些宣传尤为吸引农村中的

---

① 《照像机械》，《盛京时报》1922年6月16日。
② 《习俗宜改革》，《泰东日报》1912年2月1日。
③ 《泰东日报》，1919年10月6日。
④ 《今昔之女子》，《滨江时报》1929年9月17日。
⑤ 《奉天自动车公司广告》，《盛京时报》1914年10月28日。
⑥ 焦润明等：《近代东北社会诸问题研究》，第271页。

年轻人，渴望以改变劳作方式来提高自己的生活水准和获得幸福感。在乡间，在城市文化的冲击下，"近年以来，奢侈之风，几如都会"。① 大众传媒改变了中国农民的思想、行为和认识，促进了农村和城市的交流，将城市里的一切带到了农村，逐渐改变着农村的消费观念、婚姻观念、价值判断，使农民的生活日益接近城市文明。总之，在物质文明与媒体效应的刺激下，农民生活原来所依赖的文化在社会文化中越来越边缘化。在城市强势文化的冲击之下，乡村那种怡然自得的生活被逐渐逼退，城市生活成了时代的主流。

总之，东北社会生活在经历了清文化的繁荣之后，在近代科技和外来文化的冲击下发生了深刻的变革。城市和乡村在城市化浪潮的推动下，文化层面的城乡关系也更加复杂，尤其是乡村文化受城市文化的冲击和影响更大。城乡间文化认同与异质性并存。出现这种状况既有外来先进经济文化冲击的外因，又有社会自身发展进步的内因，但人们对时尚、舒适、自由的新生活方式的追求和向往才是近代东北社会生活变革的深层次动力。②

作者：荆蕙兰，大连理工大学马克思主义学院
　　　林木，大连理工大学马克思主义学院

---

① 《摩登》，《盛京时报》1931年6月14日。
② 郎元智：《近代东北社会的衣食住行述论》，《社会科学辑刊》2012年第5期。

"东方芝加哥"中的下里巴人
——近代武汉农村移民的底层生活

胡俊修 肖 琛

内容提要：近代武汉因水陆交通之便和工商业之繁华，被称为"东方芝加哥"。1927～1949年，大量周边农村移民涌入武汉，他们或因金钱诱惑到武汉寻求黄金梦，或因天灾人祸、家乡凋敝而背井离乡，蛰居在武汉城市社会生活的底层。家乡是他们割不断的牵连，年节时分忆念祖先，财富和婚姻指向也是家乡。城乡双重边缘化给他们带来了身份认同的困惑，从最初因"乡巴佬"身份产生自卑，到后来渐生城里人的优越感。"东方芝加哥"中这群下里巴人，销蚀了近代武汉都市社会的浮华与高贵，最后归于平淡与庸常。

关键词：近代武汉 农村移民 底层生活 城乡关系

对武汉土生土长的市民而言，常常面临这样一个百思不得其解的问题：武汉在百年前被誉为"东方芝加哥"，且被未来学家看好，位列"世界十大未来之城"[1]，这令人骄傲的光环却掩饰不了世人对它的另一种"成见"——太过平民化、过重的小市民气息，甚至以"中国最市民化的城市"[2]冠之。武汉曾经占尽中国第二大商埠的雄风，[3]如今正向国际化大都

---

[1] 中国城市活力研究组主编《武汉的性格》，中国经济出版社，2005，第123页。
[2] 转引自罗教讲《武汉人的形象——对武汉人的自我形象的实证分析》，冯天瑜、陈锋主编《武汉现代化进程研究》，武汉大学出版社，2002，第278页。
[3] 李宪生：《两次世纪之交的武汉对外开放》，中央文献出版社，2001，第213页。

市突进，却长期无缘恢宏大器的美誉，①恐怕要叩问历史以推本溯源。若将历史的镜头推向近一个世纪前，一批批带着浓厚乡土气息的乡民踏上武汉这片热土，奔走在三镇之间，打拼多年后依然是湮没在尘世的小民，但顽强地在武汉生存下来，成为地道的武汉人。有这样一幅景象作铺垫，或许对世人难以更改的武汉平民化印象，我们不会再愤愤不平了。

一　从四方商民到周边农民：武汉移民主体的变化

可以说，正是一批又一批的移民在两三百年间执着地移居武汉，为武汉近代成为大都市奠定了高密度的人口基础。汉口建镇较晚，但其优越的水陆地理位置所决定的商业重要性，为迅速、密集的移民运动提供了契机。②

在武汉三镇中最负盛名的汉口，从来就是一个移民聚居之地。"五方民处，客旅居多"，③"此地从来无土著，九分商贾一分民"。④汉口因商而兴，滥觞伊始，就吸引着四方追名逐利的人们。"看他汲汲争名客，莞尔纷纷逐利人。以财以势以权力，无年无月无晨昏。"⑤来自江浙、广东、湖南、江西、安徽、山西、陕西、四川以及本省的商民纷纷来汉寻利，使汉口的茶叶、木柴、皮革、盐业等贸易在中国首屈一指。他们在获得利市的同时，不经意间使汉口位列中国"四大名镇"⑥和"天下四聚"⑦，成为全国内陆最大的港口中转贸易城市。

日本驻汉领事水野幸吉惊叹："与武昌、汉阳鼎立之汉口者，贸易年额一亿三千万两，凤超天津，近凌广东，今也位于清国要港之二，将近而摩上海之垒，使观察者艳称为东方之芝加哥（美国第二大都会）。"⑧自此，

---

① 章开沅：《精品意识与文化武汉》，《华中师范大学学报》（人文社会科学版）2004年第2期。
② 〔美〕罗威廉：《汉口：一个中国城市的商业和社会（1796～1889）》，江溶、鲁西奇译，中国人民大学出版社，2005，第263页。
③ 江浦、朱忱等：《汉口丛谈校释》，湖北人民出版社，1990，第201页。
④ 叶调元：《汉口竹枝词》，徐明庭校注《武汉竹枝词》，湖北人民出版社，1999，第30页。
⑤ 孙南溪：《题汉口镇》，《武汉日报》1948年5月23日。
⑥ 指汉口镇、佛山镇、朱仙镇、景德镇。
⑦ 指北京、佛山、苏州、汉口。
⑧ 〔日〕水野幸吉：《汉口——中央支那事情》，刘鸿枢、唐殿薰、袁青选译，上海昌明公司，光绪三十四年（1908），第1页。

在接下来的数十年间,东方芝加哥便成为人们对武汉的流行印象。①

进入民国时期,尤其是 1927~1935 年和 1945~1949 年,武汉又迎来两次移民高潮,人口进入急速增长期。至 1935 年,武汉三镇人口达到解放前的峰值 129 万人。② 不过在这 20 年间,武汉移民的主体却从四方商民变为武汉周边农民。尤其以黄陂、新洲③、黄石、孝感、汉川、黄冈、咸宁、黄安(今红安)、鄂州、沔阳(今仙桃)方圆数百里以内的乡民为主。诚然,他们中的部分人也怀着淘金梦来到武汉,但大多数人却是迫于农村无生计可求,才逃到武汉谋生的。

二 为了生存或更好的生活:移民的武汉梦

(一)金钱诱惑:到武汉寻求黄金梦

城市代表了不同于乡村的生活,对乡村有着永远的魅力与诱惑。为了生活,人们从乡村来到城市;为了更好的生活,人们驻留于城市。

中国的城市和乡村在漫长岁月中呈现的是和谐一体的景象,但在近代产生了明显的界限,④ 尤其是在近代西方文明强劲地冲击中国都市后。中国近代城市在发展过程中,常将"周边的农村吸纳过来",⑤ 并吸引无数邻近村民来到城市。"城市之所以有如此巨大的魅力和影响,全在于城

---

① 许多描述汉口或武汉的文章都惯用"东方芝加哥"称之。如峻嵌《到汉口以后》,《武汉日报》1932 年 6 月 10 日;许季明:《东方芝加哥的武汉》,《西北风》第 8 期,1936 年 9 月,第 10 页;赵从光:《汉口印象记》,《西北风》第 12 期,1936 年 11 月,第 29 页;亦君:《轮渡三福》,《罗宾汉报》1947 年 8 月 4 日。
② 皮明庥:《近代武汉城市人口发展轨迹》,《江汉论坛》1995 年第 4 期。
③ 当时没有新洲之名,今天的新洲是原黄冈的一部分,笔者为了明确区别起见,本文使用新洲这一称呼。
④ 施坚雅等在《中华帝国晚期的城市》的中心论点之一就是传统中国的城市与乡村是一体的。直至 19 世纪,处于不同的地理区域,行政管理、商业经营水平完全不同的城市和乡村,呈现的是一片和谐的景象。尤其在社会、文化方面,城乡之间并没有明显差异和鲜明对照,甚至连作为城乡分界标志的城墙,也无法将城市和乡村隔绝开来,但是这一切因西方文明的进入而改变。参见〔美〕施坚雅主编《中华帝国晚期的城市》,叶光庭等译,中华书局,2000;卢汉超:《霓虹灯外——20 世纪初日常生活中的上海》,段炼等译,上海古籍出版社,2004,第 117 页。
⑤ 纪晓岚:《论城市本质》,中国社会科学出版社,2002,第 17 页。

市作为文明发展的高峰，对于许多人来说，城市生活就是美好的生活，就是幸福的象征，成为他们的天堂和向往之地。"① 对于被隔离在城市之外又与城市近在咫尺的周边乡民而言，到城里去是他们一生的理想与追求，哪怕是蜗居在县城一角也是令人羡慕的，所谓"有福之人住城角"。② 更何况大汉口？③ 对于武汉周边的广大农民来说，武汉是财富的聚集地，甚至遍地是黄金。他们厌倦了在农村守着一亩三分地的清苦，以为在城市里可以赚更多的钱，实现发财致富的梦想，甚至过上如诗中描述的挥金如土的生活：④

> 城市笑了
> 它拥有着
> 如此丰饶的市场
> 如此繁缛的货品
> 有金、银、宝石、珍珠
> 有细麻布、绣花料、软缎、绸子、朱红色料
> 各样香水，各样珍贵的器皿
> 肉桂、豆蔻、香料、香膏、乳香
> 山珍、酒、油、细面、香稻米
> 还有骰子，麻醉品，春药
> 以及那么多妖冶的卖笑的女人
> 珍馐美味和淌水似的金钱

当然除了关于都市的财富想象外，城市里多彩多姿的生活方式也是他们一生的梦想。宽广的马路、飞驰的汽车，灯红酒绿，纸醉金迷，足以让第一次到武汉的周边乡民惊讶、震撼，过目不忘、刻骨铭记，进而沉淀为

---

① 贾明：《大众文化：现代都市的文化主潮——兼论文化与都市的关系》，孙逊主编《都市文化史：回顾与展望》，三联书店，2005，第201页。
② 据武汉地方史专家徐明庭2007年4月5日口述。
③ 武汉城区由汉口、武昌、汉阳三镇组成，有武汉三镇之称。近代汉口水陆交通地位显要，商业发达，最能代表武汉的成就与吸引力，是四周乡民迁往武汉的主要目的地，时人将汉口与武汉常等同视之。故本文有时将汉口与武汉混用，"在汉"、"来汉"亦未刻意区分武汉或汉口。
④ 上官柳：《这城市》，《武汉日报》1946年12月30日。

心理的期待。毫无疑问，下面诗中描绘的近代武汉的物质生活方式，如磁铁般吸引着有都市生活初体验的周边农民。

> 这城市
> 像打扮得花枝招展的娼妓
> 以淫荡的媚眼和巧笑
> 招徕四面八方的客人
> 这城市
> 张开了血盆似的口
> 吞纳了各式各样的人们
> 有豪华的官吏
> 有各地的客商
> 有穿细轻衣裳的女人
> 有更多的追寻黄金梦的人们
> 销魂般的醉乐在沸闹着
> 黄金般的宴会在铺陈着
> 人们在火山上跳舞
> 在琥珀色的夜的深渊里沉沦……①

问题在于，那些执着地要到城市的乡民，往往只看到都市富庶、繁华的一面，而有意忽视或来不及触及都市生活阴暗、贫穷的一面，就已经贸然决定进城。

此外，武汉作为大都市，又有着令周边乡民艳羡的资源集合优势。开放、流动、熙攘的都市比起闭塞、静谧的乡村，蕴含着更为丰富的资源和机会。作为长江中游的中心城市，② 武汉不仅是"社会财富与权力的中心"，③ 而且随着商业与近代大众传媒的迅速发展，④ 城市流动着诸多致富

---

① 上官柳：《这城市》，《武汉日报》1946年12月30日。
② 〔美〕施坚雅主编《中华帝国晚期的城市》，第274页。
③ 贾明：《大众文化：现代都市的文化主潮——兼论文化与都市的关系》，孙逊主编《都市文化史：回顾与展望》，第201页。
④ 李卫东：《晚清武汉的经济发展与社会变迁》，严昌洪主编《经济发展与社会变迁国际学术研讨会论文集》，华中师范大学出版社，2002，第438页。

的机会和丰富的信息。汉口"最初的功能是商品的集散地,在此基础上它成为商品信息的集散地,最终,如果说整个社会的媒介系统是一个网的话,那么都市就是网线之经纬的结合点"。①

(二)农村凋敝:到武汉谋生

相比一批有野心和强烈成就欲的乡民而言,更多到武汉的农民是因农村经济的萎靡凋敝而移居武汉谋生的。与其说是城市吸引了他们,不如说是乡村抛弃了他们。

太平天国运动以后,中国农村人口稳步增长,人均耕地面积逐渐下降,农业技术又毫无进步,则农业生产率下降,广大农民生活水平因此停滞不前,甚至出现实质性的倒退。②尤其在地处江汉平原的武汉周边农村,人口土地矛盾日益突出,农民生活每况愈下,有的村庄40%的农户面临耕地面积缩小的问题。③而这一时期城市又出现了畸形的繁荣,表现出极强的吸纳力,于是大量周边农民选择进城到武汉谋生。

但作为农民,他们中有些人不会放弃家乡的农田。由于地利之便,周边乡民可以选择在武汉和家乡之间往返,两地生活。农闲时节,到武汉当苦力,做小生意;农忙时节,又回家乡种田,两边奔波以维持生计。他们"在城乡之间往来穿梭",④"一只脚坚实的踩在农村的土地上",⑤一只脚在城市寻觅生机。

这些频繁游走在武汉与家乡之间的人们,挖空心思地想从往返旅程中获取微薄之利。在很原始的小生意——路边叫卖中,其作为乡民的淳朴、单纯、善良和羞涩展现无遗,这种自然流露博取了城里人的好感与同情,成就了他们"多少赚几个"的愿望。

---

① 刘旭光:《都市文化与媒介——从符号与媒介的角度对都市文化的定位》,孙逊主编《都市文化史:回顾与展望》,第174页。
② 参见〔美〕杜赞奇《文化、权力与国家——1900~1942年的华北农村》,王福明译,江苏人民出版社,2004。其中"第三章农村政权的现代化建设"对此有详细论述。
③ 《湖北建设月刊》,第1卷第4期,1928年9月,第37页。
④ 陆汉文:《现代性与生活世界的变迁——20世纪二三十年代中国城市居民日常生活的社会学研究》,社会科学文献出版社,2005,第51页。
⑤ 卢汉超:《霓虹灯外——20世纪初日常生活中的上海》,第174页。

(三) 天灾人祸：背井离乡

如果说因农村衰败而到武汉谋生，以及往返在家乡和武汉两地间的周边乡民在某种程度上是出于主动选择的话，那么在天灾人祸频发的20世纪二三十年代，农村生活受到严重威胁时，农民则是被动地、别无选择地背井离乡。在没有兵匪和外敌入侵的岁月，武汉成为四周乡民的避难所和避风港。

水旱灾害接连不断，使武汉周边农民破产，生计维艰，甚至无家可归，他们只好纷纷逃往武汉。1931年湖北大水灾使"近江诸县，皆成泽国"，"农民生活困难，群相率以逃向大都市，以求得生活之机会"。① 接下来的1934年，农村水旱灾害亦使乡民饥寒交迫，"全省人民，不苦于水灾，即困于干旱，因是而流离失所，沦为灾黎者触目皆是。时近严冬，除乏食外，又将苦于无衣矣"。② 而其他年份，武汉报端也接连出现"沔阳空前大水灾，六万人无家可归"、"天灾人祸相应逼来，粥少僧多饿民待哺"等农村景况不堪的报道，③ 老幼灾民纷纷流落武汉街头，"天灾人祸命难捱，临老无依更可哀。三尺童儿三棒鼓，也随洪水上街来"。④

动荡孕育了不安全感。匪患横行乡里，百姓生命安全没有保障，只好举家到汉以求平安。农村的破败使得乡民无以为生，一些人便作匪行乱，"老百姓因为无饭吃，'软死不如硬死'，于是有许多便为非作歹起来"，⑤ "在此四乡匪患时间，杀人放火，绑票勒索，无论何人，见而生畏。于是只有携家大小，赴此平安之地之汉口。在汉口之人自然不敢回去。在乡间不敢[甘]宁处之人，又络绎不绝而来"。⑥ 于是武汉成为四边乡民的避风港。

---

① 《武昌市政府人力车概况调查报告》（1935年8月），武汉市档案馆藏，档案号：18-10-102。
② 《募寒衣》，《武汉日报》1934年12月13日。
③ 陈默：《清晨的镜头》，《大众报》1947年8月24日。
④ 公正：《武汉竹枝词》，《武汉日报》1949年2月5日。
⑤ 曼引：《崩溃》，《武汉日报》1933年5月18日。
⑥ 九达：《物价高涨之原因》，《光明》1930年8月30日。

（四）近水楼台：享交通之便

便利的交通使周边乡民到武汉谋生成为一件相对容易的事情。武汉周边农民大多可沿汉水步行，或由各水路假舟楫之便抵达武汉。黄陂外出谋生者大多直接沿着滠水或黄孝河来到汉口，除聚居于黄陂路、黄陂街外，还有大批黄陂人杂居于武汉三镇，以至于民间流传有"无陂不成镇"的俗语。① 汉阳、孝感、天门、汉川、沔阳、嘉鱼、黄冈、鄂城等地农民沿水路抵达武汉，也是一两天之内的事情。每日游弋于汉江之上的木船就是迎来送往周边乡民的工具，汉江的平静便利于周边农民带着简单的生活起居用品来到武汉。

（五）武汉梦的破碎：真实生活景象

乡民奔向武汉，怀着美好的希望而来。对于心怀都市寻金梦的乡民，他们在动身进城前，可能已经打好了诸多的如意算盘，甚至憧憬着过富贵的生活。用歌德的话说，他们"生活在理想的世界，也就要把不可能的东西当作仿佛是可能的东西那样来处理"，② 但武汉现实的生活却比他们想象的要艰难得多。

大多数到汉移民主要是想在经济繁荣的城市寻找工作和维持生计。然而，几乎所有能找到的工作都是些不需要特殊技能的苦力或小贩等卑贱的职业，当然这也是由移民自身的文化技能低下所决定的。尽管大多数的移民都想进厂做工，可到了武汉，才发现工厂工作并不好找。当时武汉的情形与上海类似，哪怕是工厂里最一般的工作，都得要由厂里认可的社会关系做介绍，之后必须给工头送礼，在有些情况下，还需要一定的文化要求或经过某种技能考试。③ 甚至进烟厂做打杂的童工，也需要找关系并通过公开的招考。这些新移民要找到自身与这片陌生土地的连接点，困难重

---

① 严昌洪：《汉口的黄陂人与黄陂文化》，严昌洪编著《老武汉风俗杂谈》，中国档案出版社，2003，第133页。
② 转引自〔德〕恩斯特·卡西尔《人论》，甘阳译，上海译文出版社，2004，中译本序，第5页。
③ Honing, Emily, *Sisters and Strangers: Women in the Shanghai Cotton Mills, 1919-1949*，转引自卢汉超《霓虹灯外——20世纪初日常生活中的上海》，第117页。

重,就算去找先期到汉的亲朋好友,由于他们自身难保也是于事无补。

结果,除了少数念过私塾甚至中学,并懂些简单算写的农村移民通过社会关系在武汉能找到小学教员或者店员这样的活计外,大多数无文化、无技能、更无良好社会关系的新移民,只能凭借自己唯一拥有的东西——力气,在武汉立足。武汉开埠后的数十年间,"轮船和铁路相继出现,水运码头及铁路枢纽很快成为大批农村人的落脚点,人力车夫、码头工人、沿街小贩等成为很多人的栖息之业"。① 女人则进入市民家里,寻求下河女、洗衣女或者家佣的工作。她们中绝大多数人都蛰伏在都市社会的最底层,② 遭受资源匮乏、经济拮据之苦,过着悲惨的生活。

武汉报纸常有文字抒写对这些穷人的怜悯,兹略举数例如下:

《浣衣女》:浣衣的姑娘/你又来了/河水唱起欢迎的歌/别皱起眉头吧!/真实的生活/是劳苦的积累/有谁不承认/用自己的汗水/洗净别人身上的污垢/是伟大的呢?/当我穿起那件你洗净的衣裳/我的心/也泛起对你的肃静[敬]了。③

《更夫》:又是那阵凄楚的梆音/和踉跄的步履/响过去,冷冷的/——从我的窗前/夜色是如此的沉重/颤抖在你手中的灯火/挣不开/一圈昏黄/踏着这圈昏黄/你巡梭在人家的甜梦/让生活的足迹/埋葬在深深的夜里/远处,鸡啼了/黎明照亮了生活的路/而你/却累倒在夜巡的疲惫里去了。④

《下河妇铭》:人不在贵,有信则名。也不在高,能勤则精。斯是贱役,为吾德馨。别人食珍肴,我为倒臭粪。每日来一趟,始终不失信。走至房门口,唤一声,不窥人之隐私,不取人之一尘。报酬虽低微,工作却忠勤,君子曰:何贱之有?⑤

---

① 陆汉文:《民国时期城市居民的生活与现代性(1928~1937)——基于社会统计的计量研究》,华中师范大学博士学位论文,2002,第24页。
② 李明伟:《清末民初中国城市社会阶层研究(1897~1927)》,社会科学文献出版社,2005,第420页。
③ 江原:《浣衣女》,《武汉日报》1947年1月7日。
④ 江原:《更夫》,《武汉日报》1947年1月7日。
⑤ 少章:《下河妇铭》,《大楚报》1940年3月5日。

周边乡民在汉充当苦力,其中最大的苦力群体是人力车夫(图1)和码头工人。1946年,汉口人力车夫中,绝大部分来自周边县乡的农村,其地域分布如下:黄陂35%,汉阳18%,应城10%,孝感9%,沔阳5%,汉川5%,云梦4%,鄂城2%。①

图1 冬天里乘客的冷与车夫的热

注:人力车夫主要是周边农村来汉移民从事的职业,车夫是城市里作牛马走的苦力,冬天北风呼啸,车上乘客和路上行人都裹得严严实实,车夫因要卖力拉车,衣衫单薄却仍旧汗流浃背。超负荷的工作,加上无钱治病,使得车夫中壮年亡故者不在少数。

资料来源:张雾:《冷与热》,《武汉日报》1947年11月16日。

虽然人力车夫地位低下,工作辛苦,生活困顿,而且受到政府、人力车业职业公会和人力车商的管束,但在多重权力网络下,他们的利益却得到了彰显,使得他们能够以群体的力量去争取经济上的权益,甚至采用的方式十分激烈。② 因而一直到解放前武汉人力车夫人数都稳增不减。码头工人与人力车夫一样,也有着自己的工会组织,在约束自己的同时又维护了自身的权益,从而使基本生活得到保障。

---

① 根据《人力车业职业工会会员名册》的统计折算而来,武汉市档案馆藏,档案号:9-17-38(1)。
② 汤蕾:《多重权力网络下的近代中国人力车夫——以1945~1949年的汉口人力车夫为中心》,华中师范大学硕士学位论文,2006,第48页。

三 家乡：割不断的牵连

近代城市以极大的人口容量和惊人的发展速度为流动人口提供了各种谋生可能和就业机会，① 但真正在城市里立足却并不容易。对于那些未能实现在城里落户或举家进城的农村移民而言，他们只能从家乡源源不断地汲取奋斗的动力和情感的养料。

家乡在传统中国是个人身份的关键部分。② 在一块特定的乡土上与亲人聚居的家庭生活所培育的"家庭精神"，支配着人们的思维准则和行为方式，塑造了农民对乡土和家庭的亲和与依赖。③ 民国时期，移民武汉的乡民与家乡保持着密切的联系。他们将钱寄往老家，年节回家探亲，回乡娶妻，或者在城里怀念祖先，思念亲人。在一系列的仪式与活动中他们形成了浓厚的家乡情结。然而，在某些时候，尤其当经济状况不佳时，他们却主动克制思乡的情绪。

（一）年节忆念祖先

祖先怀念是传统农村生活的重要内容。周边农民带着"忘祖"是大不孝的观念来到武汉，并在年节时分以仪式或活动来表示对祖先的忆念。即便住在贫民区里，也抵挡不住他们的热情与虔诚，"这里的人们，每当过节的时候，同样的纪念着祖先，玩着龙灯，高跷，狮子，蚌壳。比一般更热闹，敲锣打鼓的"。④ 尤其当来自同一乡源的农村移民聚居在城市的同一地方时，集体忆念不仅方便，而且还可能追忆到他们共同的祖先。⑤ 类似于近代上海的农村移民，他们"生活在都市里的'村庄'，在很大程度上还是都市里的乡民"。⑥ 在春节、清明节以及鬼节⑦，迁居武汉的农村移民

---

① 李明伟：《清末民初中国城市社会阶层研究（1897~1927）》，第455页。
② 〔美〕顾德曼：《家乡、城市和国家——上海的地缘网络与认同，1853~1937》，宋钻友译，上海古籍出版社，2004，第3页。
③ 沙莲香等：《社会学家的沉思：中国社会文化心理》，中国社会出版社，1998，第18页。
④ 常怀祖：《在"贫民区"里》，《大众报》1947年4月27日。
⑤ 〔美〕罗威廉：《汉口：一个中国城市的商业和社会（1796~1889）》，第262页。
⑥ 张仲礼主编《近代上海城市研究》，上海人民出版社，1990，第735页；熊月之：《乡村里的都市与都市里的乡村——论近代上海民众文化特点》，《史林》2006年第2期。
⑦ 每年阴历七月十五，亦称中元节。

都会始终如一地焚香、烧纸,①或者送灯,祈求祖先的护佑。

离家乡较近的移民,还会在春节和清明时,回到家乡祭祖。尤其是来自新洲、黄陂、汉阳的农村移民几乎毫无例外地回乡上坟。不过,这基本上是家庭中男主人的责任,一般女人和孩子不参与,他们所做的就是天黑时倚着门等待回乡祭祖的丈夫或者父亲归来。即使全家搬到武汉,回乡祭祖也是必需之事,否则会被家乡人非议。

死后埋在家乡反映出来汉的乡民对祖先与故乡的忠诚。中国人的死亡观念带有很大成分的"乡土性",②灵魂的处所——应是自己的生养之地,所谓叶落归根,这在第一代来汉农村移民身上是根深蒂固的。这与更早些时候寓居汉口的客商的做法与态度极为相似。汉口的同乡会馆常帮忙把寓居者的遗体运回家乡,并鼓励这种对家乡的忆念方式,③反映出已经都市化的商人那种剪不断理还乱的乡村情结。④

(二) 财富与婚姻指向:家乡

经济关系与婚姻纽带是移民与家乡和亲人加强联系的重要方式和内容。

对于家人尚留在农村的移民来说,他们在武汉辛苦劳作的目的,就是攒钱,改变家人的生活状况。他们也许不能像富商那样,将在汉口赚到的财富运回家乡,服务当地社会,但其财富的指向同样是迁出地——家乡。

在汉单身农村移民的主要目标就是挣钱,回家买地、盖房子、娶媳妇。"他们通过购买土地使自己同乡村保持着密切的联系。"⑤ 如果一个农村移民在城里不能找到一个有着同样背景的"门当户对"的媳妇,则一般还是回农村成亲。何况他们中好多人从家乡出来时,已经有了"父母之

---

① 不独农村移民,广大市民包括中上等人家也有烧纸钱以祈求亡故祖先护佑的习惯,当时住在高档里弄住宅的日本军官百田宗志即发现对面人家在中秋夜焚烧冥钱。〔日〕百田宗志:《汉口风物诗》,武汉宣传联盟事务局,1945,第43页。
② 钟敬文:《民俗文化学:梗概与兴起》,中华书局,1996,第221页。
③ 徐焕斗:《汉口小志·名胜志》,1915年刻本,第302页。
④ 涂文学:《对立与共生:中国近代城市文化的二元结构》,《天津社会科学》1998年第1期。
⑤ 涂文学:《对立与共生:中国近代城市文化的二元结构》,《天津社会科学》1998年第1期。

命,媒妁之言"的婚约,有的甚至是订"娃娃亲"。

进城时已经成家的农村移民,则埋头挣钱养家,攒了钱让同乡带回或寄给家乡的妻儿与父母。"人在外面心在家,少年妻子一枝花"①,哪怕再苦一点,他们心里也踏实。如果长期不寄钱回家,可能还会受到家人的责怪,被人说"忘了根本"。② 当然我们有理由相信,老家的父母都是仁善的,能够体谅儿子在汉漂泊的不易,因此即使家里困难也报喜不报忧。

适篯父母写的一封家信浓缩了家乡老人对只身在汉的儿子的体慰关切之情:

> 儿见字知悉:
>
> 近闻武汉天气甚热,易染疾病,须多加仔细,注意卫生,汝能擅自调摄,日益健康,使余放心,则孝道尽矣。至于经济一层,武汉生活程度高昂,余已深知,汝月入有限,可不必勉强汇寄家用。余自能维持,万勿以此难过。汝喜读书报,然天气热时,亦应有节,勿为饱知欲而害身体也,且嘱!
>
> 父母字③

(三) 思乡情结及其克制

思乡,在到武汉谋生的农村移民中是常见的普遍现象。

一个人思念自己所了解的家乡,是一种本能的情感。④ 对家乡的热爱和思念,可能源于儿时的忆念与天然的认同感,⑤ 看见那片土地就舒服,因为是在那里长大的。离开家乡的移民几乎没有不患思乡病的,他们相信身体和精神的痛苦源自背井离乡。⑥ 而思乡的情结是生活的一部分,随时可能触发。

在汉生活得不如意会撩起思乡的情绪。春节或者中秋节团圆的气氛和

---

① 王干一:《旅汉杂记》,《西北风》第16期,1937年3月,第29~30页。
② 曼引:《崩溃》,《武汉日报》1933年5月18日。
③ 适篯:《家信》,《武汉报》1941年7月5日。
④ [美]罗威廉:《汉口:一个中国城市的商业和社会(1796~1889)》,第286页。
⑤ 凡凡:《还乡》,《大楚报》1941年6月6日。
⑥ [美]顾德曼:《家乡、城市和国家——上海的地缘网络与认同,1853~1937》,第3页。

城里热闹的场面，也会引发在汉游子的乡思。春节是对在汉游子思乡情绪的考验。只要看见别人争购年货回家，或和友人互相馈赠，便随时可以触起其思家念友的情绪。每当这个时候，游子们总免不了叹息，做了异乡的孤客。只身在汉的拔戈和他的友人闲谈时，便会欣羡地向他们说："啊！一个人没有家是多么可怜啊！当寂寞无聊之后，不知要发多少凄然慨叹的感慨呢？"于是拿出笔给丧偶的母亲写信，却又怕增添母亲的感伤："母亲，这也许完全是你儿的罪过吧？在这新年将近的日子，还是只身在这数百里的武汉，不能回家来看看你衰老多愁的亲娘，反而更加许多数不清的思念孩儿的伤感于你。母亲，这话你的儿不能说了，你的儿的泪水已滴湿了信笺……"①

虽然是一般的游子思乡的情绪，但只有身在异乡的游子才能体会中秋之夜的孤苦以及对家人的深切思念。

今年的元宵我在武汉，
一个人望着圆圆的月亮。
得着了片纸的家书，
乡愁就缠得我好心慌。
我记得那时曾经说过，
到中秋无论如何回家，
和父母，和兄妹，在庭前，
灭了烛，看月亮，看桂花。
现在中秋了，
我依然在异乡
捐弃不了乡愁，
还有了一身的债，
穿着破衣走遍了长街，
无限的愁怀系着无穷的思索。②

可见，对于只身在汉打拼的农村移民来说，思乡是隐藏在心底、一触即发

---

① 拔戈：《游子情》，《武汉报》1941年1月26日。
② 萧然：《异乡的中秋》，《罗宾汉报》1935年9月21日。

的深沉的情感。

但思乡的情绪却是复杂的,甚至会受到思乡者经济状况的左右。结果,"'故乡'这词很像橡皮,富于伸缩性"。① 思乡的情绪随着财富的积累而高涨,最后的结局就是举家移居武汉;而经济的窘迫则会销蚀游子思乡的勇气。对于前者,"故乡是甜蜜蜜的";对于后者,"故乡却是酸溜溜的"。② 所以,民国中后期从周边到武汉谋生的移民依旧抱持中国传统的"华衣丽锦好还乡"的观念。所谓衣锦还乡,不"混"出点名堂,就觉得无颜见父老乡亲。处境窘迫,即使思念故乡,也不敢回去探望亲人,与故乡产生隔膜。正如游子凡凡的心绪一样,"家乡的确有许多处所,萦系了我的心。不过,我难得发生还乡的念头,我就淡忘了它呵!当然我很羡慕衣锦还乡的故事,要说是我能达到这种愿望好像是太渺茫了。实在的,我并没有这些野心。不过我总觉家乡与我之间,有些间隔。让家乡的人们咒骂着我吧,说是一个可怜的浪子呀!"③ 所以经济状况欠佳、没有成就的在汉移民因觉得羞耻而克制思乡的情绪,难以产生回乡探望的勇气。

总之,思乡是在外游子的一种自然的情感体验。民国时期到汉谋生的四周乡民也在情感、财富、婚姻、仪式及墓地选择等方面与家乡保持着紧密的联系。当无力举家移居武汉时,家乡就成为他们的精神动力,是年节时分思念的方向,家乡的妻儿父母是他们劳碌的全部理由。对家与家乡的思念缱绻之情随时可能爆发,但与家乡的亲近程度却又在某种程度上取决于他们是否取得经济成就。这是农村移民未曾料想到的两难处境。他们到底属于家乡还是属于眼前的这座城市呢?

四 双重边缘化:身份认同的困惑

自己属于武汉这座城市,还是属于不远的家乡?感觉自己是城里人,还是"乡巴佬"?这是近代武汉农村移民常常自问与谈论的话题,也是百思不得其解的问题。

对于长期在汉经商,而且累积了财富的精英外乡人来说,他们有着良

---

① 青芜:《我的故乡新年》,《西北风》第14期,1937年1月,第66页。
② 邵劈西:《故乡》,《武汉日报》1934年8月2日。
③ 凡凡:《还乡》,《大楚报》1941年6月6日。

好的心理感受和自我认同,乐于把自己当作武汉人和城里人看待。尽管外地商民以各种方式与家乡联系,但对于大多数在"汉口寓居商人中的头面人物,至少从社会活动的参与方面看,都把他们自己看作全面融入汉口社会的一份子"。①

然而,对于来汉的农村移民来说,情况可能有所不同。他们存在身份认同的困惑,不知道自己到底是武汉人还是乡下人。他们在武汉看到的社会景象迥异于之前他们所生活的乡村世界,这给他们生活带来颠覆性的认识,使其左右不定,被置于城市与乡村的双重边缘。

(一)初来乍到:内外都是乡巴佬

近代武汉是个衣冠社会。作为一个晚近发展起来的转口贸易城市,武汉三镇名来利往,过客如云,以至于人们只重衣冠不重人。② 初来乍到的周边乡民,从内到外,在武汉人眼中都是一个老土的"乡巴佬"。

移民初到武汉的外表和装扮就是乡下人的标志,这加深了自己和城里人对他们"乡巴佬"身份的体认。一双草鞋或者布鞋,加上土洋布裤褂,一看就知道是乡下来的,城里人不自觉对之露出鄙夷的表情,这打击了新移民的自尊心,让他们因自己是乡下人而自卑,于是要在外观上向城里人看齐,积极寻求改变,由土变洋。结果却食"洋"不化,变得不土不洋,让人看着别扭。那些有幸到工厂工作的女性农村移民身上就呈现出这种不协调:她们服装上虽然是想努力时髦些,但是从头到脚总不能完全调和。她们穿的不是高跟皮鞋太小,就是新制的旗袍太俗,脸上的脂粉和残留的姿态,显示出她们的爱情和生活的疲惫。③

初进城的农村移民因为对都市生活的陌生,呆笨的行为举止会被人鄙视为"乡巴佬"。在武汉土生土长的城里人有着莫名的优越感,甚至百般刁难乡下人。以下是宋海所观察到的在武汉的"乡巴佬"受到的不公平待遇:

你走上街去,高视阔步,从那些你看去呆头呆脑,东张西望,土

---

① 〔美〕罗威廉:《汉口:一个中国城市的商业和社会(1796~1889)》,第303页。
② 徐明庭校注《武汉竹枝词》,第348页。
③ 王里:《朝去暮归:水平线下生活之一》,《武汉日报》1935年8月2日。

里土气的人里，你会意识到你是从这大群人当中分出的"城里人"的一个，而在心里鄙弃的喊："乡巴佬！"

我曾看到过乡巴佬被警察老爷在警岗旁怒罚立正十分钟，原因是汽车来了还要跑，不会走路——城里的路。于是我懂得了市虎①为什么老爱亲热乡下人：他们不会走路。更有意思的是在市虎吃人后，人群里传出来惋惜声的程度性质，也会因城里人乡下人而不同，"一个乡下人！"看多泄气！

我曾看到乡巴佬被有优越感的城里人不客气的猛吼，原因是他们像刘姥姥进大观园似的东张西望，看这个橱窗，问那个地摊，妨碍交通！

进百货店和绸缎铺，城里人从势利的店伙那里得到殷勤的招待，拿烟倒茶，先生太太前，货色不如意，转身就走，还得笑赔两个不是。若是换上乡下来的朋友，你猜谁神气足？站上半天，没人睬。货色问多了，不高兴；还价，没这规矩；问了不买，准挨骂。

寄信，坐车，乘船，我们的乡巴佬都不受欢迎。叽里咕噜真讨厌。信，不晓得往筒里一丢？买车船票，班次票价，外面白纸上都用墨字写得有，偏偏要问，真幼稚，真讨厌！

前不久我看电影，哪知半途停下来查身份证，这一招谁都没有防到。没有，城里人聪明得很，会扯由头，打交道；却苦了乡巴佬，电影没看成，捉将官里去！②

报纸刊登的事情，或许是子虚乌有，恐怕只是为了揶揄乡下人、满足城里人的优越感而已——乡下来的人多不会看到这样的文字，即便被城里人污蔑和冤枉，也不得而知。

由于成长生活在完全不同的环境里，城乡人的日常行为方式、个性气质、心理需求、价值取向都有截然相反的特征。③ 城里人的歧视，加上自身言行举止的滞后性，强化了自己是乡巴佬的自卑。因而，初到武汉的周

---

① 指汽车。
② 宋海：《乡巴佬》，《武汉日报》1949年2月27日。
③ 张鸿雁主编《城市·空间·人际——中外城市社会发展比较研究》，东南大学出版社，2003，第33~38页。

边农村移民很难形成自己是"武汉市民"的身份认同,但他们却从外到内地寻求从乡下人到城里人的转变。"这些过去的农民必须尽快改变其纯朴的天性,以成为这既有挑战又有希望的都市生活的一部分。"①

(二) 站稳脚跟:渐生城里人的优越感

在城里奋斗一段岁月并且略有成就的乡下移民,不愿自己再被看成"乡巴佬"。随着时间的推移,自身经济状况的改善和言行举止渐脱土气,农村移民在武汉站稳脚跟后,也会渐生城里人的优越感。他们当初被城里人瞧不起的记忆渐渐淡化,反而看不惯乡下人,此时已不再把自己作为乡下人看待。

城市改变人的力量大得惊人。"近朱者赤,近墨者黑",常人会随着环境而改变,何况在被人当成"大染缸"的都市。快节奏而多彩多姿的都市生活会塑造新进入都市的民众,让他们按照多数市民的样子去着装、行动和思考。

到汉农村移民在经济上稍微改观后的第一件事就是改变装扮,主动与"乡巴佬"区别开,力求"形似"城里人。甚至在经济窘迫之时,他们也注重衣着,所谓"生拉活扯制西装,哪管家中已绝粮"。② 这种改变外表的举动是不自觉的"印象整饰"行为,为的是使别人对自己形成自己所希望别人形成的印象,③ 即让别人觉得自己是城里人,是武汉人。

除了外表,农村移民还会被动沾染或者主动学习所谓城里人的精神气质,力求"神似"。他们尤其注重学习城里人见多识广、精明圆滑的习性。武汉这座大都市里,各种变幻多端的新鲜事物渐渐让乡下人在挫败中适应,并学会选择,学会有分寸地做出反应,从而一改当初的呆板而增长见识与逐渐精明。他们慢慢学会如何更好地建立人际关系,扩大交往圈子,如何得体处理各种人事,甚至学会在什么情况下应该大度,什么情况下应该斤斤计较。连从乡间来的人力车夫也跟城里人一样圆滑,让坐车的人不好对付,只得研究"雇车的哲学",因为人力车夫更愿意拉西装阔少或摩

---

① 卢汉超:《霓虹灯外——20世纪初日常生活中的上海》,第91页。
② 徐明庭校注《武汉竹枝词》,第348页。
③ 周晓虹:《现代社会心理学——多维视野中的社会行为研究》,上海人民出版社,2002,第179页。

登太太，而他们最乐意拉的是洋人。① 应该说，崇洋是这个城市的一个文化特性，只是车夫表现得最为露骨罢了。

结果，这些城里人特征形神兼备的周边移民习惯了都市的生活，渐渐产生了优越感而看不起乡下人。这种微妙的感觉在不经意间流露出来则最能说明其真切性。曼引看到从乡下到汉口的哥哥时，就产生了这样的心理，并且意识到了自己的"失态"。

> 看见他穿了一件蓝布长衫，上身套住一件半截"马褂"，足登一双约有半寸厚的布底鞋，此外带村中旅行所必备的一把雨伞，一个小布包袱，样子真像被都市上人讥笑为乡巴佬，颇有点好笑。但，马上想到我自己不也是乡村中出来的？以前初出门时不也是这副行装么？那对于哥哥又有什么可笑呢？我不觉歉然，似乎太对不起我哥哥了。②

而从前为乡民的人力车夫也势利得不愿拉"乡巴佬"，讥笑他们出不起钱还要坐车开"洋荤"。③ 自己尚未完全融入都市生活，就开始看不起乡下人，这引发了愤愤不平者的责问："城巴佬，你们自己甚至你们的祖宗都是从乡里面出来的啊，别再那么自视过高。"④

尽管让受到轻视的父老乡亲不解甚至愤愤不平，但一部分体验到都市生活的农村移民渐渐开始认同武汉，轻视乡下的生活与乡下人——也许数年前他也属于那个世界和那种生活。结果，内外都向城里人"进化"了的他们，下意识地将自己与乡下人划清界限，甚至以"乡巴佬"身份为耻，自然难以形成自己是乡下人的身份认同。家乡的父老乡亲也因他们那些"忘了本"的言行心生不满而排斥他们。与此同时，先到汉并且成功转型的武汉人或其后代则始终觉得这些缺乏长期的、成熟的城市生活体验的移民别扭和奇怪，不把他们当作武汉人和城里人看待。

结果，这批都市的农村移民不愿认同自己是乡下人，家乡父老也不愿接纳他们；虽然他们极想被认同是武汉人，并被视为是城里人，却被更地道的城里人视作乡下人或者怪怪的一类。身处武汉都市繁华，却又同时被

---

① 均颖：《雇车的哲学》，《武汉日报》1932年1月1日。
② 曼引：《崩溃》，《武汉日报》1933年5月18日。
③ 均颖：《雇车的哲学》，《武汉日报》1932年1月1日。
④ 宋海：《乡巴佬》，《武汉日报》1949年2月27日。

都市和乡村推到边缘，双重的边缘化让他们产生了身份认同的困难、痛苦与尴尬。

他们到底是城里人还是乡下人呢？这是一个需要时间去检验和印证的问题。随着时光的流逝，这批农村移民艰难地在武汉生存下来，生养后代，他们的子孙成了真正的武汉人和城里人。谁也无法否认，尽管这些移民在人生的某个时段是在乡村生活，但最终却成为城里人的祖先了。在这个高度商业化的都市社会中，城市这个"巨大的择选和筛选机制"，会"挑选最适合在某一特定范围里生活的人"，[1] 于是早先的农村移民"转化成了各种各样的小商人或苦力，就这样，这些为人不屑一顾的小人物成了商业世界及其文化——所谓都市文化——的一个基层部分"。[2]

武汉，当这座近代城市造就了为数不多的商业巨子，搅起汹涌的商潮，活力四射时，人们会感叹其富庶、繁华与喧嚣，赞之以"东方芝加哥"的美誉，但常常忘记这样一个事实：在炫目的光圈之下，大多数市民过着庸常甚至悲苦的生活。大多市民是过去的农民，他们移居都市后又干着最卑微的活计，过着最底层的生活。为数众多者的这种人生样态，增添了都市的草根特征与平民化色彩。而占人口的1/10的小贩人群，在生计逼迫与都市生活的双重因素形塑的精明习性，成为这座城市小市民化倾向的重要来源。如此势必会销蚀都市生活中浮华、高贵和优雅的情调，使之归于平淡与庸常。

作者：胡俊修，三峡大学马克思主义学院
肖琛，三峡大学马克思主义学院

---

[1] 作为著名的城市社会学家、芝加哥学派的创始人之一，罗伯特·帕克在《作为社会实验室的城市》一书中写道："可以说，大城市是一个巨大的择选和筛选机制，它必然在全部居民之中挑选最适合在某一特定范围里生活的个人。"转引自〔法〕伊夫·格拉夫梅耶尔《城市社会学》，徐伟民译，天津人民出版社，2005，第44页。

[2] 卢汉超：《霓虹灯外——20世纪初日常生活中的上海》，第91页。

各取所需：近代休闲体育视野下的城市民众日常生活*
——以天津为中心

汤 锐

内容摘要：1920年代以后，以球类为代表的西式休闲体育开始渐次超越学校之推展场域，继而走进社会民众的日常生活。不同社会阶层对于体育迥然有异之观感的背后，是经济地位之差异所致。上流社会群体在日常生活中从事的体育运动带有精英之特点。对于以记者、警察为代表的机关事业单位群体，体育运动的用途体现的是统制性面向。对于以工人为主的社会底层群体，体育运动成为避免工人嫖赌以及增加工作效率的规训方式。

关键词：天津 休闲体育 日常生活

1920年代以后，天津城市社会的职业结构发生了变化。城市工商业和金融业的兴旺发达，代之而起的是工业、商业和金融业的资本家、外国商人和买办、军阀官僚及其后裔，与逐年增加的工人、店员和无职业市民、流民等一起，逐渐形成近代天津新的城市社会分层。对此，学者常建华指出，"注意社会分层，了解不同社会群体的生活必不可少，重要的是阶级阶层、等级身份通过日常生活体现出来，生活史在推进历史研究方面，有助于我们对社会生活新的理解"。① 与其桴鼓相应的是，以球类为代表的西

---

* 本文为曲阜师范大学青年基金资助"新中国初期文化改造视野下的群众体育运动研究（1949~1966）"的阶段性成果（基金号 XSK201514）。

① 常建华：《中国社会生活史上生活的意义》，《历史教学》2012年第2期。

式休闲体育开始渐次超越学校之推展场域，继而走进社会民众的日常生活。进言之，作为一种新型的社会文化标识，体育在各个阶层民众的日常生活中扮演着怎样的角色，以及不同社会群体对于运动观感如何，皆成为本文关注之要点。同时为了更好地阐释城市民众对于体育参与之限度，本文拟将近代天津城市社会民众大抵划分为上流社会、中间阶层、下层社会等部分加以析述。

一　身份与消遣：上流社会

1860 年，中英《北京条约》签订之后，天津成为开埠口岸。西方文化伴随着欧美移民传入津城，如西方歌剧、马戏、公共乐队、化装舞会、电影等。与此同时，体育运动几乎与西方人一起来到天津，如赛马、[1] 网球、[2] 运动会、[3] 冰上快艇[4]等，19 世纪末打网球几乎成为租界洋人每天业余时间必须从事的活动。租界侨民热衷于体育运动，反映的是本国传统价值对于运动的推崇，"英人认为运动不仅能锻炼体魄，更能培养出耐劳自律、尊重规则、高贵诚实等绅士必备的品德"。[5]外国洋人热衷于体育运动，对于租界之外的中国民众产生了极强的示范效果，他们在惊奇艳羡之余，开始渐渐接受和仿行西方体育运动项目。至此，体育作为西方文化输入中国的一种形态，首先是在中国上流社会中传播开来。如郎净所说，"体育运动在某种层面上是一种身份的象征，这种身份的认可最初来源于对西侨的模仿，后来体育则被默认为中国上流社会的生活内容之一"。[6]

---

[1] 1863 年 5 月，天津英商赛马会成立，并在海光寺一带空地举办第一次赛马活动，一匹蒙古马以 7 分 30 秒获得冠军。〔英〕雷穆森（O. D. Rasmussen）：《天津租界史》，许逸凡、赵地译，天津人民出版社，2009，第 267 页。

[2] 1885 年，驻津外国使馆人员及商人中出现网球运动。参见〔英〕雷穆森（O. D. Rasmussen）《天津租界史》，第 270 页。

[3] 1887 年 6 月 2 日，英国驻津领事和英工部局在英租界花园主持纪念英国维多利亚女王即位 50 周年活动，并同时举办运动会。〔英〕雷穆森（O. D. Rasmussen）：《天津租界史》，第 280 页。

[4] 1890 年冬，天津租界内出现了冰上快艇运动。参见罗时铭《中国体育通史》第 3 卷，人民体育出版社，2008，第 89 页。

[5] 张宁：《从跑马厅到人民广场：上海跑马厅收回运动，1946～1951》，台北《中央研究院近代史研究所集刊》第 48 期，2005 年 6 月，第 100 页。

[6] 郎净：《近代体育在上海（1840-1937）》，上海社会科学出版社，2006，第 186 页。

中国末代皇帝溥仪,在移居天津之后,对网球颇为着迷。他喜爱这项运动的时间也比较长,刚迁到静园,就命人修建网球场;球场建成后,溥仪派人买了很多球拍,每个随侍发了一把,从此天天陪他练球。不久,溥仪邀请网球名将林宝华担任教练,继而由静园内部比赛到吸收外界人士一起举办运动会,租界的日本人也参加。这期间,天津的报纸上就大量报道过"宣统杯"网球赛的消息。《新天津报》以溥仪参观日侨体育会为题报道:"清帝溥仪,近来对于体育异常注意,每日偕其妹赴日本体育会庭球部参观。近日购制银杯数件赠予该会,如胜利者即行奖与银杯,各会员为此杯竞争极为热烈云。"① 从中可以窥见,溥仪对于网球的喜爱程度。

高尔夫球,也是溥仪喜欢的运动项目。他定制了专用球衣、球裤和球帽,买了一块可以挂在裤带上的厚壳计时表。静园内没有高尔夫球场,溥仪就到英租界北头高尔夫球场去打。有时溥仪带着溥杰、二格格和三格格一起去玩。② 此外,溥仪亦喜欢骑车,下午在寝室休息后,在园内骑车运动。③

溥仪热衷于体育运动,缘于其皇家养尊处优的生活方式。这一点在溥仪武术学习上表现颇为明显。溥仪和随侍都曾跟着武术家霍殿阁练习八极拳,每天上午10点多钟到戏楼,在戏台上练习八级的各种姿势,"起初还是满带劲的,不过溥仪没有常性,练习了一阵子就懈怠了"。④

英敛之是晚清之贵胄,也是近代中国著名报纸《大公报》的创办人。与溥仪稍有不同的是,他将体育当作一种联络友情的方式,在引领文明风尚、社会进步方面可以说它功不可没。如从1907年9月至10月期间,英敛之与好友曹剑秋共打球10次之多。⑤ 从1907年10月至11月期间,英敛之与好友蔡志庚共打球11次。⑥ 如此频繁邀约友人打球,凸显了英敛之的运动生活理念。作为引领晚清民国女性解放潮流之先锋人物,英敛之的体

---

① 《宣统杯网球赛》,《新天津报》1930年5月15日,第1张第4版。
② 王庆祥撰、李国雄口述《随侍溥仪纪实》,东方出版社,1999,第76页。
③ 爱新觉罗·溥仪:《溥仪日记全本》(上),天津人民出版社,2009,第104页。
④ 王庆祥撰、李国雄口述《随侍溥仪纪实》,第45~47页。
⑤ 方豪:《英敛之先生日记遗稿》,沈云龙:《近代中国史料丛刊续编》第3辑,台北,文海出版社,1972,第1067、1069、1073、1074、1076、1078、1081页。
⑥ 方豪:《英敛之先生日记遗稿》,沈云龙:《近代中国史料丛刊续编》第3辑,第1091、1092、1155页。

育网络中自然不乏女性。1908年10月至12月之间,友人朱太太偕女学生先后八次来英敛之家踢球。

除此以外,英敛之亦会偕家人参加体育运动。如1908年9月13日午后,英敛之偕女儿申格同至公园与友人刘子兰及其女儿抛球玩耍。1908年10月15日午后,英敛之偕夫人及儿子怀清至天津西南隅看运动会。1909年5月18日早上9点后,英敛之同妻子看日本大运动会。在打球、踢球等运动中,英敛之的内心感受如何?随后,英敛之在与女教育家吕碧城之间的对话中回答了这个问题:"余每日打球,顿感身心清爽,精力倍增,实乃生活一新方法也。"①

至民国时期,中国民族资本主义的发展,产生了为数不少的民族资本家。他们对于欧风美雨大抵持认可之态度。卞白眉作为近代中国举足轻重的实业家,对于体育运动就有着超乎寻常的热爱。以1920年上半年为例,卞白眉打球达37次之多,其中与朋友15次,家人8次,其余为自己练习,时间段主要集中在午后与晚间。颇为有趣的是,卞白眉在进行球类运动后总配以看电影、吃冰激凌等休闲方式。如1920年4月10日,卞白眉步行前往中英美联合会独自练习地球一盘,归来时去起士林吃冰激凌;② 再如,1920年7月4~25日,卞白眉先后与友人李子卫打球7次,之后去电影院看电影,吃茶点。③

同时,卞白眉的体育生活方式亦影响了家人。《卞白眉日记》记载,1920年3月21日,卞白眉饭后与妻子打地球一盘。然后与家人往平安电影院观影剧。④ 1920年6月16日午后6点钟回家,与儿子们练习网球。⑤ 1920年10月10日,吃过早饭,卞白眉与两个儿子步行至新学书院新筑之球场打网球。⑥ 除了打球,卞白眉对于中国传统养生运动八段锦亦是青睐有加。1921年5月13~28日,卞白眉开始与家人一起练习八段锦,主要

---

① 本段叙述参见方豪《英敛之先生日记遗稿》,沈云龙:《近代中国史料丛刊续编》第3辑,第1077、1090、1104、1112、1117页。
② 中国人民政治协商会议天津市委员会文史资料委员会编《卞白眉日记》第1册,天津古籍出版社,2008,第93页。
③ 《卞白眉日记》第1册,第100页。
④ 《卞白眉日记》第1册,第91页。
⑤ 《卞白眉日记》第1册,第98页。
⑥ 《卞白眉日记》第1册,第111页。

集中在早餐与晚餐之后。早晨练习 11 次，晚上练习 12 次。① 可见，练习八段锦已然融入卞白眉与家人的日常生活之中。

  1920 年代中后期，中国北方地区如北戴河、青岛、大连等海滨城市陆续开辟海水浴场，因此七八月份，偕家人至海边游泳消暑渐成为一种运动风尚。1924～1929 年，每年夏季，卞白眉都会带家人赴北戴河游泳，以放松身心。卞白眉在游泳的同时，还以诗歌来表达自己对于海洋、海滩的感情。如 1925 年 7 月 13 日，他在日记中描写在北戴河的游泳场景，"海潮平罗处，浮泳态翩翩。擎浪天空涌，凌波洛女娟。日晴看鲤跃，沙暖傍鸥眠。此亦西来俗，风成结世缘"。② 对于带全家人每年例行游泳，原因之一在于卞白眉对于家庭健康的担忧。卞白眉曾解释道，其夫妇二人均肝病未愈，设若夫妇身体不健全，不可育子女，育子女则多遗传其各有之弱点。为此，卞白眉与家人坚持锻炼身体。那么通过游泳以及相关的体育运动，卞白眉及其家人有何变化？首先，卞白眉本人健康程度得到改善。据《卞白眉日记》记载，1930 年 7 月 20 日下午，卞白眉外出散步至森茂祥，验体重，"现得重量一百二十二磅，较前增重 12 磅"。③ 其次，卞白眉及其子女亦都热爱体育运动，并且取得了不俗成绩。1924 年 5 月 2 日在天津联合运动会上，"卞白眉的女儿凤儿获得半英里赛跑第二，侄子获得田径赛甲乙两组 220 码赛跑第一"。④ 卞白眉的三儿子体育成绩尤为突出，1928 年 1 月 1 日，"曾作为主力随南开学校球队赴北京参加京津两校联合比赛"。⑤

  简而言之，其一，上层名流从事的运动项目较为高雅时尚，如溥仪之于网球、卞白眉之于游泳等。其二，带动了家人生活消费观念之趋新，尤其是卞白眉对其子女在运动方面之培养，其苦心可见一斑。很显然，他们的经济属性决定了从事项目的类型。如马克斯·韦伯所言，"任何等级的社会都是靠惯例即生活方式的规则维持其制度的，因此在经济上制造着不合理的消费条件"。⑥

---

① 《卞白眉日记》第 1 册，第 145～147 页。
② 《卞白眉日记》第 1 册，第 356 页。
③ 《卞白眉日记》第 2 册，第 111 页。
④ 《卞白眉日记》第 1 册，第 291～292 页。
⑤ 《卞白眉日记》第 2 册，第 3 页。
⑥ 〔德〕马克斯·韦伯：《经济与社会》上卷，林荣远译，商务印书馆，第 339 页。

各取所需：近代休闲体育视野下的城市民众日常生活

二 荣誉与责任：中间阶层

若说上流社会从事体育运动是一种身份标示，并且呈现出家庭融入的态势的话，那么以记者、警察、铁路职员等为代表的中间阶层基于各行业的特殊属性，对于运动的观感则是充满复杂性与民族性。

（一）记者

天津体育的发达，与天津体育记者的努力是分不开的。"这般体育记者，大多是由学校出来的，也是一般嗜好运动而擅长运动的人，他们到社会上，仍是为了体育而努力。组织各种比赛。"①

首先，《庸报》发起庸报体育会。1929 年 7 月 11 日，《庸报》记者感到生活枯燥无味，且市面之娱乐场所又与工作时间相冲突，欲求闲暇时间的消遣，另外觉得应有强健之体格，故创立庸报体育会。"推选董显光为会长，推李世琦为队长，先设立球类部篮球一项，所有本馆工作人员，均为会员。"② 1930 年 6 月 30 日，为了欢迎东北大学篮球队来津，"《庸报》记者李世琦，赵泉，关贵荣，董凤仪，《华北明星报》记者胡世荣及西籍记者一人组织篮球队作友谊比赛"。③ 在此基础之上，天津新闻记者于 1930 年 7 月 2 日联合成立天津记者篮球队。"队员包括华北明星报馆的大龙乾，朵腾民，胡世荣；商报馆的蒋迨；华北新闻报馆的杨君；新天津报馆的李坤城；益世报馆的丁继昶。"④ 天津记者篮球队成立之后，曾经先后与《民报》队打邀请赛。⑤ 与南开教职员及学生杂牌队举行友谊赛。⑥ 伴随篮球技艺之提高，天津记者篮球队亦曾赴北京与当地记者篮球队打友谊赛。⑦ 以胡世荣为代表的记者篮球队队员，在学生时代大抵皆是运动健将，抑或是运动爱好者，并且与所毕业学校都保持着一定的联系，因此在青年群体之

---

① 梅宝昌：《谈谈天津体育界》，《庸报》1930 年 12 月 29 日，第 2 张第 7 版。
② 《庸报体育会成立》，《益世报》1929 年 7 月 12 日，第 2 张第 5 版。
③ 《庸报明星队将成立》，《庸报》1930 年 6 月 30 日，第 2 张第 7 版。
④ 《津记篮球队昨天成立》，《庸报》1930 年 7 月 3 日，第 2 张第 7 版。
⑤ 《新闻记者篮球队今日与民报交锋》，《大公报》1930 年 5 月 2 日，第 2 张第 5 版。
⑥ 《记者篮球队战南开混合队》，《东亚晨报》1931 年 11 月 29 日，第 2 张第 8 版。
⑦ 《平津记者篮球赛》，《大公报》1936 年 2 月 9 日，第 2 张第 5 版。

中极具号召力。

　　因为记者们在社会舆论上占有的特殊位置，所以其示范性要远远胜于实践性。天津体育记者积极发起以"记者"命名的球类比赛，即是例证之一。1931年6月25日，《庸报》体育记者赵泉、杨钧，《益世报》记者丁继昶、杨剑青，及《大公报》记者杨君如、孔昭恺为提倡夏令运动，提高天津运动员排球技术起见，特联合发起记者杯夏令公开男女排球赛，规定凡是本市男女排球队队员，均可参加。① 1931年9月25日，又发起"记者杯夏令公开男女篮球赛"。借此引起民众对于篮球运动之兴趣和体育道德维护。② 正是在以天津记者为主的体育新闻界的倡议之下，全国各地的新闻媒体纷纷组织成立体育会。如1935年9月29日，南京新闻界组织篮球队。是年，中央通讯社组织篮球队，曾互相比赛，并发起南京新闻界篮球比赛。③ 1936年3月21日，青岛新闻界记者关嘉珍等，发起组织青岛记者篮球队。④ 值得称赞的一点，正是由于天津新闻记者不遗余力地发起组织各项球类比赛，对于青年学生产生了潜移默化的影响。如南开小学的王姓学生在作文课上，便将《庸报》体育记者李世琦奉为偶像，并立志成为一名出色的运动健将。⑤ 新学书院的刘姓同学每天会从自己的零用钱中拿出一部分，用来购买各类体育报纸，并将最新一期的《体育周报》作为礼物赠送给要好之朋友。⑥

（二）警察

　　晚清以降，袁世凯在天津始创中国巡警制度，自此开中国警察近代化之先河。作为城市管理重要执行群体，警察的身体素质尤为关键。至1920年代中后期，囿于国家政治局势的动荡，天津市政府希望警察注重体育训练，以强健体魄来维持社会稳定。天津市公安局局长曾指出，"为力各长警，剿匪拿贼，身体灵敏起见。所以各长警应加强运动，以求身体健全敏

---

① 《记者杯夏令公开排球赛》，《大公报》1931年6月26日，第2张第8版。
② 《记者杯夏令公开篮球赛发起之缘起》，《大公报》1931年9月25日，第2张第8版。
③ 《南京新闻界体育会》，《庸报》1935年10月5日，第2张第8版。
④ 《青岛记者组织篮球队》，《大公报》1936年3月28日，第2张第8版。
⑤ 《我心中的体育记者》，《南开周刊》1932年12月12日。
⑥ 《我喜爱的体育报纸》，《天津新学校刊》1931年12月1日。

捷。"① 随后，天津市警政系统各部纷纷开始练习体育项目。1931 年 4 月 24 日，公安局保安第一大队、第三大队及其军乐队、消防队和特别一区消防队举办篮球赛。② 此外，天津市公安局保安警察第一大队篮球队在南开中学与该校校队乙组打友谊赛。后同青年会竞进队在青年会健身房进行友谊赛。③通过相关的篮球比赛，天津市各级警察在工作态度及执法方面皆有所改善。

真正促使警察端正运动之态度，则是缘于体育背后所被赋予的民族主义时代潮流。1931 年 5 月 16 日，"在英租界民园举行万国警察运动会。成绩以英租界华捕为最佳"。④派出众多运动员参赛的天津市公安局成绩极其惨淡，市长张学铭引以为民族耻辱，故鼓励天津市警政系统人员加紧练习体育。他在全市警察系统大会上，尤其强调体育与民族有密切关系，指出个人无强健之身体，绝不能造成健全民族，观乎本体育能与世界争衡，其民族精神诚可足取，警察应该有为民族争光之责任。⑤ 故此，张学铭一方面从东北聘请体育家马惠吾担任指导，监督和引导警察参加运动、训练；另一方面，积极筹办天津市警察运动会。1932 年 5 月 17 日，公安局运动大会在南开中学运动场举行。⑥ 该会项目，除了田径赛运动外，还有专门警察特色的项目：如武术、铁杆、云杆、皮条、脚踏车表演，及武装竞走等。从设置武术等传统项目来看，凸显了以张学铭为代表的天津市公安系统力求强健身体、重视传统运动项目之特点。但是也应该看到，警察从事体育运动，与记者以娱乐、示范为主不同，其被迫性、统制性色彩甚为浓厚。

正是因为天津市公安系统着力提倡体育运动，故体育消费逐渐成为警察各级机关日常支出的一部分。以 1936 年天津市公安局职工会财务报告收支款项汇报为例，"7 月 2 日，做篮球队队旗两面，支出 11.8 元；7 月 8 日，篮球公开赛汽水费支出 18 元；8 月 2 日，篮球场落成典礼照相七张，

---

① 《公安局组织体育场》，《大公报》1929 年 11 月 7 日，第 2 张第 5 版。
② 《公安局篮球赛今日预赛》，《大公报》1931 年 4 月 25 日，第 2 张第 8 版。
③ 《警察篮球队昨日两幕友谊赛》，《新天津副刊》1931 年 4 月 19 日，第 2 张第 8 版。
④ 《万国警察运动会》，《大公报》1930 年 5 月 16 日，第 2 张第 5 版。
⑤ 《本市公安局警察练习篮球田径赛》，《大公报》1931 年 6 月 13 日，第 2 张第 8 版。
⑥ 《警察运动会今日正式开幕》，《大公报》1932 年 5 月 17 日，第 2 张第 8 版。

支出33元；8月8日，湘灾球赛奖品支出11元；10月13日，篮球足球费用支出150元"。① 与此同时，天津市公安局的各级警察时常以体育比赛为名，为社会慈善事业做贡献。1935年7月27日，天津市公安局篮球队通过篮球赛为南方灾区募款1615元，② 9月28日，在为山东灾区募款的篮球赛中，总计获得门票收入3210元。③ 以体育来做慈善事业，应该是提倡运动的一个意外之收获。

（三）铁路职员

1929年10月，北宁体育会在新站正式成立，运动场有数十亩，每月经费由北宁路局拨给，设置足球干事、足球队长、篮球干事、篮球队长、网球干事、排球干事各一人。运动项目包括：足球、篮球、排球、乒乓球、国术及田径赛，皆有选手队。国术班，延聘精华国术馆王杰三担任教授，加入者20余人。另外篮球场两处，足球场一处，排球场一处，并配有篮球房、沐浴室一座、台球房子一处。④ 完备的体育设施，使得北宁体育会在职工体育运动中成绩一直名列前茅。

更为可贵的是，北宁足球队因成绩卓越，在当时国内外享誉盛名，继而成为中国体育界的一面旗帜。1928年，北宁足球队成立，起先称为平奉队，后因北宁铁路局而闻名。在局长高纪毅的大力支持下，北宁足球队的实力迅速得到提升。足坛名将姜璐、孙思敬等先后加入。1934年3月31日，天津市举行爱罗鼎国际足球赛，以北宁足球队为班底的中华足球队以1∶0战胜俄罗斯队，现场5000名观众，无不兴奋。1934年4月3日，张伯苓、叶璧侯两位先生特意在天津南市登瀛楼为足球队举行庆祝会，张伯苓发表演讲，希望队员们发愤图强，以雪东亚病夫之耻辱，当晚中华全国体育协进会总干事沈嗣良到场祝贺。⑤ 万国杯全名为万国寻常杯，为一年一度在天津举行的大型足球比赛。参加比赛的队伍有英国兵A.B.C队伍和英兵总部以及法国陆军、西商、英公学、俄侨以及以北宁足球队为

---

① 《职工会财务报告收支款项汇报》，《庸报》1936年10月15日，第2张第6版。
② 《为南方灾区募款之篮球赛》，《大公报》1935年7月28日，第2张第8版。
③ 《为山东灾区募捐之篮球赛》，《庸报》1935年9月29日，第2张第6版。
④ 《天津市体育涉笔调查·北宁路的北宁体育会》，《大公报》1930年7月2日，第2张第8版。
⑤ 《欢迎中华足球队参加爱罗鼎国际足球比赛优胜记事》，《天津体育协进会年刊》，第207页。

主要队员的中华足球队。1937年，中华队先后战胜上述队伍，取得桂冠。①

与记者、警察等从事运动的性质相比，北宁足球队更有专业特色，并且凭借着在国内的赫赫战绩，受邀前往日本参加巡回比赛。1937年，北宁足球队受到日本东京体育会的特别邀请，前往日本参赛。1937年4月8日，北宁足球队6:0轻取日本文理大学队。② 14日4:1战胜日本足球亚军庆应大学队。18日在大阪，3:2战胜选拔赛冠军关西联军队。③ 特别是4月21日迎战早稻田大学队，该队中有7名队员是日本出席奥运会的选手，为全日本足球冠军，北宁队以一球优势将其击败。④ 北宁足球队在日本所向披靡，彰显了1930年代中国铁路行业的运动风采。铁路系统竞技体育之所以如此出色，主要是由铁路行业本身属性所决定的。20世纪二三十年代，铁路系统的岗位是薪资最为优厚的，因此一些具备体育专技的人以入职铁路部门为荣。如天津足球明星孙思敬、全国铅球冠军逯明、著名运动女将萧美贞等都将铁路部门作为工作首选。

综上所述，中间阶层从事体育运动呈现出团体化的特点，体育项目的选择一般都是以适合集体合作为标准，因此比赛更突出所在行业之社会认同。另外，伴随着体育设施条件的渐次改善，各个行业运动员的竞技水平得以提升，运动的宗旨呈现自娱乐化向竞技化转变的历史趋向，这一点在北宁足球队中表现尤为明显。此外，在一些如警察等特殊群体中，从事运动时常被赋予民族主义的时代特色。

三 效率与品行：下层社会

近代天津是北方的经济中心，特别是在工业方面成绩卓著，故大量来自城乡社会底层的青年男女进入工厂中做工。从年龄属性而言，20岁左右的青年人处于情感丰富、精力充沛的黄金时期，那么在繁忙的工作之余，

---

① 田广武：《北宁足球队》，体育文史资料委员会编《体育史料》第7辑，人民体育出版社，1982，第23页。
② 《北宁与日本大学比赛》，《庸报》1937年4月15日，第2张第6版。
③ 《北宁队东征记》，《庸报》1937年4月19日，第2张第6版。
④ 《北宁早大战情》，《庸报》1937年4月21日，第2张6版。

工人们如何消遣，同样是厂方要着重考量之面向。与其桴鼓相应的是，在"体育救国"与"健美生活"双向语境并轨的时代之潮下，运动亦逐渐走入普通工人的日常生活之中。

在天津为数众多的纺织厂当中，裕元纺织厂较为著名。其工人的业余体育生活也较为丰富。裕元纺织厂工人及工会自立之娱乐设施，主要有足球、篮球和武术等三种运动。1928年4月，职工发起飞虎足球队，分甲乙二队，每队30名，并推举工友为正副队长，以统率之。每日上午6~8点，为甲队练习之时间，下午4~6点，为乙队练习之时间。1927年5月，"由职工联合会组织飞虎篮球队，并在场内空闲之地设有篮球场两处"。① 裕元纺织厂出于提高工人工作之技能与增进民众健康之需要，特意与地方政府合办公余武术社（后改名为天津县第一国术社），聘武术专家教授。科目为弹腿、形意、器械。器具有春秋大刀、单刀、双刀、虎头钩、宝剑、枪头。国术社规定，该社学员不得无故退学；学员不得旷课，如有事须声明请假；学员于上课时间须严肃整齐，不得任意谈笑，藐视一切；学员须互相友爱，不得心怀嫉妒，借短反目；国术社所备之器械，须谨慎使用，不得损坏。国术社学员不得借社里之名誉在外招惹是非。凡介绍学员者须负全责；严禁嫖赌，凡妨害体育之嗜好，一律禁绝。② 近乎严苛的各项规定，无疑寄予了厂方对于工人提高生活质量之美好期许，但在一定程度而言，这亦是厂方对于工人身体的一种制度规训。为了照顾工人的上班时间，武术社每日练习分为甲乙二班，上午7点至9点为甲班，下午7点至9点为乙班。

1928年蒋介石在南京成立国民政府，至此在形式上完成对中国的统一。对于城市企业来讲，工厂的各项设施管理或多或少与当时的社会氛围是相契合的。比如国术社设立董事会，董事会的职权包括推举社长及副社长；议决预算及决算；议决经社长处议的事项。另设置社长1人，总理本社事务，设置副社长1人，管理社务。国术社的社长及副社长举定后，由董事会呈报天津县国术馆加以聘任，设置教务主

---

① 《工人运动》，李文海等主编《民国时期社会调查丛编·近代工业卷》第2编，福建教育出版社，2004，第583页。
② 《工人运动》，李文海等主编《民国时期社会调查丛编·近代工业卷》第2编，第584~585页。

任、事务主任、教习、书记各 1 人,承社长之命处理事务。① 尤其是社长、副社长要由天津县国术馆加以聘任,由此可见国民政府对于企业的一种管理模式。

另外,恒源纺织厂工人的体育生活也多姿多彩。该厂在第三宿舍后设有篮球场,还有工人自立武术会、小车会等。运动时间上,日班为晚间 9 点到 11 点,夜班为早 9 点至 11 点,学习武术者最多,计有 200 余人。② 普通工人于无工可做之时,"组织有小车会,置有锣鼓,行头,衣裳,小车,旗帜等,并组织有篮球队,武术团,时而有篮球争胜,时而有全行武打,刀枪并举,互相争雄,五场家伙鼓乐喧天,极为快乐"。③ 从字里行间可以窥见,体育运动是作为一种娱乐形式融入恒源纺织厂工人的日常生活的。

以裕元、恒源为代表的大型纺织厂,为了妥善解决工人的后顾之忧,都设有一定规模的子弟小学,而体育在课程中占有重要地位。"裕元纺织厂子弟小学将体操设为正课。"④ 裕大小学每天上午 10:30 到 11:30 设有游戏课程,下午 3:30~5:00 设有体操课程。⑤ 恒源纺织厂职工小学校不但设有体操课,而且设有操场 1 处,篮球场 1 处,乒乓球 2 台。⑥ 或许是基于其父母特殊的体力职业,对于学生课程中的体操课程,厂方除了提供了较为充裕的训练场地之外,还与当地南开学校、新学书院达成协议,定期到该两校进行体育训练。

与裕元、恒源等天津纺织之大型企业相较而言,出于财力、物力等差异,天津的一些中小型工厂,运动设施相对缺乏。嘉瑞合记面粉公司关于工人之娱乐无甚设施,工人下班之后,"亦间有推牌九,打扑克情事,亦有弹唱借作消遣者,但出外寻乐者甚少"。⑦ 北洋火柴公司

---

① 国术社为企业的一个武术机构,而国术馆则为天津市政府下辖下的组织,对于企业国术社有管理之权。
② 向爱春:《恒源纺织厂工人生活》,《商报》1928 年 12 月 11 日,第 1 张第 3 版。
③ 向爱春:《恒源纺织厂工人生活》,《商报》1928 年 12 月 11 日,第 1 张第 3 版。
④ 《裕元纺织厂》,《社会月刊》第 3 期,1932 年,第 24 页。
⑤ 《裕大纱厂工人概况》,李文海等主编《民国时期社会调查丛编·近代工业卷》第 2 编,第 699 页。
⑥ 《恒源纺织厂》,李文海等主编《民国时期社会调查丛编·近代工业卷》第 2 编,第 636 页。
⑦ 和声:《嘉瑞合记面粉公司》,《青年生活》第 1 期,1931 年,第 37 页。

对于工人娱乐尚无任何设备,"故工人往往在下工后,或闲谈或者下棋,借资消遣,每逢放假日,亦有赴各地小书馆或者小戏院听书听戏者"。①

1930年代前后,天津诸多工厂之所以重视工人的体育运动,首先是因为工人群体中存在嫖赌等不良社会陋习,影响工人业余文化生活的质量。如著名的裕元纺织厂工人除有少数吃烟酒者外,"并有如嫖、赌、调戏女工、偷纱、损坏机件等其他嗜好"。②北洋纱厂许多工资较高之青年工人,"因恃其收入较多,遂做嫖赌种种不良之消遣"。③负债累累之工人是因为无正当消遣,且无人指示其消遣正轨,因而步入歧途,这些实与厂方有着莫大关系。其次,因医疗卫生条件有限,工人身体健康状况堪忧。"宝成、美华纱厂工人疟疾、痢疾、眼疾,每天平均占到总发病率的20%。"④

正是出于提高业余文化生活质量与改善工人健康状况的考量,天津著名民族企业之一东亚毛纺织厂的创办人宋棐卿指出,"身体是事业的基础,没有健全的身体,不能充分的表现作事的能力和精神"。⑤应注意清洁、营养和运动,身体自然容易有正当的发展。"发生疾病的机会减少,身体工作的效用自然加大。"⑥为此,在参考了诸多企业的工人运动设施的基础上,东亚毛纺织厂进一步完善了该公司的运动设施。其一,设备齐全。聘请英国技师,建造现代篮球场一处,并建有看台及新闻记者台,冬日避风寒,就地建暖棚,燃烧炉火,夜间场内开设电灯,亮如白昼。场旁有沐浴室。新增排球场一处,俱乐部中有台球桌数座。其二,会员竞技水平较高。该会会员及特别会员中,属于新学同门者甚多,多为远东宿将,有篮球名手宋宝章、聂辅臣、卞凤年、余敬孝等。此外如排球,队中有外籍员工加入,故实力颇强。其三,工人从事体育运动,给予优厚

---

① 《北洋火柴公司》,李文海等主编《民国时期社会调查丛编·近代工业卷》第3编,第34页。
② 《裕元纺织厂》,《社会月刊》第3期,1932年,第26页。
③ 《北洋纱厂工人概况》,李文海等主编《民国时期社会调查丛编·近代工业卷》第2编,第674页。
④ 《宝成纱厂》,李文海等主编《民国时期社会调查丛编·近代工业卷》第2编,第750~751页。
⑤ 《东亚企业文化》,天津社会科学院出版社,1995,第45页。
⑥ 《东亚企业文化》,第45页。

福利。除了每日免费享受运动沐浴之外，如选手之队服、球鞋用具，完全由会内负责。①

要而言之，以工人为代表的下层社会群体，由于工作占据大部分日常时间，因此从事运动的时间相对集中。同时，工人从事运动的项目与设施大多无自我支配的权利，主要是在厂方约定俗成的规章制度之下做出的被动性运动。而厂方之所以注重工人业余时间之运动，主要是要提高工作效率以及改进其不良社会陋习。即便如此，以球类、武术为代表的运动渐渐成为工人群体日常休闲的方式之一，在一定程度上改变了他们传统的日常行为规范。

结　语

总体而言，从前述上流社会、中间阶层、下层群体的运动生活观可以看出，他们对于"体育"的理解主要是基于自身所需，故体育有不同的义涵，且相差甚远。比如上流社会中溥仪之身份、英敛之之时尚、卞白眉之强身，"皆附丽于社会精英之网络，因此其日常生活也带有精英特点"。②"体育作为一种体现人类活力、充满竞争意识的文化形式，除具有强身健体功能外，它还能刺激情绪，振奋精神，沟通心理，塑造个性。"③ 对于以记者、警察、铁路职员为中坚力量的机关事业单位群体，极为容易形塑团队之气质，故体育的用途体现出统制性之面向。最后，对于以工人为主的下层群体，一方面体育成为避免工人进行嫖赌的规训工具；另一方面通过在工人群体间开展体育运动，各工厂希望可以借此提高工作效率。需要提及的是，社会群体的经济地位一定程度上决定着其休闲娱乐的层级。张静如就指出，"娱乐是有层次的，娱乐时间和经费决定了娱乐方式。一般地说，工人很少有娱乐，农民的娱乐大多与节日、农闲相联系，富有者及其寄生虫的娱乐每天可达2小时，花费金钱则

---

① 《天津市体育设备调查·东亚毛纺织厂俱乐部体育社》，《天津新报》1930年7月8日，第2张第8版。
② 李金铮：《众生相：民国日常生活史研究》，《安徽史学》2015年第3期。
③ 扶小兰：《近代城市文化娱乐方式与社会心理之变迁》，《中国现代社会心理社会思潮学术研讨会论文集》，成都，2004年8月1日，第70页。

无从计算。"① 从整体来看，近代体育历经衍生与变迁之历史节点，可以说真实地融入了天津各阶层民众的日常生活中。正如李长莉所言，"来华西方人士所带来的一些生活方式和休闲娱乐方式，对中国人的休闲娱乐生活确实产生了很大影响，其中城市居民的休闲生活变化最为明显"。②

作者：汤锐，曲阜师范大学马克思主义学院

---

① 张静如、卞杏英：《国民政府统治时期中国社会之变迁》，中国人民大学出版社，1993，第282页。
② 李长莉：《中国近代生活史研究30年：热点与走向》，《河北学刊》2016年第1期。

·学术综述·

城市史研究的全球化视野
——"第四届中国世界城市史论坛"会议综述

任云兰

2016年12月18日"第四届中国世界城市史论坛"在杭州召开。本次论坛由杭州师范大学历史学系与天津社会科学院历史研究所合作举办，论坛主题是"全球化视野下的中西城市史：城市发展与治理"。本次论坛共收到论文18篇，其中中国城市史5篇，世界城市史13篇，涉及中外城市的城市群、城市社区、城市的更新与改造、城市环境、教育与娱乐、城市族群与移民社会、慈善与医疗等问题，有来自伦敦、上海、天津、南京、武汉、杭州、济南、金华、南昌、南通、淮安等城市的中外学者30余人参加。

城市化以及城市规模的扩大与城市社区等城市实体的研究一直是城市史研究者关注的重点。华东师范大学历史学系朱明的《中世纪欧洲的新城运动——以法国西南部为例》对13世纪法国西南部的新城运动进行了探讨，他认为，造成新城运动的原因，既有经济因素，也有政治因素，同时也是农业发展、军事竞争、区域商业等因素共同推动的。这些新城的规划具有较强的区域性特征。在布局形态上，为了适应特定的地形和目的又表现出多种形态特征。这些新城的盛衰也由不同原因引起，如经济因素和地理位置——处于重要商路的新城发展起来，相反缺少这些因素的新城则走向衰落。南京大学洪霞的《创造性破坏：维多利亚时代英国的城市的改造与保护》认为工业革命以后，快速的城市化与经济增长，使得英国城市的更新与改造势在必行，这种更新与改造是在破坏的基础上进行的，而且被赋予了发展的意义，被称为"创造性破坏"。这些改造行为在某种程度上塑造了19世纪中叶英国的城市景观，而且成功地抹除了这段改造史，以致当时改造的成果成了今天保护的对象。保护和破坏之间呈现出非常复杂的关系，甚至可以说保护恰恰在于其永不停止的破坏，这是现代城市建设中需要审慎关注的问题。杭州师范大学历史学系张卫良的《19世纪伦敦的贫民窟及其"过度拥挤"争论》认为，关于19世纪伦敦贫民窟及其"过度拥挤"的争论持续了一个多世纪，相关的争论从最初的公共卫生逐渐转向社会道德、犯罪和人性等社会问题，其中主要集中于"过度拥挤"的贫民窟是瘟疫和其他疾病的温床，是令人不堪的"猪窝"，是道德沦丧和人性堕落的集中地以及犯罪的滋生地。这些争论不仅促进了各类社会调查与实证研究，增进了社会责任意识的凝聚与提升，而且加快了议会立法和住房政策的出台，为贫民窟及其"过度拥挤"的治理开辟了新的路径。上海师范大学都市文化研究中心陆伟芳的《英国民主制的样本伦敦坊制初探》探讨了伦敦最基层单元——坊及坊民的选举，以此理解伦敦的民主制。

以史为鉴、经世致用是中国传统史学不变的原则。近年随着中国城市环境问题的突出，城市环境问题在城市史研究者中引起了强烈的共鸣，因此，城市环境史研究成为中国城市史研究者关注的主要问题之一。浙江师范大学孙群郎的《美国大都市区的空间蔓延与空气污染及其治理》认为，美国大都市区的空间蔓延与空气污染存在着密切的相关性。空气污染不仅严重损害了人们的身体健康，而且还造成巨大的经济损失。洛杉矶是美国空气污染最为严重的大都市区，因此洛杉矶和加州最早进行了空气污染的治理。从1970年的联邦《清洁空气法》开始，联邦政府的空气污染治理开始具有了一定的强制性。经过几十年的治理，美国的空气质量有了一定的提高，但由于大都市区空间蔓延的继续和汽车量的增加，美国空气污染的治理仍然任重道远。南通大学文学院刘建芳的《美国大都市特定区域的治理："棕色地带"的开发和利用》认为，随着科学技术的进步和城市的快速发展，原先在城市中的工业区逐步转移到郊区或更偏僻的地区，城市留下大片旧工业废地，在美国称之为"棕地"。"棕地"是美国20世纪以来工业发展遗留给城市的特殊"遗产"，美国各级政府对其进行长期治理，不仅满足了城市转型发展的用地需求，而且改善了城市的面貌。"棕色地带"在清理、修复和再开发过程中得到美国联邦、州、地方政府以及企业和民间非营利组织的极大关注，积累了丰富的经验，这对中国城市及环境治理提供了重要的借鉴意义。淮阴师范学院历史文化旅游学院高麦爱的《探析英国城镇化以来形成"伦敦雾"的煤烟来源》认为，"伦敦雾"的形成，除地理、气候条件之外，主要与近代以来的英国城市化发展和工业化推进密切相关。其中，在这种社会与生产技术大变革中，最核心的因素便是煤炭代替了木材而成为工场手工业、大工厂工业以及伦敦市民家庭的主要燃料。相比木材而言，燃煤释放出的烟尘污染性更强，因此，自城市化以来到20世纪中期，"伦敦雾"出现的频次更加密集，而大雾造成的环境污染越来越严重。

城市文化是城市史研究的重要问题之一，也引起了与会者的关注。伦敦大学亚非学院庞筱珍的《传教士与宁波的女子教育：以甬江女中为例》以民国时期宁波甬江女中为案例，重点探讨了基督教、国家主义和女权主义三者在女学生身份塑造过程中的相互作用和影响。作者认为，虽然1920年代存在反基督教活动，但甬江女中的学生们并不觉得她们是"外国帝国主义的走狗"，而且她们的基督教身份和女国民身份也未产生冲突。相反，学生们借助基督教强化了她们的爱国精神，超越了保守的性别规定，从而成为在宁波地方层面进行的国家建构中的核心一环。通过参加学校的基督教女青年会组织和学生自治会，甬江女中的女学生们在实现基督教服务社会的同时，表现出了她们的爱国主义情怀。虽然基督教老师和国民政府教育家们想培养女学生们成为"贤妻良母"，但并未如愿，这些女学生们接受了不同思想，如女权主义的影响，成为医生、教授或革命活动家。通过承担领导职责，提倡革命和拒绝婚姻等做法，甬江女中的学生展示了她们在未来中国社会不同以往的角色，而这些角色将远远超出国民政府和教会学校老师们的最初期望。天津社会科学院历史研究所张弛的《娱乐与训育——民国时期城市公园中的儿童游戏场初探》则从另一个视角，探讨了民国时期儿童娱乐与训育问题，作者梳理了儿童游戏场的产生背景，在各城市租界和华界中以及在市政改革运动中的游戏场设置，并追溯了其年久失修的生存结局。武汉大学历史学院尚洁的《文艺复兴时期意大利的奢侈消费与限奢法令》认为，文艺复兴时期意大利的"炫耀式消费"是这一时期意大利经济的重要特点。同时，这一时期意大利各世俗政府相继出台了大量以打击奢侈消费，遏制铺张浪费为目的的限奢法令。作者从文艺复兴时期的仪式、艺术品和奢侈消费品入手，依据这一时期各城市颁布的限奢法令，阐释这一看似矛盾现象的背后原因，并透过法令的执行效果评析资本主义发展对近代早期欧洲社会环境和文化所造成的冲击和影响。

　　城市是一个开放多元的社会，尤其是近代以来的城市，吸纳了众多移民，因此对城市中族群与移民社会的研究也是城市史研究者关注的重点。天津社会科学院历史研究所任云兰的《外侨俱乐部与城市风尚——以近代天津为例》认为，开埠通商以后，随着大量外侨涌入天津，母国的俱乐部文化也被移植到天津。这些俱乐部既有同乡会性质的，也有运动类的、文艺类的、职业类的，还有以性别分类的俱乐部和综合性的俱乐部。这些俱乐部的活动以同一国籍或不同国籍的人们聚会联谊、观看文艺演出或参与文艺演出、一起参与体育运动、同业聚会、举办公益和慈善活动等为主。这些功能各异的俱乐部带动了天津的城市风尚，对天津的体育运动风尚、演艺风尚、同业聚会或餐饮风尚、建筑风尚都有一定的影响。天津社会科学院历史研究所万鲁建的《试论天津日租界的社会空间》认为，天津日租界是日侨实行自治、不受中国政府行政权管辖的国中之国，他们在这个空间内过着一种较为自我的生活，有自己的生活方式、交往对象和休闲娱乐活动，形成一种较为封闭的社会空间。同时，由于其特殊的地理位置即处于华界与租界的中间位置，可以说是沟通华界与租界的一个重要通道。加之中日两国自古以来的密切关系和租界内大量华人的存在，又使得日侨与华人之间有一定的交集。因此，日租界的社会空间便呈现出一种混杂状态，既有各自的封闭空间，又有相互交流的融合空间。山东师范大学历史与社会发展学院孙超的《伊丽莎白时期伦敦城的移民与民族认同》认为，16世纪英国人对外国人比较敌视，主要缘于经济问题，当时政府往往有能力对外国人群体进行保护。17世纪初，反对外国人的情绪逐渐减轻，一方面是因为移民数量较少；另一方面是因为移民后裔逐渐融入了英国社会生活中，而且移民对当地的贡献也得到了认可。总之，伊丽莎白时期的帝国体现的仍然是英国民族性和民族的世界意识。杭州师范大学历史学系沈烨琪的《20世纪70年代莱斯特帝国打字机工厂工人罢工运动的研究》认为，莱斯特作为英国主要的移民城市之一，自20世纪50年代到70年代初，它接收了大量来自印度、北非和中东的国际移民劳工，乌干达和东非的亚洲移民劳工是莱斯特帝国打字机工厂的主要力量，但是在英国工会的纵容和包庇下，他们在工厂遭到了强烈的种族歧视，表现为不平等的薪资待遇和不合理的升职机会。由此，这些劳工发起了罢工，虽然取得了短暂的胜利并回到工厂，但工厂却在数月后宣布停产，工厂的倒闭引起了一系列的社会问题并受到全国上下的关注。这次罢工运动是亚洲女性移民劳工第一次在英国参与工人运动，它体现了亚洲女性移民群体的进步，以及莱斯特在社会过渡时期的发展。

城市慈善事业与公共卫生事业的研究也是近年来颇受城市史研究者关注的问题。杭州师范大学历史学系周真真的《19世纪英国城市空间变化的慈善影响》认为，19世纪英国工业城市的发展将中世纪以教堂为中心的空间布局，转变为以工厂为中心，与之相适应的，城市功能也由服务上帝转变为创造财富。这种转变极大地影响了当时的慈善发展，慈善在积极应对的同时也影响和改变了城市空间布局的发展。杭州师范大学历史学系周东华的《福康医院与民国绍兴的公共卫生事业》梳理了1912—1949年有基督教背景的绍兴福康医院的历史，探讨了福康医院在绍兴公共卫生领域的贡献，如防治血吸虫病、霍乱和肺结核，建立隔离病房，设置现代医疗技术和设备，重建现代医护观念，开展公共卫生公益讲座，建立公益治疗病房，开展戒除鸦片毒瘾病人的治疗；等等。江西师范大学历史文化与旅游学院杨长云的《纽约市1788年医闹始末》探讨了美国建国后第一次民众骚乱事件——纽约市1788年医闹。他认为，医闹的发生与殖民时代业已存在的种族不平等、社会阶层失序、行医制度问题和围绕革命话语产生的公共讨论的流行等因素密切相关。1788年医闹持续4天，医闹本身通过各种版本的故事进行流传，而前因后果及其形成的影响在美国历史和美国医学史上仍持续讨论。1788年医闹反映了一个变动社会存在的重重矛盾，是从革命到探寻建国方略过程中各种积怨的一个宣泄口。此外，杭州师范大学历史学系郭巧华博士的《城市的历史——读〈美国城市社会的演变〉》对《美国城市社会的演变》分章进行了梳理。

本次论坛具有如下特点：第一，论坛打破了学科界限，以全球性视野，为中国城市史研究与世界城市史研究学者打造了一个共商城市问题的平台，学者们互相启发，互相借鉴，总结城市发展过程中遇到的共同问题，寻求解决办法。第二，对现实问题的关注引发对历史上同类问题的探讨，如环境问题、医闹问题、城市的更新与改造问题等。第三，论坛规模较小，时间紧凑，便于深入交流。本次论坛也存在有待完善之处，譬如世界史论文大多集中在英国与美国，国家代表性受局限，中国城市史研究论文较少。

作者：任云兰，天津社会科学院历史研究所

第四届中国近代交通社会史学术研讨会综述[*]

熊亚平

2016年10月14日至16日,由安徽师范大学主办的第四届中国近代交通社会史学术研讨会在安徽芜湖召开。来自南开大学、南京大学、苏州大学、上海财经大学、中南财经政法大学、安徽大学等60余所高校、科研院所及期刊社的90余位专家学者参加本次会议,提交论文60余篇。与会学者围绕近代中国交通社会史研究的理论与方法、近代中国交通建设及相关问题研究、交通与近代中国社会变迁,以及与交通建设相关的人物、群体、事件与观念等方面展开讨论,展现了相关研究领域所取得的新进展。

一

理论与方法对于某一学科或研究领域的发展具有不言而喻的重要性。在本次会议上,有多位学者对此进行了探讨。有学者强调中国近代交通社会史的研究,要力求在宏大的国际视野下考察近代中国经济与社会变动,以现代交通体系引发区域变革为切入点,认为中国近代交通社会史研究的主要范畴应包括交通体系基本形态、诸种交通方式间关系、港口—铁路体系与经贸网络重构、交通体系与产业转型、交通体系与社会变动间的关系等。有学者强调在铁路史研究中,技术史、建设史的视角是最基本的应有之义;经济史视角为铁路史研究所必需,对铁路进行经济史的研究,是铁路史研究的

---

[*] 本文系国家社科基金后期资助项目"华北铁路沿线集镇研究(1881—1937)"(15FZS053)的阶段性成果。

归宿;政治史、思想史视角的铁路史研究是铁路史的血肉;社会史视角的宗旨在于以铁路史观照近代中国社会的变迁,学术立意为以中观或微观的历史印证宏观的历史,基本方法是将铁路作为一个社会系统,将外部世界作为一个大的社会系统,在两者之间则有一个流动的小的车厢社会系统。还有学者以安徽为例,探讨了地方史视野下的近代中国铁路研究取向,认为在现代交通体系发展过程中,地方交通行政管理体制是重要的制度性因素,在研究以空间为基础的交通史过程中,以行政区划为界限的区域具有研究上的整体性意义。

近代中国交通建设及相关问题研究是中国近代交通社会史研究的重要内容之一。有学者考察了铁路线路布置与清末江浙路权风潮,认为由苏路公司主导的苏杭甬铁路改线事件,最初在工程层面上选择以建设沪嘉来规避《苏杭甬铁路草约》所确定的苏嘉路线,虽然一度见效,但由于绅商合同观念的淡薄以及两家公司(苏、浙两省铁路股份公司)操作经验的欠缺,被英方以苏嘉段征地违反《草约》为由趁机而入,最终狼狈收场,不得不在合同层面上以沪嘉取代苏嘉,维护既成事实。有学者探讨了关于津浦铁路天津站址的争议,指出津浦铁路开工后,天津车站确定设于南关,但天津绅商持有不同意见,导致重定站址;由于选址不当,铁路方面与天津绅商皆未得利;此案处理过程一方面暴露了清廷威信不足、立法不善等问题,另一方面也显示出张之洞、鹿传霖等人内心深处对近代化的抵拒。有学者考察了近代天津海轮航运业的发展,认为天津开埠以后,海轮航运业发展十分迅速,到1937年前进出天津的海轮吨位已达数百万吨;海轮航运业的发展不仅极大地推动了天津对外贸易、沿海贸易和城市商业的发展,而且与铁路、公路等交通方式相互联系,对华北城镇网络的变动产生了重要影响。有学者考察了民主革命时期中共的邮政建设,认为乡村邮政网建设为中共革命深入农村发挥了重要作用。还有学者分别考察了京张铁路中"人"字形路线的设计,铁路运营效益变化与社会因素,抗战时期的银行业与信安铁路、公路交通建设,近代江淮地区交通变化,近代轮船业与传统木船业的梯度竞争,日伪时期都市计划中的机场布局及其建设等。

交通与近代中国社会变迁是中国近代交通社会史研究的核心内容之一。有学者以安徽黄山市屯溪老街为中心,探讨了区域交通与近代商业老街发展之间的关系,认为就交通史而言,区域交通地位是历史上商业老街形成和发展的一个极为重要甚至是决定性的因素,能否确保商业老街形成和发展的历史要素特别是交通优势地位的延续和维系,是商业老街"永葆青春"的关键所在。有学者考察了都市规划与近代郑州交通功能型城市的建构,指出20世纪上半叶郑州先后实施了四次都市规划方案,尽管这些方案存在诸多理想色彩,实施亦不彻底,但其规划理念、内容及对城市发展方向的顶层设计依然对郑州交通功能型城市的建构产生了重要影响。有学者探讨了交通的变革与近代徐州城市社会的发展,认为近代交通体系的构建带来了近代徐州城市社会生存环境的深刻变动,给城市注入了新的活力,引发了传统贸易线路的迁移,导致原有的交通与贸易格局发生改变,影响了城市经济与社会结构的变动,促进了城市社会的发展。有学者考察了近代交通变革与东北城市结构变动间的关系,认为从大区域视野进行可以看到,近代东北城市体系沿交通路线生成并发展,影响城市分布及布局的军事及政治因素的主导性逐渐被经济与交通替代,点状稀疏型城市布局亦转变为带状的交通联动型城市结构体系。有学者通过对1908—1986年兖济铁路的"争建"与"重建"的考察,展示了现代化进程中国家、地方与社会的关系,认为20世纪初兖济支线的"争建"折射出现代化进程中国家、地方与社会之间的冲突与互动;抗战期间日军拆除兖济支线,使济宁丧失了原有的交通枢纽的区位优势;新中国建立后兖济铁路的"重建"体现了国家与地方在利益诉求上的互动。还有学者分别探讨了港口、铁路与德占时期的青岛贸易,福建传统民船贸易,铁路与近代淮河流域煤炭业的发展,成渝铁路建设对川渝社会发展的意义等。

与交通建设相关的人物、群体、事件与观念等也是中国近代交通社会史研究不可或缺的内容之一。有学者探讨了张之洞在粤汉铁路交涉中的作用。有学者以粤汉铁路修筑权的归属为切入点,探讨了粤湘鄂三省资产阶级的差异。有学者考察了民国时期铁路工人的收入问题,认为民国时期铁路工人的收入和生活水平在整体上高于其他行业的工人,铁路工人的贫困化与革命性之间并无必然联系。有学者以轮船和火车为例,探讨了近代中国的"速度",认为近代中国的演进是一个不可逆转的过程,其表现之一就是各种"速度"不断加快,"高速"与"快速"成为先进与文明的标配之一,在现代化的系列特性中排在前列。有学者分析了近代中国人对铁路的认知历程,认为其认知经历了一个由"贻害无穷"到"利国利民之大端",再到将铁路作为"民命国脉"的转变过程,这反映了国人对现代科技认知接纳的基本过程。还有学者分别考察了中华邮政职工的早期抗日斗争,民国时期南京人力车与公共汽车的博弈,近代铁路修筑论争的风水观念等。

总之,仅提交到会议的论文而言,学者们一方面延续了以往关于铁路建设、铁路交通与社会变迁,尤其是城市发展之间的关系等热点领域的研究;另一方面又力求将研究领域拓展到港口、航运、邮政等其他交通行业,并取得了不同程度的进展。

二

综观此次学术研讨会,可以看到以下几个突出的现象:

其一,在深耕原有研究领域的同时,积极拓宽研究视野。一方面,由于中国近代交通社会史学术研讨会已举办至第四届,且有相当一批学者连续多次与会,其所提交论文亦多为多年研究心得的重要组成部分。这些研究成果从一定程度上反映了中国近代交通社会史研究领域的延续性。如有学者多年致力于近代交通与郑州城市发展关系的研究,此次关于都市规划与近代郑州交通功能型城市的建构应为此前研究的深化。有学者较多地关注津浦铁路与沿线社会变迁,此次关于津浦铁路天津车站站址争议的研究亦为此前研究的有机组成部分。有学者长期关注江浙铁路与沿线社会变迁,尤其是铁路路线布置与城市空间结构变动的关系,此次对于铁路路线布置与清末江浙路权风潮的研究亦与此有关。有学者较多地关注近代铁路工人群体,此次关于民国时期铁路工人收入问题的研究显然是此前研究的延续。也有学者较多地关注了民国时期南京城市的交通,此次关于民国时期南京人力车与公共汽车博弈的讨论,应为此前研究的深化。与此同时,随着相关研究的不断深化和新生研究力量的加入,学者们的研究视野亦明显拓宽,不仅有多位学者专门探讨了近代中国的邮政建设和邮政职工,而且有学者关注到高铁这样的新生事物与民航业发展间的关系。这些研究从不同的侧面拓宽了交通社会史的研究领域。

其二,积极探索和总结中国近代交通社会史研究的理论和方法。无论是将交通社会史作为一种研究视角,还是将其视为一个新兴的研究领域和学科,对于理论和方法的探讨都应是交通社会史研究的题中之意。在此前几届学术研讨会上,相关论文尚不多见。此次会议则有多位学者专门就此问题阐述了自己的见解。无论是关于中国近代交通社会史主要研究范畴的思考,还是关于铁路社会等概念的提出,对于铁路史与地方史、区域史关系的思考,均有助于学者们从不同角度思考和深化相关研究。

其三,努力实现交通社会史与区域史(地方史)和城市史的结合。在这方面不仅有理论和方法上的思考,而且有研究中的实践。如有学者探讨了潮汕铁路案中的地方应对。有学者考察了近代温州商人的远行。有学者探讨了近代皖南公路的兴起与商路变迁。有学者以近代蚌埠为例,考察了淮河中下游地区的现代化变迁。也有学者分别考察了近代交通与徐州、郑州乃至某一区域(如东北地区)城市发展之间的关系。这表明交通社会史与区域史(地方史)和城市史研究的结合已成为一个重要的研究取向。

其四,积极借鉴和引入多学科的研究方法。如有学者采用经济学的研究方法考察了清末东北地区鼠疫的传播与地方社会。有学者综合运用经济学和地理学等学科的研究方法,分别从贸易网络角度和贸易结构角度探讨了长三角对珠三角的两次历史超越。还有学者引入社会文化史的研究视角与理念,将1927—1936年的京沪、沪杭甬铁路客车视为具体的流动公共空间,从微观角度探讨了这一流动公共空间发展的原因及所反映的社会文化现象,展示了现代交通工具与社会变迁之间的互动关系。

以上四个重要现象,成为中国近代交通社会史研究取得新进展的重要标志。

尽管本次学术研讨会也存在诸如研究主题比较集中于铁路建设,而铁路与沿线社会变迁相关研究不足的问题,但其借鉴和运用经济学、地理学、社会学等多学科研究方法,努力实现交通社会史与区域史(地方史)、城市史相结合的研究取向,以及积极进行相关理论和研究方法的探索等,应该对城市史研究,尤其是区域城市史研究的开展,具有一定的借鉴意义。

作者:熊亚平,天津社会科学院历史研究所

Abstracts

Municipal Construction and Social Control

1. On the Complex Faces of India Police in Shanghai in Late Qing Dynasty: In the Perspective of India Police on the Strike

   Liu Ping   Zhang Tianyu / 1

   Abstract: The international settlement played an important role in the process of Shanghai's modernization and urbanization. In order to manage the international settlement, the modern western city management experience was introduced to Shanghai. One of the most significant historical event was the founding of Shanghai Municipal Police (SMP), which marked the practice of modern policy system. In the 1880s, the SMP started to build the Indian police force system. Although these Indian policemen were not illustrious protagonists of the drama of Shanghai history, they almost built up the typical external impression of public security in Shanghai city. Studying the Indian police force can not only help us drawing the situation of Shanghai at that time, but also reflect the connection between the British Empire and its colonies. The relationship among the International Settlement, the western colonists and the Indians who were colonized meanwhile played their role as city protectors in Shanghai was very complicated. This article aims at reconstucting the images of the Indian police force. We attempt to focus on several strikes of the Indian policeman in Late Qing Dynasty from the perspective of British – Indian Relationship and find out the economic reason of the strikes. What's more, further analyzation will be drawn on Chinese people's imagination on the nationalism level of those strikes.

   Key words: International Settlement; Shanghai Municipal Police; Indian

Policeman; Strike; Nationalism

2. An Analysis on Human – and Animal – drawn Public Transportation: with the Nanjing between 1910 to 1937 as the Focus *Li Peilin* / 15

Abstract: With the initiation of Nanyang Industrial Exposition, began Nanjing's human – and animal – drawn public transportation. By the eve of the Anti – Japanese War, this branch, particularly rickshaw had become an important tool for public transportation, and an important reference for routine travel among the populace. Therefore, this paper attempts to make an analysis on the development and transformation of human – and animal – drawn transportation before the War, and examine the ups and downs of the modernization of Nanjing urban transportation, through the operation, living status of human – and animal – drawn public transportation, the difficult situations confronted by this branch and government intervention, etc.

Key words: Human – and Animal – drawn Public Transportation; Operation Situation; Difficult Living Situation; Government Intervention

3. Post – war's Hangzhou Trade Union and Urban Social Integration (1945—1949): Take the Four Directors "Dismissal" as Cases *Hu Yuehan* / 33

Abstract: This article takes four Hangzhou trade union's directors "dismissal" cases as examples to examine the reasons of Kuomintang regime's failure of integrated urban society during post – war's period. On the one hand, the study found that Kuomintang government resolutely safeguarding the federation of trade union's organization authority during the post – war's period. On the other hand, the government had to compromise with wage demands from production and trade unions, so the directors who have good negotiating and active abilities could found their displayed spaces. In labor, capital and government's games, the employer through secretly operation, could take the director "down", which have the effect of deterrence unions in a roundabout way. The government could use the way of intervention to replacing the union leaders and appointing new members. The union "abnormal" changes brought unfavorable factors to the stable development of the urban social organizations in the post - war period and social integration. Federation of trade union and affiliated trade unions had different position. Their differentiation increased its remit in handling labor, which also weakened the social integration which was necessary to the group cohesion and the organization of authority.

Keywords: Hangzhou; Trade Union; Social Integration; Director

4. Land Property in the Modern Chinese Urban——A Case Study on the Division of Wuchang Yujiahu to Official or Private Estates in the Early Period of the Republic of China   *Chen Yue* / 53

Abstract: Yujiahu is a lake on the northeast of the Wuchang city. With the urbanization at the end of the Qing Dynasty, the lake mainly used for fishing and because of gradually filling with silt, changed to the outskirts land for agricultural production and urban construction. This process coincided with the modern transformation of Chinese society, the Ye rights of the land given by the dynasty transformed to the citizens' land property under the modern legal system. At the same time, there were so many complex local power disputes in the political unrest. Under this siuation, the land rights of Yujiahu Lake became the central issue of the local society. Through the case analysis of the division of Wuchang Yujiahu to official and private estate in the early period of the Republic of China, we can glimpse the process of institutional change of the evolution of urban land ownership and the mechanism of division and reorganization of local society.

Keywords: Land Property; Modern China; Local Social Division

Regional System and Economic Development

5. The Government and System of Beijing Grain Market in Early Qing Dynasty
    Deng Yibing / 67

Abstract: The early Qing dynasty inherited the Ming dynasty grain transportation system, solved the rations of the government officials and the troops of Eight Banners who just entered Beijing. Grain transportation was an economic system formulated by the government, and a way for the government to allocate resources by concentrating administrative power, was also an institution for the capital's food supply. Although in the long run, the system had many disadvantages, but it was worth mentioning that at the early stage of the Qing dynasty, the government led by the emperor in different periods did not keep the system unchanged, but attempted to make some changes according to the actual situation, which should be praised. However, this kind of reform met the tremendous resistance from the established group, some of which was hard to expect, some of which came from the participants of the system, who were also the destroyers, who would obtain their own interests from the system. This kind of resistance could never be neglected, hence the government's attempt to reform the grain transportation system failed.

Key words: Early Qing Dynasty; Government; System; Grain Market

6. The Merchant Organization and the Shaping Institutions Under the Weak Government: Based on the Study of the Actions of Examining the Reservations of Bank Note's Issue　　　　　　　　　　　　　*Zhang Baishun* / 87

Abstract: The role of merchant organization in the process of the shaping of institutions is an important issue in the history of trade associations. The study on the inspection of preparation from 1920s to 1930s in Tianjin, the government in the Republic of China and the merchant organization showed the complex and delicate relationship in the system of construction. In the shaping process of the system, the government and merchant organization didn't have a simple "dichotomy" power of substitution relationship. There seems to be a distinction, and the mandatory on this division which played the decisive role. In the absence of force, industry organization on behalf of industry common stakeholders could not always effectively promote the system construction, which ultimately depends on the balance among rational individuals.

Key words: Merchant Organization; Weak Government; Shaping Institutions; Actions of Examining the Reservations of Bank Note's Issue

7. Bank Shutdowns and Saving Repayments in 1935: with Shanghai as a case

Xu Lin / 100

Abstract: The inherent vulnerability of bank dooms to the formation and development of bank shutdown crisis. 1920's and 1930's witnessed two massive bank shutdown crisis in China's banking. This paper takes the banks shutdown in 1935 for a group study. It argues to shut down the banks in insolvency or whose capital was nearly equal to its debt for liquidation, to some degree controlled and locked up the negative gap of bank liquidity, which was a choice to minimize the loss. In modern China's competitive banking system, the special enhanced liability of ordinary bank shareholders and the unlimited joint liability of savings bank's important shareholders was a key tool to keep the capability for liquidation for small – and medium – sized banks. In limited deposit repayments, the low – income and dispersive small – sum depositors were key objects to be protected, which to some extent, reflected the banking fairness in the development of modern banking.

Key words: Banking; Bank Shut Down and Liquidation; Deposit Repayment

Space Structure and Environmental Transition

8. The Characteristics and Motivation of the Dualization Separation of the Modern Urban – Rural Relationship—— Taking Haihe River Basin as an Example

Zhang Huizhi / 117

Abstract: The alternation of social formation is not a gift of nature, in fact it is affected by the geographical environment more or less. Country and City as the human gathering place are heterogeneous and interdependent. The relationship between them is not only the product of the political and economic system, but also affected by the natural environmental forces to varying degrees. Taking Haihe River Basin as an example, we can find out: first, The modern urban – rural relationship changed from the traditional unifying to the dualization separation. Second, Exploring the reasons. There are three reasons: the background of semi – colonization; the geographic location of the capital's hinterland; the natural features of Haihe River Basin.

Key words: the Modern Urban – rural Relationship; the Dualization Separation; Haihe River Basin

9. An Analysis on the Expanding Reason of Neo – Confucianism's Cultural Space: with the Prefectural City of Zhangzhou as a Case   *Xu Zhena* / 135

Abstract: With the prefectural city of Zhangzhou as an example, this paper attempts to analyze the main reason that the cultural space of Neo – Confucianism had been expanded continuously since the Song Dynasty. The local political power provided the landing and rooting of Neo – Confucianism's cultural space with primary drive, and protected it from the invasion of Buddhism's power. To make a cultural construction of Zhu Xi, the guru of Neo – Confucianism was the main strategy to increase the authority of Neo – Confucianism's cultural space hence ensure its further expansion. The popular clan organization that developed prosperously since the Song Dynasty served as the social base for the expansion of Neo – Confucianism's cultural space.

Key words: Neo – Confucianism of the Song and Ming; Cultural Space; Prefectural City of Zhangzhou

10. Research of The West Gate No. 3 of Yanshi Site of Shang Dynasty
    Zuo Yong / 156

Abstract: The west gate No. 3 of Yanshi site of Shang Dynasty was official one on the wall of bigger city, and the west gate No. 2 of Yanshi site of Shang Dynasty was temporary one. The west gate No. 3's design was similar to the Chinese character "凹". It's an innovation with architectural technology in the early Shang. The sintering soil in the gateway was the perfect archaeological proof of the sacrificing to gate of Shang Dynasty.

Key words: Yanshi Site of Shang Dynasty; The West Gate No. 3; Sintering Soil; The West Gate No. 2

Social Class and Cultural Education

11. The Shuyuan of Tianjin In the Late Qing Dynasty　　　　Tian Tao / 167

Abstract: In decades after the Second Opium War, Shuyuan, the traditional Chinese education organization, achieved its history peak in Tianjin. Following the original shuyuans were reconstructed and reorganized, several new ones were set up. Relating to the transformation of social culture, the knowledge and learning trend of Tianjin shuyuans also changed. Presided by Zhang Peilun, Li Ciming, Ye Changchi and the others, Xuehai Tang in Wenjin shuyuans tested the students with classics, history and practice learning Gradually the other Shuyuans in Tianjin were infected. Meanwhile, western knowledge graduated into the traditional shuyuans, an English training institution named Shuyuan was started. The developments and changes of Shuyuans could be regarded as an important symbol of Tianjin urban culture in the late Qing Dynasty.

Keywords: Shuyuan; Change; Practice Learning; Western Knowledge; Urban Culture

12. Convergence and Interaction between Urban and Rural Folk Customs and Market Culture in Modern Northeast China　　Jin Huilan　Lin Mu / 184

Abstract: The urbanization of modern Northeast China pounded the original rural cultural ecology, broke the closed nature of rural culture, and caused the recombination of rural social order, bringing about profound cultural conflicts and transformation between the urban and rural areas. In the wave of urbanization, the relationship between urban and rural areas also became more complex. The coexistence of cultural identity and heterogeneity between the urban and rural areas, was represented as the duality of the urban and rural cultural life and customs, and the impact of urban culture expansion on rural culture. Whether the way of life, values, customs, or the entertainment in urban and rural areas, had changed and influenced each other.

Keywords: Urban and Rural Areas in the Northeast; Cultural Interaction; Folk Customs Culture Market

13. The Country Jakes in "Eastern Chicago": The Life of Rural Immigrants in Modern Wuhan   Hu Junxiu   Xiao Chen / 200

Abstract: The Wuhan in modern times was called "Eastern Chicago" for the convenience on the communications on water and land, and the prosperity of industries and commerce. From 1927 to 1949, the city of Wuhan witnessed an influx of farmers from the surrounding rural areas. They were either attracted to Wuhan by the gold dreams, or were driven to Wuhan by natural disasters or social disorders, or hometown poverty, who inhabited the substratum of this city's social life. Hometown was one of the connections that could not be cut off, to which their reminiscence of ancestors in festivals, their wealth and marriage referred. The double marginalization brought about their confusion in identification: from the initial self – abasement originated from the status of "country jakes" to later the sense of superiority gradually generated by being city dwellers. However, this group of country jakes in Eastern Chicago was at last becoming banal and common corrupted by the vanity and nobility of urban life in modern Wuhan.

Key words: Modern Wuhan; Rural Immigrants, Bottom Life; Urban – rural Relationship

14. Each Takes What One Needs: The Daily Life of Urban Populace From the Perspective of Leisure Sports: Take Tianjin as A Case *Tang Rui* / 220

Abstract: After the 1920's, the western leisure sports represented by ball games had gradually expanded beyond schools, and entered the populace's daily life. Different class had different view on the sports, which was caused by the difference in their economic status. Firstly, the sports engaged by the gentry featured the characteristics of the elites. Secondly, for those in the administrative units, such as reporters, police, the purpose of doing sports represented the trend of regulation. Finally, for the underclass which was mainly workers, sports was a training way for the workers to prohibit prostitution and gambling and enhance their work efficiency.

Keywords: Tianjin; Leisure Sports; Daily Life

稿　约

《城市史研究》创刊于1988年,是目前中国唯一的城市史研究专业刊物,《中文社会科学引文索引(CSSCI)》收录集刊,中国城市史研究会会刊,由天津社会科学院与中国城市史研究会主办,社会科学文献出版社出版发行。

本刊已加入中国学术期刊(光盘版)全文数据库,并许可其以数字化方式在中国知网发行传播本刊全文,相关作者著作权使用费与稿酬不再另行支付,作者向本刊提交文章发表的行为即视为同意我刊上述声明。

一、本刊欢迎具有学术性、前沿性、思想性的有关中外城市史研究的相关稿件,涉及的内容包括:城市政治、经济、文化、社会及与之相关的地理、建筑、规划等边缘学科和跨学科课题。对视角新颖、选题独特、有创见、有卓识的文稿尤为重视。另设有硕博论坛、新书评论、国外译丛、研究动态和会议综述等栏目。

二、文章字数一般应控制在15000字以内,译稿则须附原文及原作者的授权证明,由投稿人自行解决版权问题。

三、来稿除文章正文外,请附上:

(一)作者简介:姓名、所在单位、职称、学位、研究方向、邮编、联系电话、电子邮箱;

(二)中英文摘要:字(词)数控制在150~200字之间;

(三)中英文关键词:限制在3~5个;

(四)文章的英文译名。

(五)注释:一律采用脚注,每页编号,自为起止。参考《社会科学文献出版社2012年学术著作出版规范》第17-25页,下载地址:http://www.ssap.com.cn/pic/upload/files/pdf/f6349319343783532395883.pdf

四、本刊有修改删节文章的权力,凡投本刊者被视为认同这一规则。不同意删改者,请务必在文中声明。

　　为方便编辑印刷,来稿一律采用电子文本,请迳寄本刊编辑部电子邮箱:zhanglimin417@ sina. com,或 chengshishiyanjiu@ 163. com。

　　来稿一经采用,即付样刊二册,因财力有限,没有稿酬;翻译外文文章,酌予翻译费。未用稿件,一律不退,三月内未接到用稿通知,可自行处理。文稿如有不允许删改和做技术处理的特殊事宜,请加说明。

　　需要订阅本刊的读者和单位,请与《城市史研究》编辑部联系。联系方式:电子邮箱 chengshishiyanjiu@ 163. com。

本刊地址:天津市南开区迎水道 7 号天津社会科学院历史研究所
邮编:300191;电话:022 - 23075336

《城市史研究》编辑部

图书在版编目(CIP)数据

城市史研究. 第36辑 / 张利民主编. -- 北京：社会科学文献出版社，2017.4
ISBN 978 - 7 - 5201 - 0632 - 0

Ⅰ.①城… Ⅱ.①张… Ⅲ.①城市史 - 文集 Ⅳ.
①C912.81 - 53

中国版本图书馆 CIP 数据核字（2017）第 070963 号

城市史研究（第 36 辑）

主　　编 / 张利民

出　版　人 / 谢寿光
项目统筹 / 李丽丽
责任编辑 / 李丽丽

出　　版 / 社会科学文献出版社·近代史编辑室（010）59367256
　　　　　　地址：北京市北三环中路甲29号院华龙大厦　邮编：100029
　　　　　　网址：www.ssap.com.cn
发　　行 / 市场营销中心（010）59367081　59367018
印　　装 / 三河市东方印刷有限公司

规　　格 / 开　本：787mm × 1092mm　1/16
　　　　　　印　张：16.5　字　数：269千字
版　　次 / 2017年4月第1版　2017年4月第1次印刷
书　　号 / ISBN 978 - 7 - 5201 - 0632 - 0
定　　价 / 65.00 元

本书如有印装质量问题，请与读者服务中心（010 - 59367028）联系

▲ 版权所有 翻印必究